教育部人文社会科学研究青年基金项目"基于网络热点事件的汉语评价研究"（基金编号：12YJC740005）成果

基于网络热点事件的汉语评价研究

陈景元　著

中国社会科学出版社

图书在版编目(CIP)数据

基于网络热点事件的汉语评价研究/陈景元著.—北京:中国社会科学
出版社,2016.6

ISBN 978 - 7 - 5161 - 8512 - 4

Ⅰ.①基…　Ⅱ.①陈…　Ⅲ.①汉语—社会评价—研究　Ⅳ.①H1

中国版本图书馆 CIP 数据核字(2016)第 152813 号

出 版 人	赵剑英
责任编辑	田　文
特约编辑	丁　云
责任校对	张爱华
责任印制	王　超

出　　版	中国社会科学出版社
社　　址	北京鼓楼西大街甲 158 号
邮　　编	100720
网　　址	http://www.csspw.cn
发 行 部	010 - 84083685
门 市 部	010 - 84029450
经　　销	新华书店及其他书店

印　　刷	北京明恒达印务有限公司
装　　订	廊坊市广阳区广增装订厂
版　　次	2016 年 6 月第 1 版
印　　次	2016 年 6 月第 1 次印刷

开　　本	710×1000　1/16
印　　张	17.75
字　　数	291 千字
定　　价	66.00 元

凡购买中国社会科学出版社图书,如有质量问题请与本社营销中心联系调换
电话:010 - 84083683

序

2016 年春节前夕，北京师范大学彭宣维教授通过微信联系我，让我给陈景元博士的专著作序。彭教授介绍说这是一项关于网络热点事件的评价研究，又说他因学术活动繁忙无暇抽身。于是，我欣然接受。

接受这一任务除了因为彭教授无暇抽身，还因为这部专著涉及"评价研究"和"网络热点事件"。这样的研究一定是理论及其应用的研究，应该属于适用语言学研究。适用语言学致力于研究语言学的社会解释力（social accountability），是我们"马丁适用语言学研究中心"所信奉的学术研究宗旨。因此，我很期待学习和了解陈博士的研究。

系统功能语言学界周知，评价系统（Appraisal System）由国际著名语言学家詹姆斯·马丁（James R. Martin）教授初创于 20 世纪末，初期研究成果发表于 2000 年（Martin，2000），2005 年马丁和怀特在 *The Language of Evaluation：Appraisal in English*（Martin & White，2005）专著中对评价系统又做了全面拓展和深入探究。之后，还有不少相关论文发表（参见王振华主编《马丁文集》，共 8 卷）。王振华 20 世纪末在悉尼大学求学期间目睹了评价系统初创过程，回国后于 2001 年向国内述介了评价系统（王振华，2001），认为它是系统功能语言学的新发展。随后，国内出现了评价系统研究的热潮。

马丁创制评价系统网络的动因来自于对韩礼德（M. A. K Halliday）功能语法中人际元功能的思考，他通过评价系统把人际元功能从词汇语法层上升到语篇语义层，发展了韩礼德的元功能思想。马丁认为，评价系统超越了小句对语言的研究，是语篇语义系统中一个研究大语篇人际意义的系统（其他系统有：概念系统、联结系统、识别系统、篇章格律系统和磋商系统）（Martin & Rose，2007）。

马丁的评价系统一经问世，即为经典，同时赢得了学界的高度好评。近期谢世的著名语言学家 Geoff Thompson 在 Elsevier 出版社出版的《语言与语言学百科全书》第四卷 Evaluation in Text 词条中这样写道：

The most fully developed current model of values in discourse is Appraisal theory, developed by Martin and his associates within a Systemic Functional Linguistics framework. (Thompson & Hunston，2006)

自 2000 年马丁的第一篇关于评价系统的文章问世，至今已有 16 年光景。这期间，评价系统应用性研究的文章层出不穷，如运用评价系统研究政治语篇的、研究新闻语篇的、研究历史语篇的、研究法律语篇的、研究金融语篇的，甚至有运用评价系统研究科技语篇的。陈景元博士的专著是运用评价系统研究我国的网络热点事件，这让人耳目一新。

通读全书发现，该书以微博文本为考察对象，以马丁评价理论为指导框架，以整体观和建构主义观为统帅，综合运用多种当代语言学理论，全面研究了态度资源与读者建构、介入资源与读者建构、级差资源与读者建构、当事人身份范畴建构、立场建构、评价构式的动态建构、评价语境与文本细读分析、修辞分析、评价功能及其实现等重要议题。

我个人认为该书至少有以下特点：

1. 多种理论交融，主次分明。该书使用的理论分析工具，以系统功能语言学中的评价理论为主，辅以构式语法理论、浮现语法理论、互动语言学理论。

2. 具有解释充分性。在解释方面，该书宏观与微观结合，静态与动态结合、描写与解释结合。

3. 材料丰富而又真实。全书紧密结合网络热点事件，分析材料为新媒体时代下的微博文本，且用例精当。

4. 验证了功能语言学具有很强的社会解释力，是一种适用语言学。

在提笔作序之间，陈景元博士发邮件告诉我，他 2013 年申请的国家社科基金项目获得资助，题目是《微博舆论场的评价研究》，目前正在研究之中。说明他致力于运用评价理论研究大众舆论语篇。我向他表示由衷的敬意和祝贺！期待陈博士在适用语言学研究领域取得更加丰硕的成果！

王振华

2016 年 3 月 10 日

前　言

　　近年来，我对评价研究产生了浓厚的兴趣，研究的视野也开始逐渐宽广。本书我们将研究的目光聚焦在新媒体时代下的新型语篇样式——微博文本。因为微博是网络热点事件的策源地和发酵池，互文性特征显著，意识形态浓厚，评价资源非常丰富。结合真实的微博文本，我们能敏锐地观察到网友之间是怎样用语言参与社会实践，用语言互动和交换立场，用语言建构彼此的话语联盟。无疑，这对语言教学、话语分析、微博写作、舆情分析和舆情应对等应用领域具有重要的意义。

　　本书综合运用了系统功能语言学、构式语法、浮现语法、互动语言学等多种当代语言学理论，以整体论思想和互动建构观统领全篇，坚持宏观概括与微观发掘相结合，静态描写与动态分析相结合。主要探讨了以下几个方面的问题：

　　首先，运用评价理论探讨了态度资源与读者建构、介入资源与读者建构、级差资源与读者建构等问题。从聚合关系和组合关系两方面论述了微博文本中的评价资源及其表达手段，以及与读者建构的关系。其次，从互动视角探讨了微博文本中的立场建构和当事人身份范畴建构问题。运用"立场三角"理论讨论了微博文本是怎样实现立场共建和立场分离的，以丰富的事例论证了当事人身份范畴化以及身份范畴建构的选择性与动机。再次，坚持语言形式研究与语境研究结合的意义研究范式，探讨了语境与文本的细读分析，发掘语境与评价的系统性关联的规律。复次，我们从构式化视角探讨了网络流行构式形式、意义和功能的动态建构，从修辞学视角探讨了修辞格与评价三个子系统的关系。最后，我们探讨了微博文本中评价的功能及其实现，指出评价是有目的性和策略性的互动行为，是以功能为指向的。

　　本书不仅剖析了评价语言的肌理，充分揭示了评价语言的形式特征和意义特征，还洞察心智，深入评价意图及评价功能的探究。这对于准确地理解和判定网络舆论场中的立场，揭示立场背后的意识形态以及团体类型，及时有效地开展舆情研判和舆情管控，正确引导微博舆论，营造晴朗的网络空间，具有方法论的意义。

　　本书验证了功能语言学强大的社会解释力，在一定程度上充实和丰富了悉尼学派的评价理论，是一本具有汉语特色的互动语言学专著，有可能导致汉语研究观念的改变而形成一个新的研究领域。我们认为，将人类心智、社会活动和人类语言行为的互动纳入一个整体框架处理，并寻求合理的解释，应该是当前语言研究的新趋势。

陈景元

2016 年 1 月 18 日

目　　录

第一章　理论背景、研究现状与思路 ……………………………（1）

一　课题缘起 …………………………………………………（1）

二　研究现状 …………………………………………………（4）

三　研究意义 …………………………………………………（8）

四　网络热点事件及其基本特征 ……………………………（9）

五　评价及其相关的一些术语 ………………………………（11）

六　评价意义的体现层次 ……………………………………（14）

七　研究思路与研究方法 ……………………………………（16）

八　语料来源及事件简述 ……………………………………（17）

第二章　态度资源与读者建构 ……………………………………（21）

一　态度意义的基本类型 ……………………………………（21）

二　态度意义的表达形态 ……………………………………（33）

三　网络热点事件文本中态度意义的表达手段 ……………（35）

四　褒贬评价与读者建构 ……………………………………（44）

五　小结 ………………………………………………………（45）

第三章　介入资源与读者建构 ……………………………………（47）

一　介入系统的理论阐述 ……………………………………（47）

二　网络热点事件微博文本中的单声介入与读者建构 ……（52）

三　网络热点事件微博文本中的多声介入与读者建构 ……（53）

四　介入资源的综合运用 ……………………………………（73）

五　介入资源与微博舆论的引导 ……………………………（77）

六　小结 ………………………………………………………（78）

第四章　级差资源与读者建构 …………………………………（80）

一　级差研究的理论基础 ……………………………………（80）

二　汉语级差的表达手段 ……………………………………（85）

三　评价力度调节与读者建构 ………………………………（106）

四　小结 ………………………………………………………（111）

第五章　网络热点事件微博文本中的立场建构 ………………（112）

一　立场表达理论阐述 ………………………………………（112）

二　一致性立场、分歧型立场和中立化立场 ………………（113）

三　微博文本中立场的实现手段 ……………………………（116）

四　"文登7·22事件"的立场研判与舆情引导 …………（136）

五　小结 ………………………………………………………（138）

第六章　网络热点事件文本中当事人的身份建构 ……………（140）

一　身份与身份建构 …………………………………………（140）

二　范畴理论与身份建构 ……………………………………（142）

三　评价理论与身份范畴建构 ………………………………（143）

四　网络舆论场中当事人身份范畴的多元化建构及其张力 ……（144）

五　从评价系统看微博舆论场中当事人身份范畴建构 ……（147）

六　身份范畴建构的选择性与动机 …………………………（150）

七　从当事人身份范畴的多元化看微博舆论生态及其引导 ……（152）

第七章　评价语境与文本细读分析 ……………………………（153）

一　文本分析的整体观思想 …………………………………（153）

二　语言形式研究与语境研究结合的意义研究范式 ………（155）

三　语境与隐性评价意义的识别 ……………………………（158）

四　语境与评价的系统性关联 ………………………………（161）

五　社会文化语境与评价意义的识别 ………………………（181）

六　小结 ……………………………………………………（182）

第八章　网络流行构式"说好的 X 呢"的动态建构 …………（183）
一　引言 ……………………………………………………（183）
二　"说好的 X 呢"构式形式的动态建构 …………………（184）
三　"说好的 X 呢"构式意义的动态建构 …………………（187）
四　"说好的 X 呢"的话语功能的动态建构 ………………（189）
五　"说好的 X 呢"构式的生成机制 ………………………（190）
六　"说好的 X 呢"构式的介入策略 ………………………（194）
七　小结 ……………………………………………………（195）

第九章　事态评价构式"再不 P 就 q 了"的动态建构 ………（197）
一　引言 ……………………………………………………（197）
二　"再不 P 就 q 了"构式形式的动态建构 ………………（197）
三　"再不 P 就 q 了"构式意义的动态建构 ………………（201）
四　"再不 P 就 q 了"构式的话语功能 ……………………（204）
五　"再不 P 就 q 了"构式的介入策略 ……………………（208）
六　小结 ……………………………………………………（209）

第十章　网络热点事件文本中评价的修辞分析 ………………（210）
一　修辞格与态度系统 ……………………………………（210）
二　修辞格与级差系统 ……………………………………（223）
三　修辞格与介入系统 ……………………………………（229）
四　小结 ……………………………………………………（235）

第十一章　网络热点事件文本中评价的功能及其实现 ………（236）
一　语言的功能观 …………………………………………（236）
二　评价的互动审视 ………………………………………（237）
三　网络热点事件文本中评价的主要功能 ………………（244）
四　评价功能的实现 ………………………………………（257）
五　小结 ……………………………………………………（258）

附录　本书语料的符号 ……………………………………………（259）

参考文献 ……………………………………………………………（260）

后　记 ………………………………………………………………（274）

第一章

理论背景、研究现状与思路

一 课题缘起

当前，网络舆情研究已成为社会学、公共管理学、新闻学、传播学、语言学等学科众目关注的热点课题。一些学者和机构试图自动发现并追踪社会热点、焦点内容及舆情，提供了许多富有价值的分析模式，对舆情研判具有重要的指导意义，但也存在一些问题和不足。比如，大多数分析模式仅仅停留在热点和焦点分析方面，缺少对文本中具有立场观点倾向的评价语言的细致分析，难以深化。缺乏足够的语言知识的支持，不利于文本分析和语言信息处理。基于此，我们拟从语言学视角研究网络热点事件文本中的评价语言。

何谓"文本"？文本（text）一词来自拉丁文 textere（编织）的比喻用法，意思是从结构上和语义上编织起来的一系列语句。在语言学和文体学中，一个文本指一段由于语言衔接和语义连贯而构成的语句序列。荷意（Hoey，1994）认为"文本可清晰地表示一个或多个作者和一个或多个读者之间相对独立的、有目的的互动，其中作者控制着互动并生产大部分或所有的语言"。布朗和尤尔（Brown & Yule，1983）认为文本是交际行为的文字记录。韩礼德和哈桑（Halliday & Hasan，1976/2001）认为，文本指任何口头或书面的、长短不限的、构成一个统一整体的片段（passage）。德博格兰德和德莱斯勒（De Beaugrande & Dressler，1981）提出了文本的七个标准：衔接性、连贯性、意图性、可接受性、情景性、信息性和互文性。

微博就是一个文本，符合德博格兰德和德莱斯勒界定文本的七个标准。由于微博传播的交互性，使得微博文本呈现一种链状套叠结构。例如：

（1）头条新闻：#热点#【广电总局认定毕福剑严重违纪　责成央视严处】中纪委机关报今日头版发文，确保党员干部做政治上的"明白人"。文中指出，毕福剑用调侃的方式损害老一辈党和国家领导人形象的视频流出后，广电总局认定其严重违反政治纪律，责成央视严处。http：//t. cn/RLRBnHq.（毕福剑视频事件，2015 - 08 - 09　16：38）

参与互动的微博评论，例如：

（2）雷猫王：必须严惩。如果觉得党不好可以不入党，入了党还骂党的纯粹是人渣。（毕福剑视频事件，2015 - 08 - 09　16：39）

（3）胡杨麟：毛泽东有功有过，功大于过，三七开或四六开，恶毒辱骂被处理活该。//@千钧客：让违纪违规者付出应有代价。（毕福剑视频事件，2015 - 08 - 09　18：03）

（4）账号停止使用的：虽然很喜欢老毕，但是作为一个公众人物应该对自己的言行负责，毛主席毕竟是一代伟人，解放中国，他的功过岂是我们能妄论的？（毕福剑视频事件，2015 - 08 - 09　18：17）

（5）尼嘛彻吉布旦：私下酒桌上的话其影响最多不过十人，而偷拍传到网上广为人知才是罪魁，处罚毕福剑真是奇怪。（毕福剑视频事件，2015 - 08 - 09　19：35）

（6）一直在找渔：所谓的"言论自由"呢［doge］（毕福剑视频事件，2015 - 08 - 09　20：01）

可以看出，新浪头条新闻的微博是一个不超过 140 字的短文本，其又与该微博的评论套叠一起，组成一个网络热点事件的大文本。该微博的转发数有 8 千多，评论数有 1 万 3 千多，这是随着舆情演化而不断增加的。网址 http：//t. cn/RLRBnHq，链接了另一文本《中直机关严明党的政治纪律规矩：做政治上明白人》。所以我们说，微博大文本是一个开放的、动态构建的文本，作者与读者之间、读者与读者之间存在非面对面的互动，且发话人和受话人之间的角色关系不断地发生变化。我们进行文本评价分析，不仅要分析原创微博，还要分析该微博的评论。评论对于舆情分析来说，尤为重要。

由于微博字数的限制，完整的信息呈现还需依赖其他手段。比如超语篇链接手段，可以嵌入图片、视频和音频，可以链接其他文本。文字、语言、图像、视频等资源形成复杂组合，使微博文本呈现多模态特征，既有视觉模态，又有听觉模态。一个网址形式的链接，将一个文本与另一个文本联系起来，大大丰富了互文性的表现形式。微博这种碎片化写作模式减少了写作和阅读长篇文章的负担感，满足了人们碎片化的时间和快节奏的生活状态。但有信息量不足的局限。长微博工具能比较好地解决微博的功能缺陷，可以把 1 万字以内的文字转化为格式很小的图片发至微博供读者阅读，收展自如，克服了微博信息碎片化，以及舆论深度方面的问题。

何谓评价？语言学家 Thompson（1996：65）指出，评价是"所有语篇意义的核心问题，任何对语篇中有关人际功能的分析必然涉及评价……评价是指说话者对事物（如人、事件、行为……观点等）的看法，通常有好坏之分，也有强弱之别"。评价是"说话人或写作者对他（或她）正在讨论的实体或命题所表达的态度、立场、观点或感觉的概括性术语，这种态度可能涉及确定性、义务、优点或任何其他价值"（Thompson & Hunston，2000：5）。Martin 等对评价理论的解释是，"评价理论是关于评价的，即语篇中所协商的各种态度、所涉及的情感的强度以及表明价值和联盟读者的各种方式"（Martin & Rose，2003：23）。

评价与舆论、舆情等概念在内涵上有许多的融合之处，都涉及情感态度。《大不列颠百科全书》认为："舆论是社会上值得注意的相当数量的人对一个特定问题表示的个人意见、态度和信念的汇集。"项德生（1992）将"舆论"定义为"舆论是社会公众或集团对人们普遍关心的事态所作的公开评价"。王来华（2003：32）将"舆情"定义为"舆情是指在一定的社会空间内，围绕中介性社会事项的发生、发展和变化，作为主体的民众对作为客体的国家管理者产生和持有的社会政治态度"。刘毅（2007：51—52）将"舆情"表述为"舆情是由个人以及各种社会群体构成的公众，在一定的历史阶段和社会空间内，对自己关心或与自身利益紧密相关的各种公共事务所持有的多种情绪、意愿、态度和意见交错的总和"。并指出："网络舆情就是通过互联网表达和传播的各种不同情绪、态度和意见交错的总和。"

因此，研究网络热点事件文本中的评价语言，能帮助我们把握热点事件舆论各方的立场、观点和态度，为舆情研判和舆情管控提供参考。

二　研究现状

近年来，语言学学科对评价问题的研究兴趣倍增。评价研究可分为两个发展阶段：一是韩礼德（Halliday）系统功能语言学理论中有关评价的研究；一是以马丁（Martin）为首的新韩礼德学派（又称悉尼学派）的评价理论研究。

第一阶段，Halliday 把语言的纯理功能分为三种：概念功能、人际功能和语篇功能，这主要是在分析英语小句的基础上建构起来的。其中对人际功能的解释是"语言除具有表达讲话者的亲身经历和内心活动的功能外，还具有表达讲话者的身份、地位、态度、动机和他对事物的推断、判断和评价等功能。语言的这一功能称作人际功能"。（胡壮麟、朱永生、张德禄、李战子，2008：115—156）韩礼德系统功能语法认为，语言具有人际意义，主要通过语气系统在词汇语法层面实现。系统功能语法关于人际功能的词汇语法手段的描述，其中包括言语功能的论述、信息物品和服务的区分、主语和限定词的人际功能、归一度（polarity）和情态、人际隐喻、评论附加语、态度修饰词等。但这些只是零散的讨论，没有系统化。

第二阶段，新韩礼德学派（又称悉尼学派）马丁等人创建了评价理论；Conrad 和 Biber（2000）从态势角度研究评价，将其分为认知态势、态度态势和风格态势；Hunston 和 Sinclair（2000）通过构建评价的局部语法来识别并解释评价；Bednarek（2006）提出了基于参数的评价理论框架。其中马丁等人的评价理论可谓独树一帜，影响最大。

评价理论是在韩礼德系统功能语法关于人际功能的基础上发展起来的。1991 年至 1994 年马丁主持了一项叫"写作得体"（Write It Right）的科研项目，主要对澳大利亚新南威尔士州的中学和其他场所的语文水平研究，重点研究语言的表态功能，即探讨作者在何种语境、用什么语言手段、为了什么修辞目的做出价值判断，又怎样将命题归于外在源头或为言语加上情态等。马丁认为系统功能语法对人际功能的研究不全面，于是提出评价理论填补传统系统功能语法对赋值语义研究的不足。随着研究的深入，2000 年 Martin 发表了《交换以外——英语评价系统》（*Beyond Exchange：Appraisal Systems in English*）一文，正式讨论评价系统。2003 年

Martin 和 Rose 合作出版了《语篇研究：跨越小句的意义》(*Working with Discourse*：*Meaning Beyond the Clause*)，其中第二章专门介绍评价系统，将评价作为与概念、联结、识别和语篇格律并列的五种语篇分析视角之一。明确指出："评价理论是关于评价的，即语篇中所协商的各种态度，所涉及的情感的强度以及表明价值和联盟读者的各种方式。" 2005 年 Martin 和 White 合作出版了《评估语言：英语评价系统》(*The Language of Evaluation*：*Appraisal in English*)，全面系统地介绍了评价系统，并清晰地阐明了其在文本分析中的应用。这两本专著的出版，标志着评价理论走向了一个新的发展阶段。可以说，马丁的评价理论开启了人际意义在大语篇层面研究的先河。

马丁将英语的评价系统分为态度、级差和介入三个子系统。其中态度子系统又细分为情感、判断和鉴赏三个小系统。（表达感情的称为"情感"，评估人物品格的称为"判断"，评估物体价值的称为"鉴赏"。）级差子系统涉及态度和介入的强烈程度，对态度的增减，分为语势和聚焦。语势还可以细分为强势和弱势，聚焦还可以细分为明显和模糊。大多数评价的价值可根据强度分为高值、中值和低值。也可以根据典型性程度，使没有级差的范畴变得具有等级性。介入子系统研究态度的来源，主要涉及自言（单声）和借言（多声）。介入的语言资源主要有投射、情态和极性、让步等。

评价理论分类宏大而精细，体现了较强的理论性和体系性。评价理论将词汇纳入语义研究范围，克服了纯语法分析的局限性，填补了传统系统功能语言学对赋值语义（semantics of evaluation）研究的不足，是系统功能语言学对人际功能的深化和拓展。被评价理论实践者广泛运用于各类语篇分析之中，在意识形态的语篇分析中凸显出该理论的价值和意义。目前国内外许多论文都采用 Martin 的理论模式进行研究。如图 1 - 1 所示。

我国英语背景的学者对评价理论作了不少评介，也提出了一些建设性的意见，并拓展了该理论的应用范围。比较重要的文章有王振华（2001）的《评价系统及其运作——系统功能语言学的发展》、李战子（2004）的《评价理论：在话语分析中的应用和问题》、张德禄、刘世铸（2006）的《形式与意义的范畴化——兼评〈评价语言——英语的评价系统〉》、王振华、马玉蕾（2007）的《评价理论：魅力与困惑》、王天华（2008）的《评价理论的新视角——〈媒体语篇中的评价：基于报纸语料库的分析〉》

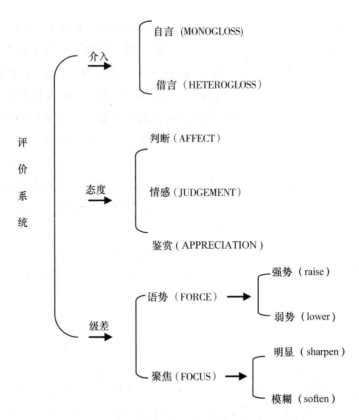

图 1 – 1　英语的评价系统（转引自王振华，2001）

评介》、张韧、王欣春（2008）的《词汇的评价潜势和语境》、胡壮麟（2009）的《语篇的评价研究》、姜望琪（2009）的《语篇语义学与评价系统》、朱永生（2009）的《概念意义中的隐性评价》、刘世铸（2010）的《评价理论在中国的发展》等，这些文章大都注重理论的阐释与提升，也指出其存在的问题和不足。

　　由于对马丁整个学术思想缺乏全面系统的了解，学界曾经对评价理论存在以下片面性的认识。主要有以下几点，我们将之罗列逐一分析。

　　其一，因马丁的评价理论是一个新词汇语法框架，语篇的评价意义主要是通过篇章中的态度性词汇来实现的。有学者认为评价理论忽视了语境或框架对词汇评价意义的影响和制约作用。

　　其实，马丁从来没有忽视语境。相反他非常重视语境，他在韩礼德语境论基础上发展了语类思想，其中最关键的是关注社会文化因素（如他和罗斯 2008 年出版的 *Genre Relations：Mapping Culture*）。评价系统是语篇语义学中的一个系统网络，其他语篇语义系统网络有"概念系统网络"、"磋商系统网络"、"联结系统网络"、"识别系统网络"、"篇章格律系统网络"（参见 Martin & Rose，2003）。

其二，有学者认为马丁主要精力用于显性评价的研究，对隐性评价研究不足，对描述性词汇的评价潜势估计不足。

其实，在马丁和罗斯 *Working with Discourse：Meaning Beyond the Clause* 一书和马丁与怀特 *The Language of Evaluation：Appraisal in English* 一书中，对隐性评价有深入研究。相关文章在《马丁文集》（1—8 卷）中也有研究。

其三，有学者认为马丁的评价理论存在形式范畴化和意义范畴化方面的不足，需要完善与体现评价理论相关的形式范畴化和模式化。

究其原因，是因为马丁向来不用形式和意义——这也是系统功能语言学的传统。但马丁确实用类似的东西来解释形式和意义，如他的 stratified content plane。

其四，有学者认为马丁的评价理论缺乏对评价的社会文化分析。

这也有失偏颇，马丁有关 individuation 研究的系列论文对社会文化因素有详细的论述。（参看《马丁文集》）

因此，马丁的评价理论是一个充满活力和张力的理论体系，功能语言学家们已经将评价理论运用于各种类型的语篇分析，包括新闻语篇、社论语篇、日常会话、历史语篇、学术书评、自传、演讲、警察问询语、律师辩护词等。评价理论在话语分析实践中得到不断的修正、完善和丰富。

纵观国内，当前汉语的评价研究非常薄弱，离语篇分析的要求还相距甚远。比较系统性的成果有：彭宣维（2004）以词义褒贬评价意义为着眼点，以 Martin 的研究成果为思路，结合汉语的特点，初步考察了汉语词汇系统中的褒贬评价特征。梁蕾（2007）运用言语行为和语用策略理论对汉语评价言语行为进行了尝试性的分类，将评价分为肯定评价和否定评价，直接评价和间接评价，并对否定评价所使用到的语用策略做了归纳和总结。刘慧（2009）从词汇层面，考察了名词、量词、动词、形容词和副词等评价词语。从句子层面，描述了基于词汇义的评价句、基于句法结构的评价句和基于语气的评价句。陈景元（2010）描述了现代汉语的评价表达理论体系。

在词汇层面，汉语主要集中在词语的感情色彩的研究，如褒义词、贬义词、中性词等。在语法层面，除了对个别的、零星的带有评价意义的结构、话语标记有所涉及外，对于评价的语义语法，国内专门的研究不多，动态的研究较少。国内的量范畴研究、情态范畴研究、语气范畴研究等，已有一定的基础，但没有整合到汉语评价分析之中。国内基于语料库的评价研究更是凤毛麟角。

如何借鉴国外的评价理论框架进行汉语评价研究？如何使评价理论更好地为应用服务？这是摆在汉语学者面前的一系列需要解决的问题。汉语的评价表达手段灵活多样，评价的语言学资源十分丰富。除词汇资源外，汉语还有词法、句法和章法结构，在评价表达上呈现出鲜明的特色。本书将英语的评价理论应用于汉语的语篇研究之中，拓展了评价理论的应用范围，将之应用于网络热点事件微博文本的分析。

三　研究意义

本研究是具有鲜明语类特征的热点事件文本的评价语言分析，是面向应用的基础性理论研究。我们将分析对象扩展到新媒体时代下的新型语篇形式：微博文本。对微博中的评价资源进行深入的研究，具有十分重要的理论价值和应用价值。

其一，朱德熙（1985：37）先生指出："进行语法分析，一定要分清结构、语义和表达三个不同的平面。"在结构平面和语义平面的分析方面，汉语语法学界已经取得了丰硕的成果，但在表达平面研究这一块，一直是汉语语法研究的一个薄弱环节。研究网络热点事件文本中的评价意义及表达手段、立场和态度的精细分类、立场的动态建构、评价语义语法研究、构式化研究、互文性研究以及评价功能研究等，可以深化汉语的语法—语义—语用接口研究，充实汉语表达层面的研究，拓展汉语语法研究的领域，对于语法学、语义学、语用学等方面的研究具有重要的意义。

其二，韩礼德的传统功能语法注重的是交换的互动，交换的是信息、物品和服务。本书注重的是立场的互动建构，充分考虑到立场的协商性，是对传统系统功能语言学的发展和完善。我们认为互动语言学强调语用和对话的因素，关注人类语言行为的互动，关注立场的动态建构。将人类心智、社会活动和人类语言行为的互动纳入一个整体框架处理，并寻求合理的解释。这是当前语言研究的新趋势。

其三，评价与人类生活息息相关，不仅人类的日常生活离不开评价，人类的政治、经济、军事、外交、教育、科技、文化等重要领域更是离不开评价。因此，评价研究的应用前景十分广阔。本研究对于言语交际、语言教学、语料库建设、机器翻译、话语分析、社会评价、舆情分析、传媒分析等应用领域有重要的指导作用，对于中文信息处理，也有一定的参考和借鉴价值。

其四，汉语和英语是两种不同类型的语言，有共性，也有个性。中西方不同的文化、不同的意识形态和价值观念也都会影响到评价的表达。新韩礼德学派的英语的评价理论有待在汉语的语篇分析实践中去检验，需要外来理论的本土化创新。

其五，本研究对于改善互联网的言论生态，实现官民之间、记者与网民之间、网民与网民之间的良性互动，发挥新媒体的舆论监督、网络问政、网络问责作用，自觉抵制谣言和不良信息的传播，营造晴朗的网络空间，构建社会主义和谐社会，具有一定的意义。

诚如刘世铸所言，评价意义的复杂性决定了语码的计算机赋值过程将非常复杂。如何解决人际意义（包括评价意义）的计算机自动化处理是当前研究者面临的重大课题（刘世铸，2010）。语言研究的滞后是制约信息处理的瓶颈，微博文本的评价分析可以为中文信息处理专家提供语言知识的支持。

可以说，本研究既是汉语学科自身发展的需要，也是话语分析、舆情分析等应用领域的需要。本研究是对语义学理论的一大贡献，极有可能导致汉语研究观念的改变而形成一个新的研究领域。

四 网络热点事件及其基本特征

近年来，网络热点事件层出不穷，此起彼伏。在互联网的参与下，热点事件的数量在持续不断地增加。如"郭美美炫富事件"、"李双江儿子打人事件"、"重庆不雅视频事件"、"姚贝娜事件"、"毕福剑视频事件"、"文登7·22事件"、"天津滨海爆炸事件"、"青岛大虾事件"等。各种观点在互联网上交相呈现和反复激荡，掀起一场全民话语运动，挑战地方政府职能部门言行或政策。许多看似平淡的小事都能在网上发酵，酿成热点事件。事件往往不是孤立的，会延伸到其他事件，容易引发"群体性怨恨", 共同引向社会制度, 甚至会引发网络暴力, 给和谐社会造成危害。

何谓网络热点事件? 言靖 (2009) 的定义是"网络热点事件, 主要是指在网络上传播, 因网民的共同关注 (观点激辩或情绪感染) 而形成的全社会热议的事件。"张明学 (2010) 的表述是"所谓网络热点事件, 一般是指在互联网上传播的种种事件, 大多带有网上炒作的痕迹, 有些事件并不'热', 但由于网络具有传播快、信息量大、受众多等特点, 所以一经网络传播, 本来不'热'的事件很容易被迅速炒热。一旦炒热, 就会带来广泛的社会影响。"

网络热点事件关注持续时间长, 社会关注度高。通过微博、博客、论坛 (帖子) 的转发和评论, 传统媒体及时关注和跟进, 舆情演化升级, 才酿成热点事件。

网络热点事件的基本特征:

1. 社会关注度高, 持续关注时间长

新闻、论坛、博客、微博、微信、QQ 群等广泛关注, 转发或评论, 网民接力性地参与。网络意见领袖和草根网民通过集体围观、新闻跟帖、论坛发帖、回帖、转发、顶帖、点赞和分享等多种形式, 参与评论, 表明自己的观点和立场。

一个网络热点事件往往点击率超百万级、评论数超十万级。发帖引来注意力, 产生聚集, 跟帖和转发强化注意力, 产生蔓延。许多网络热点事件关注的持续时间长达半个多月。随着舆论关注热度的降低, 热点事件才逐步淡出公众视线。

2. 传播的即时性、海量性、互动性、动态性等鲜明特征

微博是网络热点事件的策源地和发酵池, 这是一个全息化的平台。随时随地, 通过手机、MSN 客户端, 通过网络都可以发微博。即时、快捷、交互, 可以加链接, 进入博客。可以插入视频、照片、音乐等。可以转发、评论, 也可以私信。能即拍、即传、即发、即分享, 这种碎片化的形态高度契合了这个时代的特征。

微博具有海量性和互动性, 这种多点到面的裂变式滚动传播, 以原子裂变的层级将负面信息瞬间扩展和充斥网络空间的每个角落。

热点事件引发的网络舆情, 也随着传播和扩散演化, 呈现出鲜明的动态曲线特征。网络舆情基本可分为舆情发生期、舆情发酵期、舆情发展期、舆情高涨期、舆情回落期、舆情反馈期六个阶段。

3. 网络言论多情绪化和标签化

普通网民呈现非理性特征，言论多情绪化。具有随意性、攻击性和挑战性，各种戏仿和恶搞、各种詈骂语和诅咒语、人肉搜索和人身攻击语充斥网络，有的甚至搞所谓的"谎言倒逼真相"，整个网络言论呈无序状态。网民言论也有"标签化"倾向，由此及彼，由单指到群指和类指，搞地域歧视和群体歧视。

4. 全民话语运动

网民话语狂欢，娱乐至死，充分发挥幽默才智，掀起全民造句大赛，对无奈的现实进行冷嘲热讽。许多网络流行语风靡网络，许多流行构式在高频类推中得以产生。网络段子也随热点事件一样火起来，甚至掀起"全民段子化"的高潮。比如"青岛大虾事件"、"二胎放开事件"等网络段子铺天盖地，且有多模态手段传播的趋势。

微博平台是网民自由表达意见和观点的重要场所，微博对热点事件的传播和推动以及网络舆论的形成起着巨大的影响作用。

五　评价及其相关的一些术语

（一）评价

评价与价值密切相关，哲学学科一些学者分别对"价值"和"评价"予以定义。王玉梁（1993：296）的定义是："价值是客体对主体的效应，是客体对主体的作用与影响。……所谓评价，就是客体价值与主体价值关系的分析评定，是对客体对主体有无价值、价值大小的判定，是评价主体根据一定的价值标准或评价标准对客体价值作出的判定。"冯平对"价值"的解释是："所谓价值，就其深层次而言，是指客体与主体需要的关系，即客体满足人的需要的关系。"（1995：31）冯平对评价的定义是："评价，是人把握客体对人的意义、价值的一种观念性活动。"（1995：1）李连科把哲学意义上的价值规定为"物的对人有用或使人愉快等的属性。……价值的本质，来源客体，取决于主体，产生在统一主客体的活动中"（1999：69—98）。李连科对评价的定义是："评价是客体与主体需要的关系在意识中的反映，是对价值的主观判断、情感体验和意志保证及其综合。"（1999：104）这些研究对语言学科的评价研究具有重要的启示。

语言学家 Thompson（1996：65）指出，评价是"所有语篇意义的核心问题，任何对语篇中有关人际功能的分析必然涉及到评价……评价是指说话者对事物（如人、事件、行为……观点等）的看法，通常有好坏之分，也有强弱之别"。新韩礼德学派马丁等学者对评价理论的阐释是："评价理论是关于评价的，即语篇中所协商的各种态度、所涉及到的情感的强度以及表明价值和联盟读者的各种方式。"（Martin & Rose，2003：23）

马丁等学者指出了评价的本质，评价是作者或说话人在语篇中对所呈现的材料和交际的对象所持有的立场的主体存在，即如何表达赞成或反对、热情或憎恨、表扬或批评，以及如何影响读者或听众的感受（Martin & White，2005：1）。作者或说话人在文本中，用不同的方法影响读者，与读者建立不同的关系，或拉近或疏远。从内容上，评价有正面评价和负面评价之分；从形式上，评价有显性评价和隐性评价之别。

（二）作者或说话人和读者或受话人

作者或说话人和读者或受话人是一组对立和依存的概念。从言语交际的角度来看，任何评价都是交际中的评价。说话人或作者和听话人或读者是交际中的双方，存在着互动关系。与口语形式说话人和听话人之间的显性互动不同，书面形式的作者与读者或潜在的、想象的读者之间的互动，是非面对面的隐性互动。

作者通过各种评价手段，通过语言参与社会实践，建构读者。微博作者与读者之间的互动，是犬牙交错的互动。作者和读者的角色关系不是固定不变的，是在你来我往的互动中变化和建构的。在热点事件微博文本中，可以清楚地看到读者建构中拉拢和疏远两股交替出现的力量。

（三）评价者和评价对象

评价者和评价对象是一组相互依存的概念。

评价者是评价的主体，是文本中各种声音的源头。网络中，人们不只是被动地接受信息，而且可以成为信息的制造者、发布者。网络热点事件中的评价者主要是论坛、博客和微博的网民，也包括新闻报道的记者。根据评价者的不同，可以分为官方评价、专家评价和普通评价。

官方评价的评价者是代表着官方立场和态度的人或机构，比如官方微博、政务微博等。专家评价的评价者是某一领域有专门研究的专家、学者等，其评价具有准确性、权威性和影响力。普通人评价的评价者是日常生活中的普通人，其评价范围很广，几乎无所不谈，但没有官方评价的权威性，也没有专家评价的准确性和深度。比如草根网民。

评价对象是指被评价的实体（人物、事件、行为、命题等）。评价对象区分为命题和实体，评价可分为对人或者事件的评价和对命题的评价（Hunston，2000）。在网络热点事件文本中，评价对象可以是实体（事件、人、物、社会等），也可以是命题。根据评价对象的不同，可以将评价分为人的评价、物的评价、事的评价、社会评价、命题或述题评价等。需要说明的是，人造物是人制造的，自然物也是人化的自然，对物的评价往往暗含着对人的评价。事也是人参与的，对事的评价也包含着对人的评价。

（四）褒贬评价和元语评价

所谓褒贬评价，是指说话人或作者的态度蕴含褒扬性或贬斥性的评价。我们将褒贬评价分为正面评价、负面评价两类。正面评价，是指利用各种评价资源，采用各种评价手段，在表达层面实现的具有好的、积极意义的评价。负面评价，是指利用各种评价资源，采用各种评价手段，在表达层面实现的具有坏的、消极意义的评价。本书将褒贬评价纳入态度系统中进行研究。

元语评价是命题或述题的评价，表明说话人或作者对命题或述题的主观情感和态度。包括真实性、可能性、必然性、确定性、合意性和意欲性等。本书将元语评价纳入介入系统中进行研究。

（五）显性评价和隐性评价

显性评价，是指用具有明显评价意义的语汇所进行的评价。其评价属性具有稳固性和共识性。隐性评价，是指通过表达概念意义的描述性词汇间接进行的评价。隐性评价使用的是貌似中性却隐含评价意义的成分或句式。隐性评价比较隐蔽，形式上较难发掘。

显性评价和隐性评价是态度表达在形式上的分类，本书将之纳入态度系统中进行研究。

（六）评价力度

评价力度是指评价的强弱程度，即评价的级差性。可以分为高值、中值和低值三个等级。任何评价都处在一定的量级上。可分级词语可以进行强化和弱化的调节，不可分级词语可以进行典型化和非典型化的调节。

网络热点事件文本中，评价力度不但取决于评价话语的强弱程度，而且取决于评价密度。评价资源在文本中分布是韵律性的，评价意义是累积性的。微博关注越多，转载越多，评论越多，评价力度也就越强。本书将评价力度纳入级差系统中进行研究。

（七）评价意图

评价意图是指评价表达的社会目的。任何评价都是有目的的，为实现一定的功能服务的。作者通过评价和修辞策略来说服、拉近或疏远读者，建构话语联盟。理解评价的目的，有利于正确地理解评价，在互动中建立良好的人际关系。

从作者或说话人的角度来说，明确评价的目的，能够更好地进行评价资源的选择；从听话人或读者的角度来说，领会评价的目的，才能采取相应的话语策略，在互动中更好地实现评价的功能。读者或听话人对评价意图的误读，往往会造成交际的失败。

（八）评价功能

评价是具有目的性与策略性的言语行为，是为实现人际功能服务的。从功能视角探讨微博文本中的评价表达，发现评价具有信息传播、情感宣泄、立场建构、施为导向和语篇建构等功能。

评价是以功能为指向的，评价功能是在多声互动中实现的。

六　评价意义的体现层次

评价是表达层面的概念。评价由不同层面的具有评价功能的语言单位在话语中实现。评价意义在词汇层面、短语层面、小句层面和语篇层面都有所体现。描述评价意义的体现层次对于准确地识别评价意义是很有帮助的。

（一）词汇层面

词是能独立运用的最小语法单位。就词的评价意义来说，有正面评价词语和负面评价词语之分。正面评价词语包括表积极意义的情感词语和褒义词语,负面评价词语包括表消极意义的情感词语和贬义词语。

需要明确的是,词是句子的建筑材料,具有备用性。词汇层面的评价意义不是表达层面的评价意义,是静态的、词汇的评价意义。

(二) 短语层面

短语是由词和词组合而成的语法单位。就短语的评价意义来说,有正面评价短语和负面评价短语之分。

短语也是句子的建筑材料,具有组装性。在功用上,短语相当于词。短语的评价意义是词语组合的评价意义。

(三) 小句层面

小句是最小的具有表述性和独立性的语言单位。就小句的评价意义来说,有褒贬评价句和元语评价句。褒贬评价句又细分为正面评价句和负面评价句。

从话语理解的角度来说,小句表达的是正面评价还是负面评价,说汉语的人一般结合语境凭着语感就可以判断出。当然,少数评价句也存在一个褒贬度的问题。

小句的评价意义属于表达层面的评价意义。

(四) 语篇层面

语篇是说话人或作者建构的具有意义的表述的集合体。语篇中的各种评价资源呈韵律性分布,或相互叠加,或相互补充,或相互对立,共同实现语篇的整体评价意义。就语篇的评价意义来说,有正面评价语篇、负面评价语篇和错综评价语篇。

正面评价语篇,即语篇的整体评价意义是正面评价的语篇。负面评价语篇,即语篇的整体评价意义是负面评价的语篇。错综评价语篇,即语篇的整体评价意义表现为有褒有贬,褒中有贬,贬中有褒的评价语篇。错综评价语篇最为复杂,也较为客观,其中既有正面评价,也有负面评价。错综评价语篇有的褒贬参半,正面评价和负面评价对等;有的褒多贬少,整个语篇以正面评价居多;有的贬多褒少,整个语篇以负面评价居多。

因此,研究评价意义,要静态和动态结合。既要研究聚合关系的评价意义，又要研究组合关系的评价意义。观察评价意义在词语层面、短语层面、小句层面乃至语篇层面的各种表现形式，区分哪些是静态平面的、语篇内在的语义的评价，哪些是动态平面的、语篇内外语境的语用的评价，全面揭示微博文本中评价语言的形式、意义和功能特征。

七 研究思路与研究方法

本书是基础性的研究。基本思路是：

（一）理论多元化

以网络热点事件为切入点，以围绕热点事件的微博文本中的评价语言为考察对象，以服务于舆情研判为目的，充分汲取功能语言学、认知语言学、社会语言学、互动语言学、元语言理论以及量范畴、情态范畴、语气范畴等有关的研究理论，对网络热点事件文本中的评价语言进行全方位、多角度地考察。

（二）注重真实语料与内省判断相结合，静态分析与动态分析相结合

本书立足于真实的微博语料，从态度系统、介入系统和级差系统等方面对微博文本中的评价进行全面系统地考察，发现微博中评价语言的形式特征和意义特征。研究中注重真实语料与内省判断相结合，静态分析与语境中的动态分析相结合。

（三）评价研究的整体观和互动建构观

评价意义的理解和识别不能只停留在词汇层面，更要扩展到短语层面、小句层面乃至语篇层面，要结合当时的评价大语境，要从语篇整体评价意义的高度审视各种评价手段的共同作用。因此必须以评价的整体观和建构主义观为统帅，站在更高的层面俯视问题，综合考量评价表达中的各种因素。

除整体观外，贯穿全书的是建构主义观。从互动视角考察，文本的评价意义是在作者和读者互动磋商中动态建构的，微博舆论场中当事人的身份范畴是动态建构的，立场是动态建构的，评价构式也是动态建构的，评价功能也是在互动中动态实现的。

研究方法有：

1. 内省法和例证法

内省法又叫自我观察法，是根据研究者的语感和直觉判断语言现象的合法性和可接受性的方法。内省法注重根据语感和直觉判断。

例证法，即通过大量真实的微博例子来论证观点。本书内省法和例证法相结合，充分观察评价语言的形式特征和意义特征，揭示隐藏在语言事实背后的规律。

2. 定性分析和定量分析

定性分析和定量分析是对传统内省法的有益补充。微博属于滚动传播，具有海量性和动态性，建设语料库工程巨大，定量分析难度大。又由于舆论是意识形态的一部分，单纯数量分析并不完全适合，因此本研究以定性分析为主。我们选取了典型的网络热点事件样本，结合相关语料进行定性分析。

3. 文本细读分析

评价的复杂性和多维性，需要基于文本的、高度阐释性的细读分析。进行文本细读分析，对隐性评价意义的识别，寻找语境特征与评价的系统性关联。

4. "表—里—值"小三角方法

邢福义先生（1990）提出的小三角理论，是汉语语法研究的一个重要理论方法。其中"表"即语表形式，"里"即语里意义，"值"即语用价值。

我们围绕网络热点事件，紧密结合微博语料，综合运用上述方法，避免了方法单一，有利于揭示评价语言的形式、意义和功能方面的特征和规律。

八　语料来源及事件简述

微博是传播网络热点事件舆论的中心，而新浪微博又是热点事件的主要策源地。因此，本书语料绝大部分采集于新浪微博，少量选自腾讯微博和新闻论坛跟帖及评论，还有部分选自网络新闻和时评标题，我们将随文加以标注。微博数据规模大，时间特征明显，标注语料时，我们考虑到了时间因素。

微博文本是一种多模态文本，文本内容涵盖了文字、表情符号、图片、视频、元数据等。评价意义主要体现在文字之中，表情符号、图片（包括图画、照片、漫画等）、视频（包括语言、画面、音乐、音响等）、元数据（包括作者、发布时间、阅读量、转发量、评论量等）这些辅助性符号手段，也传递了一定的评价意义。

本书的评价分析有特殊的关注点和侧重点。在新浪微博里边，主要选取转发和评论数多的媒体官方微博头条新闻、政务微博和微博大 V 的微博及评论。本书的网络热点事件有：

1. 李双江儿子打人事件

事件简述：2011 年 9 月 6 日晚 9 点，李双江 15 岁的儿子李天一和山西一老总之子因驾车争执殴打一对夫妻，施暴时高喊：谁敢打 110！而李双江之子无驾照所驾宝马也无车牌，山西老总之子所驾奥迪系套牌。事发后，宝马车主家人探望了伤者，称希望给孩子机会，但李双江未出面。网络舆论将此事件与"我爸是李刚"事件联系起来，贴上"官二代"、"富二代"的标签，对李氏父子群起而攻之。

2. 夏俊峰被执行死刑事件

事件简述：2009 年 5 月，沈阳小贩夏俊峰与城管执法人员发生争执，用随身携带的切肠刀刺死城管队员两名，重伤一人。2013 年 9 月夏俊峰被执行死刑。此消息一出，瞬间引爆网络，夏俊峰被赋予弱势群体的身份标签，网络舆论呈一边倒之势，强烈呼吁其属正当防卫。

3. 重庆不雅视频事件

事件简述：2012 年 12 月 20 日，网上出现时任重庆市北碚区区委书记雷政富与一名女子的"性爱视频"，该消息迅速成为舆论关注热点。雷政富从被举报到免职，仅用了 63 小时。随着事件发酵和舆情升级，至 2013 年 1 月 24 日，共有 10 名重庆官员、国企高管因与"雷政富不雅视频女主角"有关而被免职。不雅视频女主角赵红霞被网民渲染为"反腐英雄"而引爆网络舆论场。

4. 姚贝娜事件

事件简述：2015 年 1 月 16 日下午，歌手姚贝娜因病不治去世，而最先报道姚贝娜去世消息的南方某报纸，因被曝出三名记者为抢独家新闻伪装成医护人员潜入太平间拍摄的行为也陷入争议。该事件随即引发了轩然大波，引发了有关新闻伦理的口水战。

5. 上海外滩踩踏事件

事件简述：2014 年 12 月 31 日 23 时 35 分，市民聚集在上海外滩迎接新年，因黄浦江观景平台的人行通道阶梯处底部有人失衡跌倒，继而引发多人摔倒、叠压，致使拥挤踩踏事件发生。造成 36 人死亡，49 人受伤。2015 年 1 月 21 日，上海市公布上海外滩拥挤踩踏事件调查报告，认定这是一起对群众性活动预防准备不足、现场管理不力、应对处置不当而引发的拥挤踩踏并造成重大伤亡和严重后果的公共安全责任事件。

6. 文登事件

事件简述：2015 年 7 月 22 日下午，"爱国青年"侯聚森在校门口被一群不明身份的青少年持械围殴，引起网上关注。文登警方以"约架"定性拘留当事双方，将之定性为普通的治安事件。引发自干五、共青团等正能量群体不满；公知大规模参战，锋芒直指共青团，威海警方表态支持文登警方以治安案件性质处理；自干五、共青团从《刑法》和《国家安全法》角度予以反击，揭露暴徒方纳吧团伙，追究警方内网信息外泄责任。8 月 3 日，公安部刑侦局官方微博明确表态文登事件绝非一般性治安案件。

7. 毕福剑视频事件

事件简述：2015 年 4 月 6 日开始在网络上流传的一段视频。一席好友围坐在饭桌前，主角老毕唱起了经典样板戏《智取威虎山》选段，每唱一句，都要加一句戏谑性的评论，其中还涉及对已故领袖的大不敬。作为公众人物，毕福剑不雅视频引热议，舆论对事件的态度呈现出两极分化的态势。

8. 天津滨海爆炸事件

事件简述：2015 年 8 月 12 日 23∶30 左右，位于天津滨海新区塘沽开发区的天津东疆保税港区瑞海国际物流有限公司所属危险品仓库发生爆炸，造成了大量的人员伤亡和巨大的财产损失。微博舆论场中，微博大致有事故信息类、网络正能量类、安全提示类、信息辟谣类、问责追因类等类型。

9. 青岛大虾事件

事件简述：2015 年 10 月 4 日，一位来自四川的网友爆料称，在青岛市乐凌路"善德活海鲜烧烤家常菜"点菜时，已向老板确认过"海捕大虾"是 38 元一份，结果结账时变成是 38 元一只，当时网友和一桌南京游客都与店家发生了争执。南京游客一桌 1380 元，最后给了 800 元；这位网友一桌 2700 元，最后给了 2000 元。两桌客人都报了警，派出所回复说不属于他们管，后来当事人又去找物价局，对方说 10 月 8 日上班才能处理。10 月 5 日，事件经过微博曝光引发媒体报道，形成网络关注。

第二章

态度资源与读者建构

一　态度意义的基本类型

态度系统是马丁评价系统三大子系统之一。态度意义可以根据各种不同的特征进行分类，形成各种聚合。聚合关系的态度意义可分为以下几种类型。

（一）情感评价、判断评价和鉴赏评价

悉尼学派马丁等人的评价理论，将态度系统分为情感（affect）、判断（judgement）和鉴赏（appreciation）。相应地，根据说话人或作者对评价实体的态度，可以分为情感评价、判断评价和鉴赏评价。

1. 情感评价

情感评价，是情绪性的，是对行为的反应。涉及网民正面或反面的感情，如高兴或痛苦、自信或担忧、感兴趣或厌烦等。情感评价分积极情感评价和消极情感评价两类。例如：

（1）cxd198001217：不要把我们黄市长推到风口浪尖上，他是个好官，有担当，有诚意，有能力，有水平，象山人骄傲。（天津滨海爆炸事件，2015 - 08 - 20　00：33）

（2）铁锤挥舞：失望透了！［弱］　［弱］　［弱］　（文登事件，2015 - 07 - 24　18：35）

（3）悟明居士之神笔天下：呵呵！我想问，你们对处理这次事故有没有诚意呢？至今我都没有看见诚意！所以我是严重不满！（天津滨海爆炸事件，2015 - 08 - 19　23：57）

（4）Darlin张定林：这也是新闻？这真是个新闻，可悲！（天津

滨海爆炸事件，2015 - 08 - 20　00：18)

(5) 我住—长江尾：天津市政府承担不起，也承担不了对遇难、失联家庭造成的伤害，将心比心，体味一下那些失去子女的父母的<u>悲伤</u>与<u>绝望</u>，一场罪恶！(天津滨海爆炸事件，2015 - 08 - 20　00：38)

(6) 张晓晨的革命根据地：不知该说啥，一声<u>叹息</u>。(毕福剑视频事件，2015 - 05 - 29　18：15)

(7) 手机用户3494697455：38元大虾并不可怕，<u>可怕</u>的是"有关部门互相推诿"，让人感觉没有一个说理的地方！让人<u>心痛</u>！(青岛大虾事件，2015 - 10 - 14　23：49)

例（1）"骄傲"是积极情感评价，属于正面评价。例（2）"失望"和消极表情符号［弱］、例（3）"不满"、例（4）"可悲"、例（5）"悲伤"和"绝望"、例（6）"叹息"、例（7）"可怕"和"心痛"等，是消极情感评价，属于负面评价。

在网络热点事件微博文本中，以消极情感评价居多，积极情感评价较少。情感评价主要由带有积极和消极感情色彩的情感词语来表达。当然，描述性语言也可以刻画人物心理，表达情感评价。

2. 判断评价

判断评价，是伦理性的，涉及的是人们对行为的态度，如赞美或批评、表扬或谴责等。对行为作评价时，通常要判定是道德的或不道德的、是合法的或不合法的、是社会接受的或社会不接受的、是正常的或不正常的等。判断评价分为社会评判和社会约束两类。例如：

(8) slq小猴子：他的态度还算<u>诚恳</u>，比起前几场发布会的官员的<u>官僚主义</u>强多了，纯属个人愚见。(天津滨海爆炸事件，2015 - 08 - 19　23：53)

(9) 潘小志：又没质疑他们，是<u>不专业</u>、<u>不会指挥</u>的领导！就说你呢！(天津滨海爆炸事件，2015 - 08 - 20　07：30)

(10) 胖娃v：//@华夏军团召集人：人前一套背后一套，这样的人品<u>不配做媒体人</u>。［弱］(毕福剑视频事件，2015 - 08 - 09　18：33)

(11) 国内安全成果第一人：大陆专家看钱说话的，既<u>没有专业知识</u>，也<u>没有职业道德</u>。(天津滨海爆炸事件，2015 - 08 - 22　09：05)

（12）钓鱼岛派出所110：<u>无耻</u>的文登警察，警界<u>败类</u>！（文登事件，2015 - 07 - 27　14：04）

例（8）"诚恳"是对天津市代理书记黄兴国的判断评价，属于正面评价。"官僚主义"是对前几场发布会的官员的判断评价，属于负面评价。例（9）"不专业"、"不会指挥"是对领导的判断评价，属于负面评价。例（10）"人前一套背后一套"、"不配"是对毕福剑的判断评价，是负面评价。例（11）"看钱说话"、"没有专业知识"、"没有职业道德"是对安评专家的判断评价，属于负面评价。例（12）"无耻"、"败类"是对文登警察的判断评价，属于负面评价。

3. 鉴赏评价

鉴赏评价是对一些现象是否有价值的评估，如是否完善、美丽等。鉴赏评价是美学性的，是对现象的评价。例如：

（13）头条新闻：#天津滨海爆炸#【瑞海国际此前一直隐藏的安评报告公布［怒］】1. 安评对距离仓库较近的两个严重受损小区只字未提。2. 瑞海无证运营5个月，危险品吞吐量近30万吨。3. 安评指出：火灾后若灭火不当会造成爆炸及重大伤亡。4. 6名专家集体审查通过：安评结论<u>可靠</u>，现场安全措施<u>到位</u>。http：//t. cn/RLktdBU.（天津滨海爆炸事件，2015 - 08 - 21　21：50）

（14）头条新闻：#天津滨海爆炸#【农业部称天津海河大量鱼死亡因缺氧】农业部公布天津海河鱼死亡原因，4份报告6项指标显示，鱼体及水域氰化物均<u>未超标</u>，硫化物监测<u>合格</u>，化学需氧量<u>不合格</u>、超标2—3倍，溶解氧指标<u>不合格</u>，说明水中缺氧，发生死鱼现象。综合可以判定，死鱼原因是缺氧。（天津滨海爆炸事件，2015 - 08 - 21　10：59）

（15）头条新闻：#天津滨海爆炸#【官方：雨后出现的白色泡沫正常　平时下雨也会有】天津环境监测中心主任邓小文介绍，今早降水后，17个监测点数据无特别变化。针对"新区下雨，路上现白色泡沫"，他认为白色泡沫为<u>正常</u>现象，平时下雨也会出现。天津环保局总工程师包景岭则称，<u>未检测出氰化物污染</u>。（天津滨海爆炸事件，2015 - 08 - 18　16：54）

　　例（13）"可靠"、"到位"是对瑞海国际的鉴赏评价，属于正面评价。例（14）农业部报告对天津海河水质的鉴赏评价，用"未超标"、"合格"表达正面评价，用"不合格"、"超标"表达负面评价。例（15）"正常"、"未检测出氰化物污染"属于鉴赏评价，正面评价。

　　网络热点事件文本中，情感评价、判断评价和鉴赏评价是综合运用的，其中以情感评价和判断评价居多，鉴赏评价较少。例如：

　　（16）请叫我饼饼哥：无耻之极！令人作呕！（天津滨海爆炸事件，2015 - 08 - 27　07：37）

　　（17）树叶中得风：如此嚣张！视人命如草芥，视法律如无形，太可憎了！（李双江儿子打人事件，2011 - 09 - 08　08：51）

　　（18）新浪评论：【中青报："彻查严追"的狠话让公众心安】天津港特别重大火灾爆炸事故，国务院事故调查组要查清事故原因，一查到底，严肃追责。"彻查严追"的狠话让渎职者不安，让公众心安。正如网友所言：让因为天津爆炸事故而失去安全感的人找回了安全感。人们需要这种狠话重拾对安全的信心。（天津滨海爆炸事件，2015 - 08 - 21　08：13）

　　例（16）"无耻"属于判断评价，负面评价。"令人作呕"属于情感评价，负面评价。例（17）"嚣张"、"视人命如草芥"、"视法律如无形"，属于判断评价，负面评价。"可憎"属于情感评价，负面评价。例（18）"渎职者"属于判断评价，负面评价责任人，"不安"属于负面情感评价。"心安"、"安全感"、"信心"等属于正面情感评价。

　　马丁的评价理论将态度系统分为情感、判断和鉴赏，使语篇分析显得精细化。为了适应舆情分析的需要，我们将情感、判断和鉴赏合并为褒贬评价。因为三者都与褒贬态度有关。在网络热点事件文本的评价分析中，好/坏是重要的评价参数，根据褒贬评价资源则可以判定各方立场和归属的群体。

（二）褒贬评价和元语言评价

1. 褒贬评价

　　所谓褒贬评价，是指说话人或作者的态度蕴含褒扬性或贬斥性的评价。我们将褒贬评价分为正面评价和负面评价两类。正面评价，是指利用各种评价资源，采用各种评价手段，在表达层面实现的具有好的、积极意义的评价。例如：

(19) 挥动着梦想翅膀：看到领导对待事故这样的诚恳态度，相信给我们也多多少少一点慰藉！（天津滨海爆炸事件，2015 - 08 - 20　00：00）

(20) 卜卜噗噗：整个发布会听下来。觉得黄市长发言还是有水平的。也很真诚。黄市长蛮不错的。（天津滨海爆炸事件，2015 - 08 - 19　17：45）

(21) 桥边红药：这态度看着心里舒服！（天津滨海爆炸事件，2015 - 08 - 20　06：11）

(22) 清真豆腐脑：支持正义警官的公正判决！（文登事件，2015 - 07 - 24　18：31）

例 (19)"诚恳"、"相信"、"慰藉"是褒义词，表达正面评价。例 (20)"有水平"、"真诚"、"不错"是褒义语词，表达正面评价。例 (21)"舒服"是褒义词，表达正面评价。例 (22)"正义"、"公平"是褒义词，表达正面评价。

负面评价，是指利用各种评价资源，采用各种评价手段，在表达层面实现的具有坏的、消极意义的评价。例如：

(23) 珍妮的江湖：蹩脚的危机公关。没看出诚意。（天津滨海爆炸事件，2015 - 08 - 19　23：59）

(24) 星驰星驰：他和其他领导一样，严重脱离群众，漠视百姓的诉求和疾苦。（天津滨海爆炸事件，2015 - 08 - 20　00：07）

(25) 牛魔王财团：难怪黄晓明把婚礼办在上海，原来是青岛满街皆宰客的，太可怕了，我的天哪，山东人啊[吃惊] [吃惊] [吃惊] [吃惊]（青岛大虾事件，2015 - 10 - 09　10：41）

(26) 大萌王：发生这么大的事，领导们还不引咎辞职吗？（天津滨海爆炸事件，2015 - 08 - 19　18：15）

(27) 周惠瑛6：死了那么多年轻消防员感到惋惜和心痛。[蜡烛] [蜡烛] [蜡烛] [蜡烛] [蜡烛] [蜡烛] [蜡烛]（天津滨海爆

炸事件，2015 – 08 – 18　10：22）

例（23）"蹩脚"、"没看出诚意"，例（24）"脱离群众"、"漠视"，例（25）"宰客"、"可怕"和表情符号［吃惊］，例（26）"引咎辞职"，例（27）"惋惜"、"心痛"等语词，都表达负面评价。

正面评价与负面评价在文本中的实际应用，往往不是那么单纯，呈现出复杂的情形。就整个语篇来说，有正面评价语篇、负面评价语篇和错综评价语篇。

正面评价语篇，即通篇单用正面评价语汇。例如：

（28）甬水之桥：这是事故发生以来天津市最有诚意的一场发布会。黄兴国的讲话中体现了务实与担当。（天津滨海爆炸事件，2015 – 08 – 19　17：39）

（29）木子陌儿：查得好，既是对大众质疑的回应，也是政府自律的表现，很高兴看到上海政府如此认真对待此事。（上海外滩踩踏事件，2015 – 01 – 26　10：19）

负面评价语篇，即通篇单用负面评价语汇。例如：

（30）哈哈卡卡8452：毕福剑是什么东西，居然骂伟大领袖毛主席，这种有人生没人养的东西居然能当主持人，毕福剑的党性何在？没有毛主席毕福剑他妈早被日本人轮死了。（毕福剑视频事件，2015 – 08 – 29　12：32）

（31）头条新闻：#天津滨海爆炸#【爆炸企业如何一路绿灯干到现在？】天津交通委人员违规发经营许可证。天津和滨海新区安监局未及时查处瑞海违法经营。滨海新区规划局人员明知危化品仓库违反安全距离规定，仍违规批准。天津新港海关人员开辟绿色进出关通道。交通部副巡视员，违法帮瑞海通过安评。天津爆炸事故23名责任人被抓。（天津滨海爆炸事件，2015 – 08 – 27　07：43）

错综评价语篇，即正面评价与负面评价并用。整个语篇呈现出错综复杂的情形。例如：

（32）cxl022527：毛爷爷在我们这一代心里是<u>神圣</u>的<u>伟人</u>，我无比崇拜他，老毕是个共产党员，<u>觉悟不如老百姓</u>，我<u>鄙视</u>你，拿共产党的钱背<u>叛</u>共产党，你纵有天大的本事<u>本质坏了天地难容</u>。（毕福剑视频事件，2015 - 05 - 12　17：01）

（33）甘为孺子牛 lz：小毕啊，很喜欢你的节目和你具有特色的主持风格，然喜欢归喜欢，视频上出现的清唱与道白出自你一人之嘴是<u>不容原谅</u>的，愿你"得意而不忘形，失意而不消沉"！好自为之吧！（毕福剑视频事件，2015 - 05 - 12　06：59）

例（32）文本中有对毛主席的正面评价，也有对毕福剑的负面评价，是错综评价语篇。例（33）文本对毕福剑的评价有褒有贬，也是错综评价语篇。

正面评价和负面评价也称积极评价和消极评价，或称肯定评价和否定评价。为了跟语法上的肯定和否定相区别，本文一律采用正面评价和负面评价术语。正面评价与负面评价是一组对立的概念，位于评价极性的两端。介于正面评价和负面评价之间的是中性评价，既不褒扬，也不贬斥，态度中性。但是在网络热点事件这样具有浓厚意识形态的文本中，中性评价几乎是没有的，因此本文暂不予考虑。

2. 元语言评价

杨信彰（2007）指出，元语言指的是语言中表达概念意义之外的意义成分，即表示作者组织语篇、吸引读者、表示对命题内容和对读者态度的显性语言手段。

除了说话人或作者对人或事发表看法观点的褒贬评价之外，还有一种评价即元语言评价。所谓元语言评价，是指传递说话人或作者对命题或述题的态度的评价。这是针对命题或述题论点的评价。例如：

（34）看啥啥顺眼：这个处理结果<u>明显</u>适用法律不当。（文登事件，2015 - 07 - 24　18：18）

（35）ustkihgt7655：回复@寒号鸟的昨天：几人千里迢迢找上门来，文登警方<u>居然</u>说是约架！奇葩奇葩！（文登事件，2015 - 07 - 28　00：58）

（36）绣花的熊：<u>果然</u>是避重就轻，各打五十大板完事。侯的户籍信息到底是谁泄露出去的？人家不都说是警察了吗？（文登事件，2015－07－24　18：31）

例（34）"明显"传递了微博作者对命题"这个处理结果适用法律不当"的确定性态度，属于元语言评价。例（35）"居然"传递了微博作者对命题"文登警方说是约架"的反预期的态度，属于元语言评价。例（36）"果然"传递了微博作者对述题"是避重就轻，各打五十大板完事"的预期性态度，属于元语言评价。

这些语言资源，在命题或述题的基础上加上或补充了一层意义，属于韩氏语法中情态的范畴，在文本中表示确定性、质疑性、可能性、必要性、意欲性等。元语言评价资源，本书将纳入介入系统考察。

张谊生（2000）将评注性副词分为全幅评注和半幅评注（2000：46—51）。全幅评注即对整个命题进行评注，半幅评注是对述题部分进行评注。张谊生（2010：183）指出元语言的基本作用是：标记话题结构、组织会话话轮、评价命题论点和沟通交际渠道。袁毓林（2004：44）指出，"语气副词在句首或主语后较前端的位置出现，便于表达作者或说话人对听话人的认知处理：让人一下子就抓住说话人对于句子表达命题的态度和评价，并据此形成相应的会话态度、交际策略和应对方式、乃至具体的措辞"。

张谊生和袁毓林所讨论的评注性副词或语气副词，属于本文所讨论的元语言评价。元语言评价与褒贬评价不同，评价的语义维度不是好/坏，而是对命题或述题论点的确定性、质疑性、预期性、意欲性等的评价。

（三）显性评价和隐性评价

显性评价和隐性评价是一组对立的概念，是指评价表达在形式上的分类。正面评价有显性评价和隐性评价之分，负面评价也有显性评价和隐性评价之分。Martin 和 White（2005：38）将直接而明确表达态度的方式称为"铭刻"（inscription），把间接表达态度的方式称为"引发"（invocation）。

1. 显性评价

所谓显性评价，是指用具有明显评价意义的语汇所进行的评价，即马丁和怀特所谓的"铭刻"。其评价属性具有稳固性和共识性。例如：

（37）杨心明 2015：<u>公正执法</u>，<u>文明执法</u>，文登警方起了<u>表率</u>作用。在中国法制建设史上应有<u>重要</u>一笔。（文登事件，2015 – 08 – 02　09：40）

（38）南青山：警察同志，你们的处理非常<u>公正</u>，<u>没有屈服压力</u>，让人看到这个国家尚<u>有一息希望</u>。（文登事件，2015 – 07 – 24　18：36）

（39）我是镇平 168：威海警方处理<u>不公</u>，<u>打击</u>爱国青年，威海警方<u>作死</u>。（文登事件，2015 – 08 – 01　18：24）

（40）骑鲸闹海：狗日的文登警方！！！祝你们<u>出门被车撞</u>，<u>死无葬身之地</u>，<u>死了喂野狗老鼠</u>。（文登事件，2015 – 08 – 03　23：18）

例（37）用褒义语汇"公正"、"文明"、"表率"、"重要"等，显性表达正面评价。例（38）用褒义语汇"公正"、"没有屈服压力"、"有一息希望"等，显性表达正面评价。例（39）用贬义语汇"不公"、"打击"、"作死"等，显性表达负面评价。例（40）用詈骂语"狗日的"和诅咒语"出门被车撞"、"死无葬身之地"和"死了喂野狗老鼠"等，显性表达负面评价。

2. 隐性评价

所谓隐性评价，是指通过表达概念意义的描述性词汇间接进行的评价。即马丁和怀特所谓的"引发"。"去除即时的语境，组成表达式的任何一个部分都不带有态度意义"（White，2006：39）。隐性评价使用的是貌似中性却隐含评价意义的成分或句式。隐性评价比较隐蔽，形式上较难发掘。

网民不直接表明态度，而用戏谑、反讽，指桑骂槐的口吻表明态度，非常麻烦。读者必须结合上下文和语篇的情景语境与社会文化语境，结合人类的百科知识，才能推导出语篇中的隐性评价。例如：

（41）回旋魔音：这还是人民公安？（文登事件，2015 – 08 – 04　13：20）

（42）清时多云偶阵雨：真相呢？交代呢？（天津滨海爆炸事件，2015 – 08 – 20　08：53）

（43）不眠飞行 1984：数字一直在上升。（天津滨海爆炸事件，2015 – 08 – 16   10：36）

（44）sweet 蜜柚：有些人今晚要睡不着了。（文登事件，2015 – 08 – 03   16：59）

（45）凡先生喊我回家吃面：#天津滨海爆炸#看一次天津塘沽的事眼泪就忍不住地流。［蜡烛］（天津滨海爆炸事件，2015 – 08 – 17   02：09）

（46）黄昏一首歌：人家的化学课是体育老师教的。［挖鼻］（天津滨海爆炸事件，2015 – 08 – 28   14：54）

中性的概念意义在语境中，也具有引发评价意义的潜势。例（41）、例（42）表达概念意义的语汇在疑问句的语境中引发了负面评价的态度意义，属于隐性评价。例（43）通过数字上升，级差意义强化而引发了负面评价的态度意义，属于隐性评价。例（44）"睡不着"、例（45）"眼泪就忍不住地流"引发了消极的情感意义，属于隐性评价。例（46）"化学课是体育老师教的"引发了负面评价的态度意义，属于隐性评价。

此外，反语修辞，尽管有明显评价意义的语汇，因违背质真原则，会话含义需要语用推导得出，因此也属于隐性评价。例如：

（47）非常上告：文登警方的"因发表不同言论"、"双方约架"说得真好，客观，中立，而且适用范围很广，比如：日本发动侵华战争。（文登事件，2015 – 08 – 03   22：50）

（48）瑟兰迪尔 cute：大家别黑青岛了，我有个朋友双腿多年残疾就是在青岛治好的。10 月 5 日在他的轮椅撞翻了一车大虾后，他二话没说站起来就跑了。［doge］［喵喵］（青岛大虾事件，2015 – 10 – 09   19：53）

结合语境推导可知，例（47）用反语辞格，是对文登警方的负面评价；例（48）用反语辞格，是对青岛城市的负面评价。这也是隐性评价。

显性评价和隐性评价，又叫直接评价和间接评价。微博互动是一种非现场的、非面对面的互动，面子因素考虑得少，显性评价占大多数，隐性评价较少。

（四）高量值评价、中量值评价和低量值评价

评价不仅有质的不同，也有量的区别。等级性也是态度意义的重要特征。

王立刚（2004）把评价意义的类型归纳为"好—中立—不好"，并论述了其相互关系。传统的二元评价属于非此即彼的极端化思维方式，"好"与"坏"，"对"与"错"。针对二元评价，早川一荣提出了"多元评价"，指出"我们有各种不同的评价等级，用'很坏'、'坏'、'不坏'、'还好'、'好'、'极好'来代替'好'和'坏'"（转引涂纪亮，1987：127）。

可见，正面评价和负面评价都可以在量上进行调节。我们将评价量级分为七个阶梯：

完全否定＞否定＞略加否定——中立（无所谓）——略加肯定＜肯定＜非常肯定

其中，中立（无所谓）是中性评价。左边是负面评价，分高、中、低三个量值。右边是正面评价，也分高、中、低三个量值。因此，根据评价的强弱程度，我们将评价分为高量值评价、中量值评价和低量值评价三种类型。例如：

恶心至极＞恶心＞有点恶心
恨之入骨＞厌恶＞讨厌

"恶心"属于可以分级的词语，是中量值评价。强化为"恶心至极"，属于高量值评价。弱化为"有点恶心"，属于低量值评价。

"厌恶"属于可以分级的词语，是中量值评价。强化为"恨之入骨"，属于高量值评价。弱化为"讨厌"，属于低量值评价。

对于不可分级语词，也可以聚焦，确定典型性，强化量值。例如：

典型的不作为＞不作为

"不作为"属于中量值评价。"典型的不作为"属于高量值评价。

因此，根据评价力度，我们将评价分为高量值评价、中量值评价和低量值评价。例如：

（49）小梨子的麻麻：今晚看了下星光大道，感觉没有毕姥爷的舞台，略显心酸。（毕福剑视频事件，2015 - 05 - 29　22：55）

（50）尘心似水：不讲政治的公安机关，呵呵（文登事件，2015 - 07 - 27　05：54）

（51）松间明月满：不要脸的，呸！//@ 王胜军：呸！［弱］//@ 良心—医生：//@ 不沉默的大多数：大家都来言论自由下，呸！［怒］//@ 威海警方在线：【7·22案：得到依法处理】事实清楚，定性准确，处罚得当……7·22案，是一起普普通通的治安案件，已经处理完了。@ 文登警方在线（文登事件，2015 - 07 - 26　15：57）

（52）骑鲸闹海：狗日的文登警方！！！祝你们出门被车撞，死无葬身之地，死了喂野狗老鼠。（文登事件，2015 - 08 - 03　23：18）

例（49）"略显心酸"是低量值评价。例（50）"不讲政治"是中量值评价。例（51）出现詈骂语"不要脸的"、例（52）出现了詈骂语"狗日的"、诅咒语"出门被车撞"、"死无葬身之地"和"死了喂狗老鼠"等，属于高量值评价。

微博文本中评价意义是累积叠加的，呈韵律性上升或下降的。正面或负面评价资源越多，越能提高评价的量级。例如：

（53）于是吾曰：文登警方好样的，顶住压力，实事求是，结论公正，客观，严谨！处理得当，稳定了社会民心，点支持！（文登事件，2015 - 07 - 24　18：21）

例（53）正面评语语汇多，评价的密度大，强化了评价的量级，整个微博属于高量值评价。

汉语的量级表达手段丰富多样，可以用词汇手段，可以用语法手段，还可以用修辞手段。陈景元（2010：112—117）指出了量极表达方式有：数量赋级、附加成分赋级、词语本身赋级、修辞或补充赋级、重叠赋级、重复赋级、格式或句式赋级、双重否定赋级、权威声音和多数声音赋级、评价域赋级、修辞赋级等。

级差与读者建构的关系是，选择高量值评价表示说话人或作者高度认同于所提及的价值立场，试图最大限度地把读者拉入该价值立场。作者立场坚定。但难免显得偏激，过于主观，给对手留下了反驳的空间。选择低量值评价表示说话人或作者只是部分的，甚至很少认同所提及的价值立场，能拓展与读者对话磋商的空间。

二 态度意义的表达形态

自朱德熙（1982：124）最早将哲学范畴的指称、陈述概念引入汉语研究后，陆俭明（1993：94）指出，语言表达基本上取两种形态：指称形态和陈述形态。指称就是所指，陈述就是所谓，指称和陈述可以相互转化。周国光、张林林（2003：91）在此基础上进一步提出，语言表达基本上取三种形态：指称形态、陈述形态和修饰形态。指称就是所指，陈述就是所谓，修饰就是所饰，指称、陈述、修饰三种形态可以相互转化。我们的言语交际过程，就是交替、重复运用指称、陈述和修饰三种表达形态将思想感情外化并传递出去的过程。

指称、陈述和修饰理论为我们研究评价表达提供了有益的启示。我们将评价表达也分为指称形态、陈述形态和修饰形态。

（一）指称形态

评价表达的指称形态，是指在主谓句的主语、宾语（或介词宾语）句法位置上通过体词性成分来实现的评价。

（54）公民浅夏：英雄不会被忘记，责任必须要追究！（天津滨海爆炸事件，2015－08－20　07：33）

（55）北忆翎：如坐针毡般的煎熬，万箭穿心的揪心（天津滨海爆炸事件，2015－08－20　15：56）

（56）猪猪_专业户：真是一群垃圾！（天津滨海爆炸事件，2015－07－24　18：27）

例（54）"英雄"位于主语位置，是指称形态的评价。例（55）"如坐针毡般的煎熬"、"万箭穿心的揪心"是定中短语，名词性的，是指称形态的评价。例（56）"垃圾"位于宾语位置，是指称形态的评价。

（二）陈述形态

评价表达的陈述形态，是指在谓语、述语和补语的句法位置上实现的评价。例如：

（57）重开焰：南开区教育局够无耻、卑鄙、龌龊，就这德性管中小学教育？（天津滨海爆炸事件，2015 - 08 - 21　07：51）

（58）东邪不吸毒717：非常公正，合法合理。（文登事件，2015 - 07 - 24　18：40）

（59）环球儿小姐：处理得真恶心。（文登事件，2015 - 07 - 24　18：26）

例（57）"无耻"、"卑鄙"、"龌龊"位于谓语位置，是陈述形态的评价；例（58）"公正"、"合法"、"合理"位于谓语位置，是陈述形态的评价；例（59）"恶心"位于补语位置，是陈述形态的评价。

（三）修饰形态

评价表达的修饰形态，是指在定语、状语句法位置上实现的评价。例如：

（60）2498384434JhVfS：腐朽的体制，厚颜的官僚，神州也！（天津滨海爆炸事件，2015 - 08 - 20　07：43）

（61）志文霜叶：缺心眼的人办理的缺心眼的案件！！（天津滨海爆炸事件，2015 - 07 - 24　18：27）

（62）璐母西：央视一味转移视线，李某某是谁？没人敢说？（天津滨海爆炸事件，2015 - 08 - 19　13：25）

例（60）"腐朽"、"厚颜"位于定语的位置，是修饰形态的评价。例（61）"缺心眼"位于定语的位置，是修饰形态的评价。例（62）"一味"位于状语的位置，是修饰形态的评价。

指称、陈述和修饰三种表达形态可以互相转换，比如用"臭不要脸"评价文登警方，可以用陈述形态的评价，可以用指称形态的评价，也可以用修饰形态的评价。例如：

（63）文登警方<u>臭不要脸</u>。（陈述）

（64）<u>臭不要脸</u>的。（指称）

（65）<u>臭不要脸</u>的文登警方。（修饰）

例（63）"臭不要脸"位于陈述位置，是陈述形态的评价。例（64）"臭不要脸的"指称文登警方，是指称形态的评价。例（65）"臭不要脸"位于定语位置，属于修饰形态的评价。因为"臭不要脸"具有［+述人］语义特征，无论处于指称、陈述还是修饰形态，语义指向都是指向"文登警方"，都是对文登警方的负面评价。

因此，在句法上的指称、陈述和修饰，在语义上都是一致的，本质上都是语义陈述。评价跨越了指称、陈述和修饰三个范畴，评价语汇无论处于何种句法位置，都是表达评价，其功能是一致的。

正因为如此，马丁等人的评价理论是一个词汇语法框架，将评价研究带到了语法的边缘，引向了广阔的、自由灵活的词汇界面。各种态度资源在语篇中呈韵律性地分布，它弥漫于整个小句乃至语篇，具有累积性特征，决定着语篇的褒贬倾向。

三　网络热点事件文本中态度意义的表达手段

网络热点事件文本中态度意义，有词汇、语法、修辞、符号等表达手段。

（一）词汇手段

褒贬评价可以通过褒义词、贬义词来识别。现代汉语中有大量具有明显评价意义的褒贬语汇，主要有名词、动词、形容词、副词等。

1. 名词

A. 内鬼、地痞、恶霸、流氓、傻逼、败类、垃圾、人渣、汉奸、畜生、杂种、混混、帮凶、废物、杂碎、走狗、余孽、叛徒、货色、嘴脸、脑残、骗子、瘪三、小丑、歪风、黑社会、卖国贼、爱国婊、刽子手、毒瘤、小人、奸商

B. 脊梁、精英、英雄、典范、楷模、先驱、功臣、烈士、勇士

A组为贬义词，B组为褒义词，这些是构成褒贬评价的词汇资源。

2. 动词

A. 鼓励、热爱、捍卫、拥护、喜欢、爱、热爱、酷爱、佩服、崇拜、仰慕、羡慕、钦佩、致敬

B. 泄露、装逼、谩骂、喷粪、罔顾、洗地、勾结、威胁、贪污、受贿、违法、恐吓、绑架、造谣、滋事、骚扰、误导、造反、纵容、糟蹋、挑衅、挑拨、干扰、庇护、窃取、侮辱、欺负、抹黑、骂街、渎职、奸淫、强奸、掳掠、诬陷、挟持、撺掇、诋毁、鼓吹、撕逼、沦陷、偏袒、腐蚀、泯灭、忽悠、狡辩、煽动、颠覆、专制、臆想、拖延、推诿、篡改、洗脑、歧视、教唆、滥杀、亵渎、鄙视、隐瞒、违规、走私

A组为褒义词，B组为贬义词，这些是构成褒贬评价的词汇资源。

3. 形容词

1. 好、不错、公平、公正、严谨、客观、严明、合理、合法、理智、睿智、正确、善良、英明、正直、得当、漂亮、坚强、妥当、正常、神速、伟大、高尚、无辜、明白、到位、平安、安全、可爱、骄傲、勇敢、无畏

B. 坏、弱智、腐败、无耻、腐朽、邪恶、下贱、卑鄙、滑稽、可悲、粗糙、嚣张、猖狂、混乱、匮乏、低下、肮脏、不要脸、丑陋、糊涂、脆弱、荒唐、残酷、危险、万恶、阴险、无谓、可疑

A 组为褒义词，B 组为贬义词，这些是构成褒贬评价的词汇资源。

4. 副词

A. 秉公、率先、悉心、精心、稳步、阔步、通力、锐意、毅然

B. 瞎、白、白白、公然、蓄意、妄图、大肆、一味、肆意、擅自、贸然、悍然、不慎、动辄、动不动、刻意、存心、无端

A 组为褒义词，B 组为贬义词，这些是构成褒贬评价的词汇资源。

另外，语气副词或评注性副词表达说话人或作者对命题或述题的态度，是构成元语言评价的词汇资源，例如：

A. 表示确定性：无疑、的确、毋庸置疑

B. 表示质疑性：恐怕、也许、或许

此外，少数代词、量词和叹词也传递情感态度。如代词"您"、量词"位"，具有褒义倾向，是正面评价资源。量词"伙"（一伙歹徒）、"帮"（一帮强盗）等具有贬义倾向，是负面评价资源。叹词"呸"、"哼"、"唉"等也传递消极的情感态度，是负面评价资源。

网络热点事件文本中，有许多评价性成语，包括一些新造的网络成语，例如：

A. 实事求是、不偏不倚、合情合理、刚直不阿、严于律己、光明正大、赴汤蹈火、喜大普奔

B. 颠倒黑白、恼羞成怒、吃里爬外、胡说八道、居心叵测、不堪入耳、肆无忌惮、气急败坏、上纲上线、后患无穷、倒行逆施、蝇营狗苟、天理难容、助纣为虐、遮遮掩掩、混淆视听、祸国殃民、自掘坟墓、黔驴技穷、唯利是图、目无法纪、无法无天、歌功颂德、十恶不赦、匪夷所思、理屈词穷、自食其果、原形毕露、官官相护、煽风点火、丧心病狂、装聋作哑、息事宁人、昭然若揭、跳梁小丑、如鲠在喉、如丧考妣、细思恐极、然并卵、城会玩

A 组为褒义成语，其中"喜大普奔"为网络成语。B 组为贬义成语，

其中"然并卵"、"细思恐极"、"城会玩"为网络成语。这些是构成褒贬评价的词汇资源。例如：

（66）白莲终结者：你们终于要对纳吧那群杂碎下手了！<u>喜大普奔</u>！！！！！！！！［泪流满面］（文登事件，2015－08－03　21：21）

（67）猪在高飞：<u>然并卵</u>。（文登事件，2015－08－03　16：31）

（68）范旭博：好！我信！鱼死了是雨浇的，<u>城会玩</u>！＃天津滨海爆炸＃（天津滨海爆炸事件，2015－08－20　20：51）

例（66）"喜大普奔"表达正面评价；例（67）"然并卵"表达负面评价；例（68）"城会玩"表达负面评价。

网络热点事件文本中，有许多惯用语，也具有评价意义。例如：

A. 有两手、有两下子、爆冷门

B. 打棍子、扣帽子、碰钉子、露马脚、放烟幕弹、穿连裆裤、和稀泥、淘浆糊、贴标签、背黑锅

A 组为褒义惯用语，B 组为贬义惯用语。这些也是构成褒贬评价的语汇资源。

网络热点事件文本中，有一些歇后语，也具有评价意义。例如：

A. 小葱拌豆腐——一清（青）二白；芝麻开花——节节高；绿绸衫上绣牡丹——锦上添花

B. 懒婆娘的裹脚布——又臭又长；老太婆喝稀饭——无耻（齿）下流；黄鼠狼给鸡拜年——没安好心

A 组为褒义歇后语，B 组为贬义歇后语。这些也是构成褒贬评价的语汇资源。

网络热点事件文本中，还有一些俗语，也具有评价意义。例如：

A. 好汉做事好汉当、初生牛犊不畏虎、真金不怕火炼

B. 自作孽不可活、聪明一世，糊涂一时、狗眼看人低、站着茅

坑不拉屎、说的比唱的还好听、人在做，天在看、站着说话不腰疼、
一个巴掌拍不响、龙生龙，凤生凤，老鼠生儿打地洞

A组为褒义俗语，B组为贬义俗语。这些也是构成褒贬评价的语汇
资源。

熟语的评价意义是正面评价还是负面评价，有赖于作者或说话人与读
者或听话人双方共有的语言文化背景知识。例如：

（69）似水流年—怀念：文登警方现在是"死猪不怕开水烫"，
有点"马蜂掉进裤裆里——爱TM咋蛰就咋蛰"的架势！（文登事
件，2015 - 08 - 09　00：52）

例（69）微博作者运用了俗语"死猪不怕开水烫"和歇后语"马蜂
掉进裤裆里——爱TM咋蛰就咋蛰"批评文登警方不回应，属于负面
评价。

网络热点事件文本中，还有一些詈骂语和诅咒语，用来粗鲁、恶意地
侮辱、伤害或斥责他人。这些表示愤怒的言语，它能宣泄网民的情感，表
达了负面的评价意义。例如：

（70）穷兔摸鹿：我草泥马，狗屁警察，还是人民的警察吗？怎
么保护起汉奸来了？（文登事件，2015 - 07 - 29　00：16）
（71）箭扣穿越：傻逼！草泥马，还想用"文革"思维给大家洗
脑，草泥马！（文登事件，2015 - 08 - 05　00：15）
（72）骑鲸闹海：每天送文登警察局三重诅咒，一咒你们出门被
车撞，死了喂野狗老鼠；二咒你们老婆当妓女，患梅毒淋病艾滋病；
三咒生儿夭折横死，生女当婊子。（文登事件，2015 - 07 - 30　00：
04）
（73）大明精英水太凉："7·22事件"公民信息泄露你们不给
个说法，出门最好打个塑料伞，小心被雷劈［哈哈］不打雷更要小
心被车撞［吐］（文登事件，2015 - 07 - 27　16：13）

（二）语法手段

在句法上，近年来汉语学界开始关注汉语评价格式或标记，产生了一系列研究成果。

郑娟曼、邵敬敏（2008）指出"都是＋NP"是表示"责怪"义的主观评价格式。陈景元、周国光（2009）、方清明（2012）讨论了"XP的是"的评价功能。陈景元（2011）探讨了隐性评价构式"不/没＋VP₁＋等于＋没/没有＋VP₂"。唐雪凝、张金圈（2011）考察了表感叹性评价的"这NV的"构式。管志斌（2011）指出"早不VP，晚不VP"构式表达说话人对言语事件或行为的主观评价。郑娟曼（2012）探讨了贬抑性习语构式。唐青叶、俞益雯（2012）考察了现代汉语"程度副词＋名词"构式的评价功能。罗耀华、周晨磊、万莹（2012）指出构式"小OV着"具有评价意义。陈景元（2010）、吉益民（2013）考察了汉语中的评价表达式"X（的）Y"。胡清国（2011）指出，"在X看来"的元语用功能是评价，"依X看"的元语用功能以建言为主，兼表评价。胡清国（2013）探讨了评价构式"一群NP"。陈景元（2013）探讨了表示迅疾紧接的隐性评价构式"即A即B"。刘静敏（2013）指出"放着＋NP＋不＋VP"构式是表达不满或责怪的主观评价。唐贤清、罗主宾（2014）构式"哪里是A，简直是B"是表达对A的主观评价。李小军（2014）探讨了"好你个＋X"构式的负面评价功能。王晓辉、池昌海（2014）探讨了程度评价构式"X就不用说了"。卢芸蓉、朱军（2014）指出"名＋数量"格式有客观列举和主观评价两种用法。张怡春（2014）指出当"前置受事＋VA了"格式表示"结果偏离义"时，属于评价性概念结构。李小军（2014）指出"（X）真是（的）"和单独成句的"这/那个＋人名"具有负面评价功能。田然（2015）指出，正反问"A不A"格式在语篇中有时不表示疑问而是具有强烈的肯定倾向及主观评价功能。李宗江（2008）、张璐（2015）探讨了"问题是"的负面评价功能。姚尧（2015）探讨了"所V"、"可V"类评价性话语标记的话语功能。甄珍（2015）考察了现代汉语主观极量构式"要多A有多A"。吴春相（2015）将现代汉语"数＋量＋形"分为说明性、评价性和描绘性三类。王长武（2015）探析了表主观评价的"一个X，Y"构式。

上述研究成果主要从构式视角探讨评价意义。在网络热点事件文本中，我们不仅要研究评价的构式和评价标记，而且要从句法组合甚至上下文语境来探讨动态建构的评价意义。例如：

（74）神抖菀：老子唱红歌，儿子做大爷，我朝特色！（李双江儿子打人事件，2011 - 09 - 08　08：54）

（75）中二青年气氛氛：回复@唐僧很忙：你的思维很奇葩，我就呵呵了。（天津滨海爆炸事件，2015 - 08 - 18　09：57）

"特色"、"奇葩"褒贬同辞，需要结合语境才能确定褒贬。在例（74）、例（75）中"特色"、"奇葩"具有贬义色彩，表达负面评价。

关于组合关系的评价意义研究，我们将在本书第七章详细论述。

（三）修辞手段

修辞也是评价意义的主要表达方式之一。例如：

（76）凤凰网上海市网友小舟横渡：无牌宝马京城游，巍巍高楼两边走；我要去战斗，哪怕你血流。为非作歹挑肩上，嚣张跋扈记心头，记心头……（李双江儿子打人事件，2011 - 09 - 08　06：35）

（77）pzlw：没有污染！空气质量良好！［怒］［怒］（文登事件，2015 - 08 - 21　10：18）

（78）平城风：呸，呸，呸，重要的话要说三次。［崩溃］（文登事件，2015 - 07 - 24　20：16）

（79）头条新闻：#天津滨海爆炸#【政治局常委会：不论涉及到谁都一查到底】中央政治局常委会上午开会，专题听取天津爆炸事故情况汇报，要求查清原因，查明性质和责任，不放过一丝疑点，不论涉及谁都一查到底，依法严肃追责，对涉及玩忽职守、失职渎职、违法违规的决不姑息，给社会一个负责任交代。（天津滨海爆炸事件，2015 - 08 - 20　15：47）

蒙眼睛看星星：交代，是胶带还差不多吧。呵呵。第一句话就不相信。（天津滨海爆炸事件，2015 - 08 - 20　15：58）

例（76）用仿拟修辞，仿拟李双江的歌曲《红星照我去战斗》，用戏谑的口吻，表达负面评价。例（77）用反语修辞，讽刺了官员"没有污染！空气质量良好！"言论的荒谬，表达负面评价。例（78）用反复修辞，"呸"连续反复，加强了情感意义，表达负面评价。例（79）"交代"和"胶带"谐音，一语双关，而又意味深长。

网络热点事件文本中评价意义的修辞分析，我们将在本书第十章重点论述。

（四）符号手段

言语形式上文已经探讨，下面我们重点探讨文本中的非言语的符号形式。

1. 标点符号

标点符号在对话语境中，也能传递情感态度。例如：

（80）LOVEVampiresLi：呵呵，真是…… （毕福剑视频事件，2015 - 08 - 09　22：28）

（81）雪中藏梦：约架，呸！！！！！！！！！！！！！！ （文登事件，2015 - 07 - 28　01：46）

（82）伊西笑：实在是佩服！！！！！中央和公安部都治不了你们了！你们牛逼！！（文登事件，2015 - 08 - 04　16：33）

（83）伊西笑：请问团中央的你们可以不理会，公安部的你们能理会一下吗？？　 （文登事件，2015 - 08 - 04　16：30）

（84）沉水香消2：大陆网络上藏匿着多少占中分子？？？？？？？？？？？？？？？？？（文登事件，2015 - 07 - 30　08：19）

（85）南京小溜：看！不！懂！…毫！无！诚！意！…［怒骂］［怒骂］［怒骂］［怒骂］［怒骂］［怒骂］［怒骂］［怒骂］［怒骂］（姚贝娜事件，2015 - 01 - 18　06：46）

例（80）省略号传递负面情感态度，表达负面评价。例（81）、例（82）用夸张而随意的感叹号，表达强烈的感情，强化了负面评价意义。例（83）、例（84）用夸张而随意的问号，表示强烈的质疑，表达了负面评价意义。例（85）每个字用感叹号隔开，强化了负面评价意义。

2. 表情符号

微博表情符号丰富多彩，多达上千种，可以分为正向情感和负向情感符号两种。也能表达情感态度，具有评价意义。

正面评价意义，例如：

（86）小胖脸：给警方的公允处理点赞!! ［赞］（文登事件，2015 - 07 - 24　18：30）

（87）kwb2015：好，依法处理。［good］（文登事件，2015 - 07 - 24　18：17）

（88）极地玫瑰：处罚很公正。［good］（文登事件，2015 - 07 - 24　18：29）

例（86）表情符号［赞］，例（87）、例（88）表情符号［good］，都是正面倾向的，与文字配合，表达正面评价。

负面评价意义，例如：

（89）微观园：典型的和稀泥! 对@文登警方在线表示失望! ［弱］（文登事件，2015 - 07 - 24　18：25）

（90）懒羊羊心太软：受害人成约架的了，超恶心! ［吐］［吐］［吐］（文登事件，2015 - 07 - 24　18：05）

（91）老枪的地平线：以前别人说要完，我是不信的，现在我信了! ［怒］（文登事件，2015 - 07 - 24　18：26）

例（89）表情符号［弱］，例（90）表情符号［吐］，例（91）表情符号［怒］，都是负面倾向的，与文字配合，表达负面评价。

3. 数学符号

常见的数学符号有等于号、加号等，例如：

（92）JL1618：记者 = 社会渣滓（姚贝娜事件，2015 - 01 - 17　23：17）

（93）g6131217326：该小子一看就是差等生，要不是有个好爸

爸，他狗屁不是，可怜的文盲 + 法盲 + 流氓。（李双江儿子打人事件，2011 - 09 - 08　09：56）

此外，头条新闻的微博，论坛帖子的置顶、加精、斜体、大写字母、黑体字等，都能凸显重要性。通过推荐吸引网友关注，也是一种意义的强化手段。需要特别说明的是，微博文本是多模态（multimodality）文本，是一种融合了多种交流模态（如声音、文字和形象）来传递信息的语篇。其中文字、图片属于视觉模态，视频既属于视觉模态，又属于听觉模态。"意义通过不同的模式模态建构，并通过在一个交际过程中共现而得以体现和表达。"（Kress & van Leeuwen，2001：111）多模态语篇中文字与图像之间相互补充、相互加强、并形成一种"合力"　（成文、田海龙，2006：136）。陈瑜敏（2009）指出，多模态话语中的各种模态是制造意义的符号资源，模态间的互动具有意义潜势。围绕网络热点事件的文本有文字、图片和视频等，有图有真相，互相配合，互相补充，共同完成文本意识形态意义的建构。

四　褒贬评价与读者建构

褒贬资源的选择取决于作者或读者各自的立场，褒贬评价与读者建构的关系密切。

首先，在网络热点事件文本中，众声喧哗，"同声相应，异声相杂"，微博作者利用褒贬态度资源，与读者进行磋商对话，建构语篇，也构建彼此的话语联盟。例如：

（94）深秋 3622629：我就说嘛，无风不起浪，一个巴掌拍不响。人家为啥千里迢迢过来打你，看来你侯聚森是打群架打输了。然后冒充爱国青年装可怜！真够不要脸的！　（文登事件，2015 - 07 - 24　18：07）

（95）无名大龙虾：那被打的侯某某屁个爱国人士，去贴吧微博看看就一键盘侠喷子。（文登事件，2015 - 07 - 24　18：23）

（96）贱人爱黄大腔：五毛狗现在开始恼羞成怒，赤裸裸的开始威胁公安民警，告诉你们，不是不报，时候未到，没有人能逃脱法律

的制裁！就算你打着爱国者的旗号！ （文登事件，2015 – 07 –
24　18：28）

（97）唐伯虎点蚊香 socool：支持警方公平公正！［赞］［good］
（文登事件，2015 – 07 – 24　18：33）

（98）来瓶 82 年的陈酿矿泉水：贵局不为团媒的威逼所动，依
法行事，乃国人楷模，民族脊梁。钦佩！［good］［good］［good］
［good］［good］［good］（文登事件，2015 – 07 – 24　18：38）

（99）翻来滚去负能量：葫芦僧判断葫芦案。（文登事件，
2015 – 07 – 24　18：47）

（100）高翔 Kal—X：警察现在就是一个和稀泥的角色！！！（文登
事件，2015 – 07 – 24　18：49）

例（94）、例（95）、例（96）都用贬义语汇，语义指向一致，都负
面评价了侯聚森等自干五，形成话语联盟。例（97）、例（98）都用褒义
语汇，语义指向一致，都正面评价了文登警方，形成话语联盟。例
（99）、例（100）都用贬义语汇，语义指向一致，都负面评价了文登警
方，形成话语联盟。

对于网络热点事件，作者和读者的立场不一定相同，作者用情感、判
断和鉴赏资源进行评价时，实际上是在邀请读者和他分享情感、观点和看
法，引导读者进入自己的价值立场。当这种情感、观点和看法被读者接受
时，就能达成团结一致，接受作者价值立场，共享意识形态。因此，评价
者对同一评价对象，同褒同贬，才能团结一致结成话语同盟。评价者如果
对同一评价对象，你褒我贬，你贬我褒，则会导致彼此疏远。相同的声音
能引发网民的共鸣，不同的声音激发网民的质疑和应战，开启协商对话的
空间。

五　小结

按不同的标准，我们从聚合关系探讨了评价意义的基本类型。根据态
度资源的种类，将评价分为情感评价、判断评价和鉴赏评价三种类型。根
据评价客体的不同，将评价分为对实体的褒贬评价和对命题或述题的元语
言评价两种类型。根据评价成分的褒贬倾向，将评价分为正面评价和负面

评价两种类型。根据评价形式的显隐，将评价分为显性评价和隐性评价两种类型。根据评价力度，将评价分为高量值评价、中量值评价和低量值评价三种类型。

从表达形态来说，评价有指称形态、陈述形态和修饰形态。在句法上，三种形态可以互相转化。在语义上，三种形态的功能是一致的，本质上都是语义陈述。各种态度资源自由灵活，在语篇中呈韵律性地分布，它弥漫于整个小句甚至语篇，具有累积性特征，决定着语篇的整体评价意义。

网络热点事件文本中评价的表达手段有词汇、语法、修辞、符号等。既有文字形式，也有图片、视频等非言语形式。各种形式互相配合、互相补充，共同建构微博文本的整体意义。态度资源与读者建构的关系是：针对同一评价对象，同褒同贬，相同的声音能引发网民的共鸣，彼此建构话语联盟。反之，你褒我贬，或你贬我褒，会激发网民的质疑和应战，导致彼此疏远，立场分离。

第三章

介入资源与读者建构

一 介入系统的理论阐述

　　所谓介入，就是作者或说话人"如何利用投射、情态、极性、让步及各种评价性副词来表明自己与话语中所表达的观点之间的关系以及与该观点可能引发的不同反应之间的关系"（Martin & White，2005：36）。介入系统作为马丁评价系统的三个子系统之一，受到苏联著名文艺学家巴赫金的对话性和杂语性思想的影响，把一切语言使用看成是一种"对话"，是一种人与人之间相互影响的互动行为。介入系统揭示了人类交际的协商性，从注重交换互动向立场互动发展。介入系统如图 3 - 1 所示：

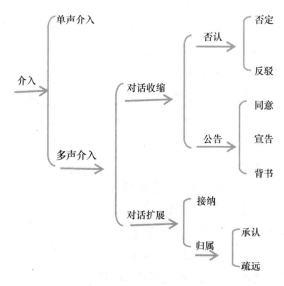

图 3 - 1　介入系统（Martin & White，2005：134）

　　介入系统包括单声介入（Monoglossic Engagement）和多声介入（Heteroglossic Engagement）两个子系统，既关涉态度源，也关涉说话人承担的话语责任。单声介入，指作者或说话人直陈某一命题，对该命题负责并拒绝引入其他观点，因而关闭了与其他声音磋商或对话的空间。单声介入是一种单纯性断言，不考虑异议或其他可能性，作者或说话人对言辞承担全部责任。多声介入，指作者或说话人将该命题的几种不同观点引入语篇或用明确表示可能存在另一种意见的言语，创造多种声音共存的话语空间。多声介入明确表示可能存在不同的声音，关注到话语的对话性，从而推卸或减少对言辞所承担的责任，使话语带有客观的意味。例如：

　　（1）枪是真的，有非法持械的罪名，李双江跑关系了，才说是假枪。
　　（2）我觉得枪可能是真的，怕有非法持械的罪名，估计李双江跑关系了，才说是假枪。

　　例（1）是单声介入，表明作者或说话人不愿意与不同立场的多声进行协商，认为这一命题理所当然、不容置疑。这在一定程度上排除了对话性，作者或说话人愿意对话语承担全部责任。例（2）是多声介入，用了介入资源"我觉得"、"可能"、"估计"等，表达了话语是作者主观的、个人的看法，其真实性和正确性有待判定。作者或说话人承认了其他不同声音的存在，开启了协商对话的空间。
　　严格地说，单声介入和多声介入都具有对话性，没有一句言语是一个孤岛，只不过是单声介入采取的是对多声性忽略、降低或不直接、不公开承认的修辞策略。单声介入和多声介入的主要区别在于作者或说话人是否愿意承认命题的争议性，是否为不同观点或声音预留对话的空间，或者说是否对观点的差异表示尊重。
　　较之多声介入，单声介入研究目前还比较薄弱。王振华、路洋（2010）也指出，"如何科学地界定自言以及如何更加合理地、科学地建构自言系统网络，仍有待进一步地探索和研究"。王振华、路洋的所谓自言，即单声介入。刘丹（2013）按对话性由强到弱，将单声介入的等级性排序为：理据性断言 > 无前提断言 > 叙事。其中理据性断言给读者以质疑"理据"的机会，对话性最强。例如：

（3）开耳闻世界：本来就几个人知道的事，被闹成这样，别有用心。（毕福剑视频事件，2015－05－12　16：37）

（4）东邪不吸毒717：非常公正，合法合理。（文登事件，2015－07－24　18：40）

（5）红星会会长：上门揍人，挨揍的被拘留了。（文登事件，2015－07－24　18：16）

例（3）评价有前提铺垫，属于理据性断言，例（4）评价单刀直入，属于无前提断言，例（5）属于叙事，这些例子作者主观上没有为不同声音预留空间，因此都是单声介入。

多声介入又进一步分为对话收缩（contraction）和对话扩展（expansion）。对话收缩是指作者或说话人在表达自己的观点、立场和态度时直接或间接地否定、反对或拒绝对话人不同的观点、立场和态度，缩小和剥夺对话人的话语空间。对话紧缩的主要实现方式为否认（disclaim）和公告（proclaim）。

否认是说明自己不同意，拒绝另一种意见。否认包括否定（deny）和反驳（counter）。否定是把肯定意见引入对话的一种方法，它不是逻辑关系中对肯定的简单的否定。例如：

（6）司马平邦：文登的侯聚森事件之最大问题，其实不是纳吧梁某某等4人拿钱后跨省对侯聚森行凶，而是拥有执法权的文登警方违法执法，本人曾公开对庆安警方处理袭警事件表示过支持，但此次文登警方的作为令人怒不可遏。（文登事件，2015－07－25　23：38）

例（6）作者用"不是"否定了"文登的侯聚森事件之最大问题是纳吧梁某某等4人拿钱后跨省对侯聚森行凶"这一命题。

反驳是另一种否定方式，这种否定用一个命题来取代或反对另一个有可能在此地出现的命题。例如：

（7）青青儿啦：虽然很喜欢老毕，但是作为一个公众人物应该对自己的言行负责，毛主席毕竟是一代伟人，解放全中国，他的功过

岂是我们能妄论的？（毕福剑视频事件，2015 - 08 - 09　18：17）

例（7）用反驳资源"虽然……，但是……"，将"喜欢老毕"和"作为一个公众人物应该对自己言行负责"两种声音表述为相容的，反对了"挺毕派"中一部分人认为公民言论自由、毕福剑不该受到处理的观点。

公告是通过改动、强调、干预对一种意见进行质疑、批驳、颠覆或排斥。公告包括同意（concur）、宣告（pronounce）和背书（endorse）。其中同意是作者或说话人公开表明对某个对话伙伴的意见时用的，例如：

（8）有蒋氏者：回复@雷逐风：<u>当然</u>违法，小侯可以自诉。（文登事件，2015 - 07 - 25　22：40）

例（8）作者使用同意介入资源"当然"，明确提出了自己的立场，排斥了其他立场。

其中宣告是作者或说话人强调、明显地干预或改动某种意见。宣告是对不同意见的挑战，是要驳斥不同意见，不是接纳不同意见。例如：

（9）快乐文灿：对这种坏蛋<u>要</u>严惩不贷！这是<u>必须</u>的！（李双江儿子打人事件，2011 - 09 - 08　22：12）

例（9）作者使用宣告介入资源"要"、"必须"，对"给李双江儿子机会"这一观点进行了干预和改动。作者承认有不同意见，但作者排斥了不同意见，减少了这种不同意见的对话空间。

背书是作者或说话人把某种外部意见说成正确的、有效的、不可否认的或完全正当的。例如：

（10）佑玟：到今天上午 11 点前仍有人转发天津爆炸事件为加油站或什么乙醇爆炸，现已<u>证实</u>爆炸是由于天津滨海新区港务集团瑞海国际物流公司危化品堆垛发生火灾，接而发生爆炸，爆炸喷发的火球又引发周边多家企业二次爆炸。爆炸后的气体应当是有毒的，但有关部门却说检测空气为正常……希望周边民众还是关好门窗做点

防范。(天津滨海爆炸事件，2015 - 08 - 13   11：24)

例（10）使用背书资源"证实"，压缩了对话的空间。

对话扩展指作者或说话人表达观点、立场时能容纳或接受，甚至鼓励对话人表达与自己不同的观点、立场，即承认其他观点存在的可能性。对话扩展的实现方式有接纳（entertain）和归属（attribute）。其中接纳表达的是内在的声音，表明有关立场是一种可能的立场，从而扩展了对话的空间。例如：

（11）蕴新发如雪：*我觉得*和稀泥的公安局应该道歉！（青岛大虾事件，2015 - 10 - 09   15：17）

例（11）用了接纳介入资源"我觉得"，表明是作者个人观点，这为其他可能性观点开启了对话空间，属于对话扩展。

归属是将文本中的命题归于语篇之外的某个声音或立场。归属分为承认（acknowledge）和疏远（distance）两种。承认是一种中性的归属，仅仅转述外部声音的话语和观点。发话人表面上保持中立，该消息来源对话语内容承担责任。而疏远则清楚地表明作者或说话人对引用的命题或观点保持距离或不认同，容许最大程度的话语扩展。例如：

（12）news 图文直播：【天价大虾细节：*另一位当事人表示不认可青岛官方的"尽快调查"说法*】*朱先生说*，到记者打电话给他的时候，还没有青岛的相关职能部门联系过自己，所以他对网上青岛官方微博所称的尽快调查说法不是太认可。（图为@青岛市北发布*声称*"10 月 5 日第一时间赶到现场"的说明）http：//t. cn/RyTPDJW.（青岛大虾事件，2015 - 10 - 06   17：00）

例（12）中"另一位当事人表示"，以间接引语的形式将声音归属于"另一位当事人"。"朱先生说"，以间接引语形式将声音归属于"朱先生"，这些都是属于承认资源，微博作者没有公开表明对有关立场和观点的看法，是中性的转述，规避了对话语承担的责任。

例（12）中"声称"则属于疏远资源，动词"声称"暗示转述者对转述的命题内容保持一定距离，隐含一种批评的对话立场。

可以看出，对话收缩是通过否认（disclaim）或公告（proclaim）缩小或剥夺了对话人的话语空间。对话扩展是通过接纳（entertain）和归属（attribute）允许不同立场、观点的存在，为对话人预留对话空间。从对话收缩到对话扩展，呈现出一个介入意义的连续统，一端是最大程度收缩的否定，一端是最大程度扩展的疏远。

本章拟借鉴介入系统理论，全面系统地研究网络热点事件微博文本中的介入资源，考察微博文本中态度介入的对话性和互动性，揭示各类介入资源与读者建构的关系。

二 网络热点事件微博文本中的
单声介入与读者建构

网络热点事件微博文本对话性和互文性明显，介入资源非常丰富，包括单声介入和多声介入。单声介入曾经被认为是中立的、客观的、事实的。从对话性考虑，单声介入没有公开承认其他立场的存在，似乎只提供一种立场。在言语表现上，单声介入是对命题直截了当地陈述，不提及信息来源和其他可能观点。例如：

（13）通州达人：李天一已因寻衅滋事罪被北京警方拘留。（李双江儿子打人事件，2011 - 09 - 08　19：41）

（14）西安一品家：8 月 20 日，在天津滨海爆炸事件发生后第八天，环境保护部长陈吉宁冒着危险查看爆炸核心区环境应急监测情况。（天津滨海爆炸事件，2015 - 08 - 21　21：25）

（15）马汀令可商务咨询：#天津滨海爆炸#爆炸后区域环境毒化程度未知，雨后地面起白沫。（天津滨海爆炸事件，2015 - 08 - 19　09：23）

（16）中国青年报：#天津滨海爆炸#遇难人数上升至 121 人，54人失联。（天津滨海爆炸事件，2015 - 08 - 22　16：28）

上述例子微博作者运用单声介入形式，直接陈述命题，向读者传递信息，发挥微博的信息传播功能。单声介入为读者评价提供辅助和支持，是读者进行评价的基础。实际上，微博作者不仅传递信息，也或隐或显地传递了态度或立场，单身介入往往起着引导读者评价的作用。

三　网络热点事件微博文本中的多声介入与读者建构

（一）收缩性多声介入

收缩性多声介入包括否认和公告。作者通过否认或公告某种立场的正确性和不可推翻性，从而压缩对话的空间。否认包括否定和反驳两个子类。

1. 否定

否定是把肯定意见引入对话的一种方法，不是逻辑关系中对肯定意见的简单的否定。Martin 和 White（2005：120）将否定分为两种情况，一是作者或说话人使用否定提供相反观点并让受众接受这些相反观点；二是否定起到纠正受众的某些误解或错误观念的作用。在受众不抵触的情况下，否定资源同样可以提高作者或说话人与受众之间的态度的一致性，可以联盟和说服潜在的受众接受作者或说话人的观点。

微博文本中的否定介入资源十分丰富，可以用否定词语实现。如"没"、"没有"、"不"、"不能"、"不是"、"绝不是"等。例如：

（17）寂寞沙洲冷是谁唱的呢：<u>没</u>必要道歉！（毕福剑视频事件，2015 - 05 - 12　11：32）

（18）cell 雄鹰：电石采用泡沫灭火<u>没有</u>问题。（天津滨海爆炸事件，2015 - 08 - 14　06：56）

（19）董宪鸿律师：新华网报道李双江的儿子 15 岁因寻衅滋事被刑事拘留，这<u>不</u>符合刑法 17 条的规定，希望记者报道客观真实，<u>不</u>要误导公众。（李双江儿子打人事件，2011 - 09 - 08　20：45）

（20）黑鬼之光：一件事并<u>不能</u>评论人的一生，我没看视频，但人与人交往，言行举止，每个人的思考想法都不同，但望慎重。（毕福剑视频事件，2015 - 04 - 11　22：37）

（21）老牛7788：这种恶少坚决<u>不能</u>轻饶。假以时日，非成一方恶霸不可！（李双江儿子打人事件，2011 - 09 - 08　05：48）

（22）雪的子：你们<u>不是</u>依法处理，是尸位素餐！！（文登事件，2015 - 07 - 27　13：22）

（23）王小霏 Yvonne：言论自由<u>绝不是</u>骂人自由，<u>绝不是</u>造谣自由！（毕福剑视频事件，2015 - 08 - 10　16：33）

（24）巴山莽夫：一帮狗崽子打架而已，跟爱国有个<u>鸡巴</u>关系（文登事件，2015 - 08 - 05　17：09）

例（17）面对"毕福剑必须道歉"观点，作者用否定词"没"对这一立场予以否定。例（18）运用否定词"没有"，纠正了部分网民的误解。例（19）运用否定词"不"，纠正了读者的误解。例（20）面对"根据这件事评价毕福剑的一生"观点，作者用否定词"不"对这一立场予以否定。例（21）面对"轻饶"的观点，作者用"不能"对这一立场予以否定。例（22）面对"文登警方依法处理"观点，作者用否定词"不是"对这一立场予以否定。例（23）面对"言论自由"的观点，作者用"绝不是"对这一立场予以否定。例（24）面对"爱国青年被拘留"观点，作者用否定词"鸡巴"对这一立场否定。这些例子通过对另一声音的否定和压制，凸显了作者自己的观点和立场。

在网络热点事件文本中，否定介入也可以用动词"反对"、"谴责"、"扯淡"、"放屁"等实现，还可以用叹词"呸"或咒骂语等来实现。例如：

（25）张仕健之轩：<u>反对</u>！（姚贝娜事件，2015 - 01 - 17　18：39）

（26）笑傲天宫：<u>谴责</u>！这种无底线的媒体就是吃人民的饭、砸人民的锅！（姚贝娜事件，2015 - 01 - 18　06：54）

（27）不用担心收割者：<u>扯淡</u>！（姚贝娜事件，2015 - 01 - 17　21：05）

（28）最新鲜百科：纯属<u>放屁</u>！（文登事件，2015 - 08 - 03　22：25）

（29）M-Drth：<u>放屁</u>。他会带着不认识的人进太平间吗？［呵呵］（姚贝娜事件，2015 - 01 - 18　00：56）

（30）南方的岸：<u>呸呸呸</u>！（文登事件，2015 - 08 - 04　02：46）

（31）六六包包：<u>去你妈的</u>！（姚贝娜事件，2015 - 01 - 18　06：34）

这些否定资源，表达了作者坚定的立场，毫无疑问会压制协商对话的空间，属于对话收缩的范畴。

另外，我们把反问句、反诘句也归入否定资源之中。因为反问句、反诘句问题中包含了预设，不容辩解，属于对话收缩。例如：

（32）呆瓜木子璐：何必要这样折腾，让逝者安息吧。（姚贝娜事件，2015 - 01 - 17　21：26）

（33）参天榕树：小题大做，有这个必要吗？（毕福剑视频事件，2015 - 04 - 08　23：00）

（34）银河疾星：有点过了吧，这种事有必要上纲上线吗？（毕福剑视频事件，2015 - 08 - 09　22：41）

2. 反驳

反驳（counter）是用一个命题来取代或反对另一个有可能在此地出现的命题。在网络热点事件的微博文本中，反驳主要由反预期词语或话语标记来实现。

在网络热点事件文本中，用于反驳的反预期词语主要有副词"竟然"、"居然"等，例如：

（35）ccedong：竟然还假扮医务人员，真是不知羞耻的东西：披着羊皮的狼、挂羊头卖狗肉、没人性的狗杂种！（姚贝娜事件，2015 - 01 - 17　18：38）

（36）宝木一往2010：李双江一个唱歌的，其子竟然嚣张如此，应当称之为"歌二代"。（李双江儿子打人事件，2011 - 09 - 08　08：53）

（37）naivy_ 陈：竟然教出这样的儿子，这老爸怎么当的？//@老沉：转发微博。（李双江儿子打人事件，2011 - 09 - 08　09：52）

（38）刺儿玫瑰：一个国家级主持人，竟然如此辱骂戏谑国家的领袖创始人，如果不严惩，国家还有颜面么！（毕福剑视频事件，2015 - 04 - 14　00：31）

（39）在特蕾莎嬷嬷的葬礼上：公安部居然抛开法制不谈，也来蹚意识形态这摊浑水？（文登事件，2015 - 08 - 04　08：58）

（40）ustkihgt7655：回复@寒号鸟的昨天：几人千里迢迢找上门来，文登警方居然说是约架！奇葩奇葩！（文登事件，2015 - 07 - 28　00：58）

疑问代词"怎么"也具有反预期功能,例如:

(41)醉月琴等:明明是上门寻衅,<u>怎么</u>变成了约架?你们是为谁服务的?(文登事件,2015 - 07 - 26 11:52)

刘焱、黄丹丹(2015)指出,"在自然口语尤其是对话中,'怎么'已具有话语标记的功能,其语用功能有两种:一是表达说话人的惊异或意外;二是表达说话人因惊异或意外而不满的批评或嗔怪"。例(41)"怎么"在疑问句中表示反预期,限制了其他声音的出现。

转折连词也具有反预期功能,如"但是"、"然而"、"不过"、"可是"、"却"、"反"、"反而"、"实际上"等,例如:

(42)Tony天窗:老毕固然不对,<u>但</u>映射出来的媒体问题更大,不说自由至少大家有表达意见的权利。(毕福剑视频事件,2015 - 08 - 09 19:32)

(43)邓一邓:虽然渔民打虾很辛苦,<u>但是</u>这个这么贵过分了点。(青岛大虾事件,2015 - 10 - 13 17:45)

(44)外媒都是真善忍＿＿快移民吧:我不认同骂人就是爱国,<u>但是</u>骂卖国贼绝对是爱国!!同意的赞起!(文登事件,2015 - 07 - 29 08:50)

(45)影落离:打人当然不对,<u>不过</u>,像这种拐弯不打灯,车速又快又来急刹的司机,也该有人管管。(李双江儿子打人事件,2011 - 09 - 08 16:22)

(46)手机用户3316720755:我很难过,<u>却</u>无能为力。我爱这个国家,<u>却</u>也对它感到失望透顶。(天津爆炸事件,2015 - 08 - 25 23:23)

(47)王威智:明明是坚持爱国主义观点被人肉,被警察泄密,被上门寻衅,被千里之外奔袭而来的结伙持械者堵在校门口打了一顿,<u>反</u>被当地警察关了起来。天下还有比这更不讲道理的事情吗?@司马南(文登事件,2015 - 07 - 27 12:47)

(48)老区枪和玫瑰:回复@清华孙立平:你这番言论看起来公

正，实际上阴险，是为虎作伥。（文登事件，2015－07－26 18：34）

反预期的话语标记有"没想到"、"想不到"、"岂料"、"谁知"、"殊不知"等，有时还可与反预期的副词"竟然"连用。例如：

（49）海阔天空嘻嘻：原以为记者是多高尚，没想到是这样，好吧！我算是长见识了！（姚贝娜事件，2015－01－17 20：29）

（50）TFboys信阳后援团：没想到您竟然是一个这么庸俗的人。（毕福剑视频事件，2015－08－12 14：18）

反预期的语法格式"连……都……"，例如：

（51）人不如旧：大家关注的不是一个娱乐明星，而是那些记者的职业素养。姚贝娜捐眼角膜是好事，可是记者呢，在未经家人允许的情况下收买医生偷入太平间拍摄遗体。到现在某晚报及旗下工作人员连一句道歉都不给，反而各种狡辩讽刺，这就是所谓记者媒体的新闻自由吗？（姚贝娜事件，2015－01－17 23：06）

例（51）反预期语法格式"连……都……"，与反预期的连词"可是"、"反而"等结合一起使用，属于反驳资源的连用。

马伟林（2011）指出，连词和附接语通过否定潜在读者的期望值、让步、重新阐述、勉强承认假定的立场，作者实现对于语篇主观性的操控，触发实现肯定或否定的评价意义。上述这些反预期的资源既有语篇衔接功能，也有人际功能，表达了作者的主观评价，是反驳介入的主要实现方式。微博作者通过反预期激发了受众的期待，与持有这一期待的读者对话，这种反预期限制了其他声音出现。因此属于对话收缩介入。

反驳可供读者选择的对话空间是极其狭小的，作者通过反预期资源介入不同声音来否定读者的原有期望，反而加强了读者的印象，联盟了持相反观点的受众。因此，反驳资源有利于引起读者注意，将读者无形地拉到自己的一边。其修辞策略是，作者将预期投射到读者身上，作者和读者有着共同的信念、期待，从而建立起一种一致关系，即结为盟友。一方面，作者首先拉近与读者的人际距离，弱化读者的潜在对立立场，与读者初步结盟，为作者新观点的介入奠定基础；另一方面，反驳介入通过对某一个声音的让步来压制该声音而凸显另一个声音和观点，使自己的评价显得公允客观。

需要特别注意的是，否定和反驳有时很难截然分开。如某些反诘问句，蕴含反预期，既是否定，也是反驳。所以说，从否定到反驳，也呈现一个否认介入意义的连续统。

公告包括同意、宣告和背书三类。

1. 同意（concur）

同意指微博作者明确提出自己的观点，排除其他选择和立场，属于对话收缩。网络热点事件文本中，同意资源可以用表确定性的副词和短语实现。如"自然"、"显然"、"当然"、"明显"、"很明显"、"公认"、"不可否认"、"无疑"、"毋庸置疑"、"理所当然"等，例如：

（52）xybnu：<u>肯定</u>违背新闻伦理道德啊。（姚贝娜事件，2015 - 01 - 17　18：19）

（53）小萌货：应该的，言论自由不包括自由人身侮辱，况且毕作为党员和国家事业单位的员工就算没违法也违反了党纪和单位规章，央视<u>自然</u>有权依规处理。（毕福剑视频事件，2015 - 04 - 08　21：30）

（54）寂惺 XU：这么大的事，只揪出来几个小角色<u>显然</u>是交代不过去的。（天津滨海爆炸事件，2015 - 08 - 27　08：58）

（55）张庆 D：回复@哒啵兔：双方都不是好东西！一群不良小青年互殴事件，用政治去干预司法，用情感去做准绳，<u>显然</u>是想跟习近平的依法治国唱反调。这个政府还具有公信力？！这样做只会让依法治国的公信力轰然倒塌。（文登事件，2015 - 08 - 05　10：53）

（56）newhulushi：人民网反转了啊，<u>显然</u>是有高层注意到这事了。（文登事件，2015 - 07 - 27　18：54）

（57）注册了以后就来了：回复@土星土司：这<u>显然</u>是一起意识形态领域的斗争，否则不会有这么多人参与。你眼睛没有瞎吧？（文登事件，2015 - 07 - 25　21：19）

（58）一米万花筒：<u>明显</u>没家教，子不教父之过！（李双江儿子打人事件，2011 - 09 - 08　08：49）

（59）看啥啥顺眼：这个处理结果<u>明显</u>适用法律不当。（文登事

件，2015 - 07 - 24　18：18)

（60）赤色帝国：<u>明显</u>是政府监管不严才造成的混乱经营，助纣为虐！（青岛大虾事件，2015 - 10 - 09　16：59)

（61）聆听随风：回复@孟萌孟君：<u>很明显</u>啊店家故意写在下方坑人，谁会注意啊！店主就是想坑人。（青岛大虾事件，2015 - 10 - 10　08：12)

（62）有蒋氏者：回复@雷逐风：<u>当然</u>违法，小侯可以自诉。（文登事件，2015 - 07 - 25　22：40)

（63）大多数艺术家：触犯法律就一定会受到制裁，这是<u>毋庸置疑</u>的。（天津滨海爆炸事件，2015 - 08 - 27　14：48)

（64）东楼己：这是<u>毋庸置疑</u>的事，还<u>调查</u>个屁。（姚贝娜事件，2015 - 01 - 17　21：36)

上述同意介入方式，将命题表述得无可厚非、不可推翻。既表达了作者的意识形态，又对读者或潜在的读者进行操纵，将分歧立场的势头压制到最低限度。

微博文本中，同意介入也可以直接用动词"赞"、"同意"、"支持"、"赞同"、"认同"等来实现，例如：

（65）醉寻江岸：<u>赞</u>一下威海文登警方，依法对双方进行公正处理，没有受脑残团影响！［笑 cry］（文登事件，2015 - 07 - 24　18：23)

（66）麻子哥 BDXMHYL：<u>赞</u>！（文登事件，2015 - 08 - 04　06：44)

（67）魏可 v：<u>同意</u>！！纳吧那种垃圾堆早就该清扫了。（文登事件，2015 - 08 - 03　21：40)

（68）老鹰88号：严重<u>同意</u>！（文登事件，2015 - 07 - 28　17：05)

（69）和尚当教授天天要吃肉：回复@御前五品带砖侍卫：强烈<u>支持</u>。（文登事件，2015 - 07 - 25　19：50)

（70）追不上的兔子：严重<u>支持</u>！　（文登事件，2015 - 08 - 04　15：24)

（71）ken—梁建军：<u>支持</u>你到底。（毕福剑视频事件，2015 - 05 - 12　22：55)

（72）雨思 ss：［good］好！国家司法机关发声音了，<u>支持</u>！必须重审文登案，揪出幕后黑手，出重拳，彻底摧毁网络邪恶势力，给青少年和正义的人们一个和平安全的生活环境。（文登事件，2015 - 08 - 03　20：00）

（73）吃货小刺猬：回复@添乐宝贝：<u>赞同</u>！　（姚贝娜事件，2015 - 01 - 17　23：16）

（74）小雨看中国：<u>认同</u>！（文登事件，2015 - 08 - 03　21：16）

让步性同意资源，如"就算"、"固然"、"即使"、"尽管这样"等，常与反驳资源一起使用。例如：

（75）大大大烤盐：<u>就算</u>不影响健康，你愿意整天闻着屎一样的味道吗？［拜拜］［拜拜］［拜拜］（天津滨海爆炸事件，2015 - 08 - 28　15：57）

（76）Tony 天窗：老毕<u>固然</u>不对，<u>但</u>映射出来的媒体问题更大，不说自由至少大家有表达意见的权利。（毕福剑视频事件，2015 - 08 - 09　19：32）

例（75）用"就算"，属于让步性同意。然后反驳用一个"引导"问题"你愿意整天闻着屎一样的味道吗"？把读者引导到一个不言自明的答案：不愿意。例（76）"固然"属于让步性同意介入，"但"属于反驳介入，同意资源与反驳资源组成了一个修辞对。

总之，使用同意资源，作者确定了外部声音的绝对正确性，植入了自己的观点和立场。作者立场坚定，从而压制了其他潜在的声音，收缩了协商对话的空间，引导读者接受自己的立场。

2. 宣告（pronounce）

宣告用强调的方式表明作者的态度，也排除了其他可能性。在网络热点事件微博文本中，常见的宣告介入，是用"高盖然"的情态词语来实现的。马丁等学者的评价理论中，将这些高盖然的情态归入接纳范畴之中。我们认为，这是不能一概而论的。低中值的情态表达接纳，属于对话扩展范畴，而高值的情态表达宣告，则属于对话收缩范畴。如"我坚信"、"我们深信"、"要"、"务必"、"必须"等，例如：

（77）丹虹福新 35669：回复@雷希颖：我坚信邪不压正！只要正义的浪涛掀起之时，就是邪恶势力毁灭之日！（文登事件，2015 - 07 - 26　09：20）

（78）海狼的秘密：我们要时刻牢记，在这场没有硝烟的较量中，什么才是决定胜负的根本力量？答：民心！！！［心］［耶］（文登事件，2015 - 08 - 08　19：57）

（79）雨港 73928：必须加大对高危险品的检查力度，严控运输渠道，防患未然。（天津滨海爆炸事件，2015 - 08 - 27　16：58）

（80）装做会思考：［围观］。应坚决反对纳粹言论，黑恶势力打击爱国力量！在鼓励爱国者的同时，应积极引导合法途径，提高认识和水平，推动对黑恶势力的法制力度。以此案为例，法制层面缺失多，赞扬侵华日军的纳粹言论应有法处理，泄露公民身份信息以及危及人身安全的言行也应依法处理。现在法律惩治力度不够！（文登事件，2015 - 07 - 31　14：31）

宣告是对不同意见的挑战，是要驳斥不同意见，不是接纳不同意见。无条件的条件复句，也属于宣告范畴，例如：

（81）追悟历史：毕福剑作为公众人物，不管是公开场合还是私人社交场合，都要做到慎言慎行。其一言一行，不仅关乎职业形象，更重要的是错误的言行所产生的社会诱导性比普通人要大很多。毕福剑作为党员已触碰了党纪，作为公民也挑战了道德，作为主持人也打破了职业素质要求的底线！坚决要求毕福剑道歉并下课！！！（毕福剑视频事件，2015 - 04 - 09　08：35）

作者通过宣告压缩或剥夺了与读者协商对话的空间，增加了读者反对或质疑的人际成本。

3. 背书（endorse）

背书是通过别的来源来证明自己观点的正确性。通常借用外部的声音来说明文中命题的真实性，从而压制其他声音。背书常见的体现方式是，"证明"、"证实"、"验证"、"显示"、"预示"、"意味着"、"说明"、"表明"、"由此可见"等。例如：

（82）幸_ 福_ 着："希望"有个屁用啊！！这证明青岛消协不作为，应该严惩！！！（青岛大虾事件，2015 - 10 - 08　17：07）

（83）进击的熊妈妈—微博：事实证明就是两伙地痞流氓打架，文登警方处理得相当及时与公正，没有让那些别有用心的人有任何插足之地，好样的。［good］［good］［good］（文登事件，2015 - 07 - 24　18：36）

（84）用户 3655608350：#天津滨海爆炸#爆炸过去五天了，惨烈的事实面前验证了两个不知道：组织救援总指挥不知道，瑞海公司组建责任人不知道！（天津滨海爆炸事件，2015 - 08 - 17　15：41）

（85）社会热点观察：【警方为"爱国青年被打案"定性】24日，文登警方已经公布了公安机关依法对"7·22"涉案人员的处理，处理结果显示，被打人侯某某也受到行政拘留十日的处罚（由于年龄不满 18 周岁，不执行）http：//t. cn/RLSneyG（文登事件，2015 - 07 - 26　19：46）

（86）复旦大学冯玮：山东威海文登警方的这一判例说明：不是随便套个"爱国"马甲就可以为所欲为，不是自诩"爱国"就能冒充"正能量"。我极少在微博为他人点赞，但这次，我必须为文登警方点赞！［赞］（文登事件，2015 - 07 - 24　23：06）

（87）用户 5525837885：毕的言论显示毕自己是一个口蜜腹剑，心口不一的伪君子，你自己本人曾经是一个军人，是一个党员，可是你羞辱解放军战士，更无底线地辱骂领袖，试问，你还有良知吗？你端着共产党的饭碗，享受着体制带给你的权力和殊荣，赚得锅满盆盈，却反过来咒骂让你成为明星的军民和领袖。（毕福剑视频事件，2015 - 08 - 31　13：01）

　　上述背书介入资源，压缩了对话性。压制他人声音凸显作者观点，避免自己声音过于主观而引起读者采取抵抗型阅读立场。收缩性的背书与扩展性的归属不同，扩展性归属明确把其中的命题跟说话人分离，说话人不承担责任。而背书介入，说话人承担起了为命题负责的责任，至少分担了部分责任。

（二）扩展性多声介入

扩展性多声介入，包括接纳和归属。

1. 接纳

接纳指文本的声音暗示其定位只是多种可能性的定位之一，从而在不同程度上为这些可能性开启了对话空间。在网络热点事件微博文本中，接纳介入可以由情态词语表达，如"可能"、"也许"、"或许"、"或者"、"说不定"、"恐怕"、"似乎"、"大概"、"貌似"，"疑似"等。例如：

（88）雪中藏梦：回复@天行者伯格：震惊！！！！ 可能早被韩日势力渗透了！！！！！！！！！（文登事件，2015 - 07 - 26　09：38）

（89）博州发布：【我们要继续做什么？——关于文登事件的思考】文登事件似乎已经过去了，但也仅仅是"似乎"。我们要时刻牢记，在这场没有硝烟的较量中，什么才是决定胜负的根本力量？答：民心。（文登事件，2015 - 08 - 07　21：10）

（90）Jason2012EDDY：貌似开宝马的都那么牛B，艹蛋的社会，艹蛋的人……（李双江儿子打人事件，2011 - 09 - 08　08：54）

（91）民谣歌手刘东：天津滨海新区疑似油罐车发生爆炸！威力巨大沧州有明显震感@头条新闻@沧州新鲜事@央视新闻（天津滨海爆炸事件，2015 - 08 - 13　00：52）

（92）白血：不过说真的，下次山东的警方出现舆情状况时，估计会失去不少支持力量。（文登事件，2015 - 07 - 24　19：12）

（93）单蛋_ 3252：恐怕还不止是"网上黑恶势力"这么简单，有没有国外敌对势力在背后支持呢？ （文登事件，2015 - 08 - 03　21：10）

（94）花园巷四号：或许为了掩护呢。（天津滨海爆炸事件，2015 - 08 - 27　21：08）

（95）肖春鹏：说不定最后的大 boss 是姚贝娜的经纪公司在炒作，我们需要做的其实是缅怀姚贝娜，其他的随他吧！［微风］（姚贝娜事件，2015 - 01 - 17　23：06）

（96）blueheirei："文登事件"或许会是一场暴风骤雨来临前的前奏！（文登事件，2015 - 07 - 26　22：14）

(97) 钢丝行动在洛阳：没想到你会这样侮辱我们的开国领袖，<u>也许</u>他真的有错误，但是如果没有他，你<u>也许</u>也没有今天的地位。（毕福剑视频事件，2015 - 05 - 14   23：08）

(98) 51rrkans：有的道歉，并<u>不一定</u>是道歉者错了。（毕福剑视频事件，2015 - 08 - 30   21：28）

李基安（2008）认为，"情态是很有包容性的。情态表示作者或说者的观点只是多个可能出现的观点之一，从而在一定程度上为不同的可能性留下了一定的空间"。我们认为，情态词语在肯定和否定两极间打开了一个可容不同声音协商的空间，接纳介入就是由低中值的情态词语实现的，体现了作者对不同意见的包容度，扩展了对话空间。而高值的情态词语对不同意见具有较低的包容度，所以实现的是对话收缩，我们将之归入宣告范畴。

接纳介入也可以由表示是个人意见的词汇语法标记表达，如"我认为"、"我以为"、"我个人认为"、"个人认为"、"我个人观点是"、"我觉得"、"我感觉"、"个人感觉"、"在我看来"、"希望"、"但愿"、"期待"等，这些资源开启了与分歧立场的对话空间。例如：

(99) 为了梦去追逐：<u>我觉得</u>枪可能是真的，怕有非法持械的罪名，估计李双江跑关系了，才说是假枪。（李双江儿子打人事件，2011 - 09 - 08   09：10）

(100) Aeolides 咏史官：回复@老头子3：嗯，<u>我觉得</u>这个是属于有预谋的恶意袭击，跟打架的性质已经是两样了。（文登事件，2015 - 07 - 25   12：26）

(101) 寻着帆的方向：<u>我觉得</u>记者的行为确实无耻混蛋了。（姚贝娜事件，2015 - 01 - 17   18：34）

(102) 烈火几度夕阳1991：<u>我觉得</u>公众人物真的要注意自己的言行，自由确实不是绝对的，要有个分寸！（毕福剑视频事件，2015 - 05 - 13   00：46）

(103) 小时候帅现在衰：<u>我觉得</u>吧，老毕说的话那是属于言论自由，没必要上纲上线！人都有功过好坏，秦始皇，拿破仑，毛主席，都是伟人，但同样他们都有伟绩和过错。共产党强调实事求是，那么为什么就不敢面对历史面对过去！老毕说毛主席不好，当然有他的看法，历史也的确如此，毛主席也有决策失误过。（毕福剑视频事件，2015-05-21　20：10）

（104）一生难忘cs：我感觉这根本不是什么不可原谅的错误。哎。中国就是这样。我挺你！（毕福剑视频事件，2015-05-13　23：03）

（105）帅帅哒滴潇哥哥：个人感觉，如果是毕姥爷自己发的视频，把毕姥爷永久封杀都行，但如果是别人故意上传视频，那应该把打报告的小九九游街示众，毕竟在抗战期间就是那群人首先当了汉奸，同意的点赞。（毕福剑视频事件，2015-05-12　17：47）

（106）滔滔江水流：我个人认为，套牌应该重判重罚，因为这是可怕的行为，撞死人找不到肇事者，随便违规，还嫁祸别人。（李双江儿子打人事件，2011-09-08　09：03）

（107）Raining Love：看过所有的舆论，个人认为这并没有错，就如民间最朴实的酒桌调侃。只不过社会舆论过于强烈而把事情的某个点放大，只不过酒桌的某个朋友过于阴险。（毕福剑视频事件，2015-05-13　14：31）

（108）演员文斌：我个人观点应该给毕老师一次机会，毕竟是在酒桌上说的，名人就不是人了吗？我想劝毕老师一句，跟不熟悉的朋友尽量不要吃饭喝酒，我鄙视那个发视频的人，人家毕老师并不是缺你一顿饭，是因为毕老师人实诚，才说的那些话，是因为毕老师把你们大家当朋友才在一个酒桌吃饭，你这样真的好吗？@毕福剑（毕福剑视频事件，2015-05-21　16：44）

（109）蔓蔓胡萝卜：希望这些被处罚的官员能引起社会各阶层官员的认真，不要只想着搞形式主义。希望尽快看到民众的衣食住行已被安排好，各种补偿已经到位。（天津滨海爆炸事件，2015-08-27　07：33）

（110）踩拉：希望不是自导自演。希望不要让那么多的生命变成贪官污吏泯灭的人性的陪葬品。（天津滨海爆炸事件，2015-08-21　14：36）

（111）跑0051：希望严惩肇事者，他们的气焰太嚣张，仗势欺人，令人愤慨。（李双江儿子打人事件，2011-09-08　08：50）

（112）小辣刺猬：但愿事故的真实的原因查出后，吸取血的教

训，以后不要再发生类似的事故了，太痛心了。（天津滨海爆炸事件，2015 - 08 - 28　09：33）

（113）慕丝妮—张浩：<u>期待</u>公平、公正的结果，给人民一个交代。（天津滨海爆炸事件，2015 - 08 - 28　00：36）

接纳介入也可以用表示推断的"应该说"、"可以说"等来实现，例如：

（114）老区枪和玫瑰：文登公安对这个案子的处理<u>可以说</u>是吃里爬外的典型。维护社会正义，讲政治，是他们的职责，但他们葫芦僧乱判葫芦案，采取各打五十大板的办法息事宁人，实际上是纵容了社会丑恶势力。如不能给予更正，后果不堪设想。（文登事件，2015 - 07 - 27　20：04）

（115）伏苏萍：这次的毕福剑，<u>应该说</u>没人坑他，也没人黑他，是他自己的失误。作为央视人，不该在老外面前这样放肆！中国人圈里，怎么骂都行。俗话说，家丑不可外扬！

例（114）"可以说"，例（115）"应该说"，将命题看成是推测的结果，为其他可能性打开了对话空间。

接纳也可以用疑问句、假设句等形式实现，例如：

（116）树尖上的猫先生：侯聚森的个人信息是你们公安内部谁泄露出来的，能不能给个交代？（文登事件，2015 - 07 - 24　18：01）

（117）yorechan：泄露公民资料的内鬼抓了吗？？？（文登事件，2015 - 07 - 24　18：03）

（118）实事求是 bxgl：同问。//@ 米超多 1：//@ 司马平邦：请问，如何处理威海和文登警方？（文登事件，2015 - 08 - 03　20：25）

例（116）、例（117）、例（118）用疑问形式，引发不同声音，属于接纳。

接纳还可以用假设句的形式实现，例如：

（119）高岸明：媒体采访应有道德的底线。如果这些属实，实
为媒体的耻辱。（姚贝娜事件，2015 – 01 – 17　21：34）

（120）雷猫王：必须严惩。如果觉得党不好可以不入党，入了党
还骂党的纯粹是人渣。（毕福剑视频事件，2015 – 08 – 09　16：39）

例（119）、例（120）用假设句介入，表达作者容纳接受不同的观点
态度，给读者一个参与对话的空间，体现了语篇的多声性。

总之，在网络热点事件的微博文本中，接纳资源十分丰富。作者由于对
某事物或观点的不确信，或故意避免绝对表达而使用接纳资源产生对话空间。
接纳介入体现了作者对读者充分的尊重，赢得了读者对文本的信赖，又使说
话留有余地。因为接纳承认可能有不同意见，作者跟不同意见的读者之间就
可能建立一种一致关系，至少把他们作为潜在的参与者包括了进来。接纳避
免了观点强加于人，为对话协商提供了一个宽松的环境。可以说，接纳表面
上是对潜在声音认可，实际上是邀请读者加入自己的话语联盟。

2. 归属

归属是通过把某个命题归于某个外部的声音，从而在文本中把它作为
只是系列可能命题中的一个，从而引发对话。归属在话语中的实现方式是
直接引语和间接引语的使用。微博作者往往选择与自己观点一致的直接引
语，选择与自己声音融为一体的间接引语。归属声音与文本内部作者的声
音是分开的。归属介入包括承认和疏远。

承认是一种中性的归属，它没有公开表明说话人对有关命题的看法。
在网络热点事件微博文本中，归属介入的实现方式主要有"××说"、
"××认为"、"××声明"、"××称"、"据说"、"据调查"、"据统计"、
"据监测"、"据××称"、"据××消息"、"据××报道"、"按照××的
说法"、"这是××的原话"、"××表示"、"××指出"、"××承认"、
"××发文"、"××报道"等。例如：

（121）捕鲸大帝：习近平总书记说："马克思列宁主义、毛泽东
思想一定不能丢，丢了就丧失根本"，"否定了毛主席，就否定了中
国共产党的光辉历史。"（毕福剑视频事件，2015 – 11 – 16　22：29）

（122）手机用户2113850025：毛主席说过："知错能改还是好同
志，"何况还是说话惹的祸，虽然骂他几句，我相信毛主席也会原谅

他的。（毕福剑视频事件，2015 - 05 - 13　18：30）

（123）黑猴：援引国外媒体常说的一句话："上海踩踏事件，截至目前，没有任何组织和个人宣称对此次事件负责……"　［抠鼻］（上海外滩踩踏事件，2015 - 01 - 06　08：08）

（124）威武卜：一群流氓打架居然还牵扯到爱国上去了，真应了那句话：爱国是流氓最后的庇护所！（文登事件，2015 - 07 - 24　19：05）

（125）吴大毛子：照天津居民的话来讲，你丫炸的是空气清新剂啊。（天津滨海爆炸事件，2015 - 08 - 28　15：18）

（126）唐僧泡妞 sb：达州市熏腊肉，严重污染空气质量。专家说的。（天津滨海爆炸事件，2015 - 08 - 28　15：28）

（127）5nail：上梁不正下梁歪！（李双江儿子打人事件，2011 - 09 - 08　08：51）

（128）头条新闻：#热点#【天价虾被宰游客：不希望一只虾毁掉青岛形象】"38 元大虾"事件爆发后，有人认为，一只虾毁掉了整个青岛的旅游形象。但被宰游客肖先生说，"相信不会因为一只虾而毁掉青岛旅游形象，但如不加以改进，形象会大打折扣。"他希望事情到此为止，并称自己应该不会再去青岛了。http：//t. cn/Ryub-hv2（青岛大虾事件，2015 - 10 - 13　16：05）

（129）旧梦无痕 2239024151：中国有句古话：朝中有人好做官。官家的人犯了事与庶民同罪吗？（李双江儿子打人事件，2011 - 09 - 08　19：25）

（130）Annassww：关注被打夫妻背景，听说也是来头不小。（李双江儿子打人事件，2011 - 09 - 08　18：25）

（131）澎湃新闻：【全国红军小学建设工程理事会发声明：撤销毕福剑爱心大使称号】声明称，毕福剑在网络视频中的言论造成了严重的社会影响，在革命老区红军小学群众家长和广大师生中造成无可挽回的恶劣影响，经全国红军小学建设工程理事会研究，决定撤销毕福剑全国红军小学爱心大使称号。http：//t. cn/RAi6BoT（毕福剑视频事件，2015 - 04 - 09　07：50）

（132）任欢欢欢：据说枪是仿真枪。不是真枪。李双江儿子因不满法定年龄不负刑事责任，已经释放了。（李双江儿子打人事件，

2011－09－08　12：45）

（133）XJS_THU：据说，文登官方隐瞒了"老榕"给文登分局多次打电话施压的情节。（文登事件，2015－07－31　16：48）

（134）头条新闻：#天津滨海爆炸#【官方确认现场有氰化物 未确定有多少】在上午举行的发布会，发言人确认，港区运抵区储存的危险化学品中包含氰化钠。环保局监测，各点位空气中未检出氰化氢，污水中氰化物超标降为 2.1 倍。对"企业存放了 700 吨氰化物"报道，发言人称目前不了解，不能确定。详见：http：//t.cn/RLBKbTY（天津滨海爆炸事件，2015－08－15　10：56）

（135）ahxlvip：这位匿名人士称，宝马驾驶者"平时性格就比较狂妄，总觉得自己的爸爸是李双江就了不起，经常在我们面前炫耀。"（李双江儿子打人事件，2011－09－08　14：36）

（136）头条新闻：#天津滨海爆炸#【氰化物少量因冲击发生泄漏】据天津港爆炸现场指挥部消息，现场桶装氰化物大部分保存完好，少量因冲击发生泄漏。天津环保局专家表示现正对氰化物污染进行无害化处理，可有效控制。因明火已灭，不用担心隔离区外大气和饮用水受影响。http：//t.cn/RLrfJIb（天津滨海爆炸事件，2015－08－16　10：12）

（137）头条新闻：#热点#【广电总局认定毕福剑严重违纪　责成央视严处】中纪委机关报今日头版发文，确保党员干部做政治上的"明白人"。文中指出，毕福剑用调侃的方式损害老一辈党和国家领导人形象的视频流出后，广电总局认定其严重违反政治纪律，责成央视严处。http：//t.cn/RLRBnHq（毕福剑视频事件，2015－08－09　16：38）

（138）头条新闻：#天津滨海爆炸#【公安部就首批消防员用水灭火释疑】公安部消防局宣传官员雷进德确认第一批消防员用水灭火，称首先要冷却。他表示，当时了解有电石但不清楚详情，并不是消防部队就很蠢，知道有电石还拿水灭，不是这个意思。绝对不能说是用水错了。他称，现场处置程序肯定是科学的。http：//t.cn/RL1JeiC（天津滨海爆炸事件，2015－08－14　06：50）

（139）头条新闻：#天津滨海爆炸#【天津环保局：爆炸周边区域臭味不影响健康】天津环境保护局今日通报：爆炸事故现场周边

部分区域出现的"臭味"源于甲硫醇，在目前浓度下，不会影响核心区从事应急工作的人员健康，事故核心区仍处于大规模清理阶段，气体还会不时产生，公众对此不必过于紧张。（天津滨海爆炸事件，2015－08－28　14：48）

（140）头条新闻：#天津滨海爆炸#【军方化武专家组："现场检出神经性毒气"说法属重大误判】昨晚有媒体报道，天津港爆炸现场检出神经性毒气，指标达到最高值。军事医学科学院化武专家组指出，爆炸现场根本不可能产生神经性毒气，此说法属重大误判，"只要具备专业常识，就知道这绝不可能"。http：//t. cn/RLeN2OO（天津滨海爆炸事件，2015－08－19　15：46）

（141）头条新闻：#天津滨海爆炸#【700 吨氰化钠已找到】科技日报报道，昨天爆炸现场消防专家确认，已经找到 700 吨氰化钠下落。氰化钠生产厂家介绍，这批货物是用于出口的。专业人员对氰化钠以及可能含有氰化钠的土壤进行回收处理，从目前检测的数据看尚未发生氰化钠的大范围泄漏。http：//t. cn/RLrUwAz（天津滨海爆炸事件，2015－08－16　08：50）

承认实际上是一种中性引述，分为直接引语和间接引语。直接引语把别人实际说过的话原封不动地再说一遍，被投射的既是措辞又是意义。间接引语采用复述者的认知立场，具有弱权威性和不确定性。

按照信源指称明确度，我们将承认分为明确承认和模糊承认。明确承认的信源指称明确度高，采用定指形式。模糊承认的信源指称模糊化，采用不定指形式。例（121）"习近平总书记说"是明确承认介入，用直接引语形式引用习近平总书记的话。例（122）"毛主席说过"是明确承认，用直接引语形式引用毛主席的话。例（123）"援引国外媒体常说的一句话"是模糊承认，用直接引语形式引用国外媒体的话，但究竟是哪家媒体不能确定，信源指称模糊。例·（124）"真应了那句话"是模糊承认，信源隐匿，无从知道。例（125）"照天津居民的话来讲"是模糊承认，信源指称模糊化，用间接引语形式。例（126）"专家说的"是模糊承认，不定指哪位专家，用间接引语形式。例（127）"上梁不正下梁歪"是俗语的投射引用，是模糊承认，信源无从知道。例（128）"有人认为"是模糊承认，信源不定指，用间接引语形式。"被宰游客肖先生说"是明确承认，信源定指肖先生，用直接引语形式。例（129）"中国有句古话"是俗语的投射引用，是模糊承认，信源模糊化。例（130）"听说"是传闻的投射引用，是模糊承认，信源隐匿。例（131）"全国红军小学建设工程理事会发声明"、"声明称"是明确承认，信源为机构。例（132）、例（133）"据说"是传闻的投射引用，是模糊承认，信源隐匿。例（134）"发言人确认"、"发言人称"，尽管作者没有指明发言人姓名，但根据历时语境可知，所以也属于明确承认。"环保局监测"是模糊承认，信源指称明确度低。例（135）"这位匿名人士称"是模糊承认，信源指称明确度低。例（136）"据天津港爆炸现场指挥部消息"、"天津环保局专家表示"是明确承认，信源指称明确度高。例（137）"中纪委机关报今日头版发文"、"文中指出"是明确承认，信源指称明确度高。例（138）"公安部消防局宣传官员雷进德确认"、"他称"是明确承认，信源定指。例（139）"天津环境保护局今日通报"是明确承认，信源定指。例（140）"有媒体报道"是模糊承认，信源不定指。"军事医学科学院化武专家组指出"是明确承认，信源定指。例（141）"科技日报报道"是明确承认，信源定指。"氰化钠生产厂家介绍"是模糊承认，读者不能确定是哪家氰化钠生产厂家，信源指称明确度低。

　　承认是作者以中立立场引入观点，为读者预留了其他可能性声音，在揭示有不同观点的同时保留了语气的客观性，又尊重了读者可能的反对意见，不会引起读者的反感，有利于作者和读者在心理上结盟。

　　信源不同，观点的可信度也不同。引用权威人士的话语能使自己观点更有权威性和说服力。作者引导读者对权威人士的认可，接受权威人士观点立场。承认的修辞策略是将作者观点与引用观点融入语篇，作者将自己的声音掩盖在引用声音之下，以别人之口发己之声。作者采用信源隐匿或含而不露形式，原因可能是不清楚来源，或来源不重要，或因某种特殊需要而故意隐瞒。传闻将评价归属于身份不确定的人或媒体，有待求证，从而开启了互动对话的空间。

　　承认介入可以使微博作者"逃避"话语责任。虽是扩展性的对话，因权威性，挑战需要付出巨大的人际代价，所以一定程度上阻挡了不同或相反的观点，也压制了分歧。因此，对话扩展与对话收缩也要辩证地看。

　　另一种归属形式是疏远。作者使用疏远，暗示语篇对所述命题不承担任何责任，容许最大程度的对话扩展（Martin & White，2005：114）。疏远清楚地表明说话人与所引用的命题是有距离的，他把自己跟该命题的关系区分清楚了。网络热点事件文本中，疏远介入通常由"声称"、"扬言"、"假称"、"谎称"、"辩称"、"自称"等表负面评价的转述动词实现。例如：

（142）E小兹：李双江儿子开宝马打人，<u>扬言</u>"谁敢打110"。（李双江儿子打人事件，2011－09－08　17：19）

（143）新浪视频客户端：【<u>谎称</u>父亲死亡骗捐　"95后"女孩被刑拘】女子<u>自称</u>父亲在天津港爆炸事故中死亡，引发众多爱心网民向其捐款。经查，该网友家住广西，父母不仅健在，而且均没有去过天津。目前，该网友因涉嫌诈骗已被刑事拘留。（天津滨海爆炸事件，2015－08－16　10：33）

（144）头条新闻：#天津滨海爆炸#【女孩<u>谎称</u>父亲爆炸中身亡骗3700多人打赏……】正当人们为天津爆炸事件中不幸伤亡的人心痛哀伤时，有人却利用三条微博<u>谎称</u>自己的父亲在爆炸中身亡，骗得3700多名网友现金打赏，@谷大白话和@张嘉佳等也被骗中招……http：//t. cn/RL19ukx 太无耻啊……大家不要再上当！（天津滨海爆炸事件，2015－08－14　09：07）

（145）李基滨：赵红霞对设局拍不雅视频悔过<u>辩称</u>不知敲诈http://t. cn/zHrytWH（分享自@头条新闻）（重庆不雅视频事件，2013－06－22　07：57）

个别词语的引用，或个别句子的引用，也可以实现疏远归属介入。例如：

（146）大尸凶的漫画：客观公正，秉公执法。不为周围言论左右，为你们点赞。<u>所谓</u>的"爱国"不是法律的挡箭牌。［good］（文登事件，2015－07－24　18：57）

（147）是梦溪不是猛欠：另外，对于有些人<u>所谓</u>"何必要用一个已经过世的人，来惩罚一个活着的人"我认为这是一种绑架，有些事不能这么比的。（毕福剑视频事件，2015－04－18　22：19）

例（146）"爱国"属于个别词语的引用，作者用"所谓"修饰实现了疏远归属，提醒了读者，"侯聚森爱国"这一观点不是作者的，作者并不认同。例（147）"何必要用一个已经过世的人，来惩罚一个活着的人"前用了"所谓"，暗示作者与引语观点有距离，作者并不认同。

疏远介入明确表明作者不承担话语责任，对引用观点不认同，因而将对话空间最大化。

作者运用疏远策略，对所引述的内容是不认同的，一方面可增强语篇的批判性；另一方面可引导读者加入对外部声音的反对行列，最终进入作者的价值立场，从而与作者结成话语联盟。

需要特别注意的是，在态度取向上，同是归属，但疏远与承认不同。承认是作者在表述上保持中立，疏远是作者在引述的同时拒绝外部声音，作者与外部声音立场不一致，引述是为自己观点介入铺平道路。

四　介入资源的综合运用

（一）单声介入与多声介入的综合运用

单声介入与多声介入综合，为语篇中不同声音建构了不同的对话空间。

（148）腾寰宇 TK：文登事件，充分反映了当前中国思想领域混乱甚至失控的状况，包括国家执法机关也是如此，是非不分，为虎作伥。在此次事件上，一些人摘掉面具，露出了狰狞的嘴脸，是人是鬼已十分清楚，就看有关部门如何治理！否则，意识形态会更加混乱，敌对势力会更加猖獗！（文登事件，2015-08-08　7：20）

（149）WO 要玩转地球：#极速互联随我行#小小年纪无证驾驶，违法！套牌，违法！打人，违法！如果纵容，迟早是社会败类！不可宽恕！（李双江儿子打人事件，2011-09-08　08：51）

（150）雪中藏梦：下贱！！！！！自辱！！！！！！！！舔着脸讨好反华纳杂，结果人家一回头就吐你满脸唾沫！！！！贱！！！！！！！！还脏！！！！！！！约架？？？？简直笑话！！！！！！！！！！！！！（文登事件，2015-07-24　22：28）

例（148）以"否则"为界，前部分作者直截了当陈述观点，不涉及其他信源或其他可能的观点，属于单声介入。"否则"后部分是假言推理，属于接纳介入，实现的是对话扩展。例（149）以"如果"为界，前部分也属于单声介入，后部分是假设句，属于接纳介入，承认了观点的争议性，为对话预留了空间。例（150）"下贱"、"自辱"属于单声介入，"觍着脸讨好反华纳杂，结果人家一回头就吐你满脸唾沫"中用了反预期词语"结果"，是反驳资源，实现了收缩性多声。"贱"、"还脏"属于单声介入，"约架???? 简直笑话"属于多声介入，运用设问句自问自答压缩了对话空间。

（二）多声介入资源的综合运用

网络热点事件微博文本中，综合运用多声介入资源，凸显语篇的对话性和互动性。例如：

（151）影落离：打人当然［对话收缩：同意］不对，不过［对话收缩：反驳］，像这种拐弯不打灯，车速又快又来急刹的司机，也该［对话收缩：宣告］有人管管。（李双江儿子打人事件，2011 - 09 - 08　16：22）

（152）Yooe伊：不是［对话收缩：否定］说歧视新闻工作者，假扮医护人员偷拍照片真的［对话收缩：同意］没有［对话收缩：否定］职业操守，可以讲［对话扩展：接纳］是变态的行为！或许［对话扩展：接纳］有些记者本身就很有问题，应该［对话收缩：宣告］为自己做出的行为得到应有的惩罚！（姚贝娜事件，2015 - 01 - 19　01：01）

（153）上城政法：公安部相关官博［对话收缩：背书］对文登"7·22"事件已给出了不同于当地公安当初结论的准确定性。这一事件给我们各级政法机关最深刻的启示应是：新时期政法队伍的政治建警工作尤其重要，务必［对话收缩：宣告］贯穿到每一执法办案的具体实践之中；政治性、人民性、法律性的有机统一是执法办案工作的重要准则，是社会主义法治建设的必然要求。（文登事件，2015 - 08 - 10　09：46）

（154）嘎力巴929：政法队伍要［对话收缩：宣告］敢于担当，面对歪风邪气，必须［对话收缩：宣告］敢于亮剑、坚决斗争，决不能［对话收缩：否定］听之任之。@新浪河南//@博州发布：#博州短评#意识形态领域的网络颠覆活动绝非［对话收缩：否定］一般性治安事件，社会各界要［对话收缩：宣告］高度警惕，以必胜的信心与其进行长期性斗争，将依法治国落实到深层次和方方面面。（文登事件，2015－08－04　11：11）

（155）outdoors：王睦和［对话扩展：归属］的"法律不会看人下菜碟"论，的确［对话收缩：同意］高大上。没人否认打架是治安案件，没有人否认警方按《治安管理处罚条例》来处罚双方的合法性。但是（对话收缩：反驳），只提侯同学的骂人帖子，为什么不提上门打人者长期以来的反社会暴恐言论，恐吓和人肉搜索以及多个公民户籍信息被流出的事实？为何要继续遮掩？政治正确？［对话收缩：否定］（文登事件，2015－07－27　13：28）

（156）糖豆zou：回复@初学者_58176：你说的第一句话，我个人觉得（对话扩展：接纳）不太合适，老毕是有才华的人，这点不可否定［对话收缩：同意］，后一句提醒得很对，要［对话收缩：宣告］低调做人，近君子，远小人。（毕福剑视频事件，2015－031　13：46）

（157）紫之上up：原来是李双江的儿子啊！一个从事歌唱职业的下一代居然［对话收缩：反驳］如此嚣张，看来［对话扩展：接纳］，我们不用纠结官二代神马的，总之，在中国，好像［对话扩展：接纳］，有钱就可以［对话扩展：接纳］这么嚣张！（李双江儿子打人事件，2011－09－08　08：52）

（158）强国老吴：根据调查所得种种事实（对话收缩：背书），文登打人案是确凿无疑［对话收缩：同意］的黑恶势力案件，官方对此点现已基本达成一致。所以文登事件不能算完。我认为（对话扩展：接纳），爱国网友应发扬"将革命进行到底"的精神，不获全胜决不收兵。应［对话收缩：宣告］施加压力要求当地警方更正错案，对涉案的黑恶势力进行严厉打击，同时对受害人小侯赔礼道歉。@文登警方在线（文登事件，2015－08－10　16：16）

（159）寒风wf2000：最近网上闹得沸沸扬扬的所谓爱国青年被打事件，我的观点［对话扩展：接纳］是：他是因为骂人被打，不是（对话收缩：否定）因为爱国！所谓［对话扩展：疏远］发表爱国言论被打，纯粹是他自己道德绑架！警方的处理没［对话收缩：否定］问题！文登警方认定的事实［对话收缩：背书］是，双方因网络对骂，导致现实约架，他只是打输了而已。本质是因嘴贱导致斗殴！与爱不爱国无关［对话收缩：否定］！（文登事件，2015 - 07 - 26　08：12）

（160）大风歌095：回复@寒号鸟的昨天：从所有网曝的资料看来［对话扩展：接纳］，文登警方懒政渎职的嫌疑［对话扩展：接纳］很大！（文登事件，2015 - 08 - 01　14：06）

（161）杨心明2015：再来为文登警方点个赞！［对话收缩：同意］堪称［对话扩展：接纳］依法治国、公正执法的典范案例。（文登事件，2015 - 07 - 30　07：23）

（162）头条新闻：#天津滨海爆炸#【天津滨海新区区长张勇［对话扩展：承认］：有企业有意向回购】张勇表示［对话扩展：承认］：对于经过安全检测认定不适合继续居住的房屋，决不［对话收缩：否定］让业主入住；已有开发企业表达意向，对受损严重房屋拟按市场化运作方式回购；各银行对因事故影响暂时不能按时还贷的单位和个人，暂不催收罚息和作不良记录。http：//t. cn/RLFbbes［对话扩展：承认］（天津滨海爆炸事件，2015 - 08 - 22　20：57）

（163）头条新闻：#天津滨海爆炸#【农业部称［对话扩展：承认］天津海河大量鱼死亡因缺氧】农业部公布［对话扩展：承认］天津海河鱼死亡原因，4份报告6项指标显示［对话收缩：背书］，鱼体及水域氰化物均未超标，硫化物监测合格，化学需氧量不合格、超标两到三倍，溶解氧指标不合格，说明水中缺氧，发生死鱼现象。综合可以［对话扩展：接纳］判定，死鱼原因是缺氧。http：//t. cn/RLkviLe（天津滨海爆炸事件，2015 - 08 - 21　10：59）

（164）头条新闻：#天津滨海爆炸#【瑞海国际的隐形股东】天津塘沽多名官员证实［对话收缩：背书］，公司副董事长董社轩是瑞海的真实股东之一，持暗股并参与公司经营。董社轩，是已故天津港公安局原局长董培军之子。一位不愿具名接近天津港公安局人士表示［对话扩展：承认］，董培军能量很大，多次被告平安过关，与武长顺关系很好。http：//t. cn/RLeyHtg 新京报［对话扩展：承认］（天津滨海爆炸事件，2015 - 08 - 19　07：34）

上述例子综合运用多种介入资源，或单声介入与多声介入综合运用，或收缩性多声与扩展性多声及其子类的综合运用，我们在文中进行了标注分析。微博作者运用这些丰富多彩的介入资源，策略性地实现或者关闭与读者协商对话空间，或者开启与读者协商对话的空间，或者积极承担话语责任，或者有意规避话语责任。

五　介入资源与微博舆论的引导

近年来，网络热点事件层出不穷。日新月异的新媒体让普通网民开始拥有了话语权，网民可以通过微博自由发声，参政议政，给公共管理带来了挑战。

网络热点事件的微博舆论场，整体来说是一个负面舆论场。由于网民极端地"仇富、仇官、仇社会"心理，网络舆论往往呈现"一边倒"的态势。正如"如皋老猫"微博所言："警察和平民，警察错；城管和小贩，城管错；公务员，和谁冲突都错；官员，逢事必错；两个普通人，有钱的一方错；医院和病号，医院错；男人和女人，男人错；两个开车的打架，开好车的那个错；政府和群众，政府错；俩无赖打架，不会上微博的那个错。"这种不问青红皂白采取"一边倒"的立场是非常不正常的。伴随着网络热点事件，网络谣言也多发频传，甚至搞所谓的"谎言倒逼真相"。网络谣言混淆视听，在公共事件爆发时会造成民众恐慌，或者败坏个人荣誉给当事人造成精神困扰。因此，如何减少网民"仇官、仇富、仇社会"的情绪？如何准确地甄别谣言和有效地遏制谣言的蔓延？如何减少网络戾气让微博舆论场回归理性，从而促进整个网络舆论生态的良性发展？这是建构晴朗的网络空间亟待解决的一系列问题。

首先，以理性代替偏激。微博作者使用多声介入资源，克服非友即敌的情绪化思维，营造多声协商对话的氛围，最大限度地开启对话空间，能使言论显得客观理性，减少网络戾气，也容易与读者建构潜在的话语联盟。比如，接纳介入可以避免过于绝对，拓展语篇的对话协商的空间，微博评论接纳资源多于归属资源。

其次，在意识形态方面毫不含糊。微博作者涉及意识形态方面的斗争，应立场坚定，旗帜鲜明。可以使用收缩介入资源，压缩或剥夺对话空间来实现。比如，使用义务评价和责任评价等高值情态资源宣告介入来实现对读者意识形态的操控。

再次，发挥微博的"无影灯效应"。从介入资源来审视微博信息的真假，哪些命题是确凿无疑的？哪些命题是存在疑问的？比如，从归属资源审视信源，信源是否来自权威人士或权威机构？信源的指称明确度如何？是否得到了多个信源相互印证？我们以此来揭穿网络谣言。

最后，问责问因讲究策略。避免人肉搜索和人身攻击，注意语言文明。比如可以用疑问句、反问句、反预期等否认介入资源，也可以用假设句等接纳介入资源。

许多热点事件网络争论非常激烈，不同的人对某个事件会有不同的观点和看法，即便是同一个人在不同时间或地点对同一个事件也会产生不同的观点和看法，这是微博舆论的多声性使然，这应该是网络舆论的新常态。恰好证明了立场是在互动磋商中动态建构的。比如"文登事件"和"毕福剑视频事件"，就存在多种立场互动，避免了舆论"一边倒"的现象。

微博作者动态地选择介入资源，有意识地运用评价策略，自觉增强立场修辞建构意识，达到引导舆论和影响受众的目的。微博舆论引导，就是通过权威官方微博、意见领袖微博在"众声喧哗"中巧妙地运用介入资源，嵌入自己的观点和态度，引导对话从无序的众声喧哗向有序的多声合奏演变。

六　小结

本章关注评价的体现方式，关注意识形态语篇的建构以及社会群体的建构。借助新韩礼德学派马丁等人的评价理论，对微博文本中表达介入的资源进行了系统的梳理，将微博文本的介入分为单声介入和多声介入。多声介入分为收缩性多声和扩展性多声。收缩性多声分为否认和公告，其中否认细分为否定和反驳，公告又细分为同意、宣告和背书。扩展性多声分为接纳和归属，其中归属又细分为承认和疏远。

微博文本有着丰富的介入资源，各种介入资源能实现优势互补。各种介入资源，在事故信息类、信息辟谣类、安全提示类、网络正能量类、问责问因类等类型的微博文本中的分布比例也是不同的。语言使用者巧妙利用各种介入方式调节其对所写内容所承担的责任和义务。不同的介入资源代表作者不同的观点立场。作者主观介入事态，直接表明立场，承担表达态度意义的责任。作者客观性介入事态，可以推卸或减少责任，也使言辞更加理性。

网络热点事件文本的对话性和互文性非常明显，介入资源不仅对评价具有着色效果，而且是一种立场建构的修辞策略。分析介入资源，将介入资源与态度资源结合在一起进行研究，能清楚地看到介入资源对文本对话性和互文性建构的影响。作者通过运用各种评价资源及其组合，来操纵读者对文本的解读，从而引导读者进入自己的立场体系，争取与作者的意识形态立场趋同。

从介入视角探讨评价，有助于揭示文本中隐含的各种声音、观点和态度以及它们之间的互动。正确地理解和使用介入资源，或关闭协商对话空间或开启协商对话空间，引导微博话语从多声协商向多声有序合奏演变，这对于舆情研判和舆情管控具有十分重要的意义。

第四章

级差资源与读者建构

评价力度即评价意义的强烈程度，无论是正面评价，还是负面评价，都处在一定的量阶上。我们沿用新韩礼德学派马丁的评价理论观点，采用三分法。正面评价分为高值、中值和低值。负面评价也分为高值、中值和低值。级差序列如下：

完全否定 > 否定 > 略加否定——中立（无所谓）——略加肯定 < 肯定 < 非常肯定

可以看出，以中立（无所谓）为原点，左边是负面评价的等级序列，其中"完全否定"对应高值、"否定"对应中值、"略加否定"对应低值。右边是正面评价的等级序列，其中"非常肯定"对应高值、"肯定"对应中值、"略加肯定"对应低值。

可以看出，级差将态度意义置于一个连续体之上，避免了"非此即彼"的二元对立。作者或说话人通过调节评价力度，表明在多大程度上认同所提及的价值立场，建构与实际的读者或潜在的、想象的读者的磋商对话的空间。

本章研究级差资源与读者建构，探讨网络热点事件文本中是怎样运用级差资源调节评价力度为实现评价功能服务的。

一 级差研究的理论基础

（一）汉语的量范畴研究

汉语量范畴研究，可谓硕果累累。李宇明 2000 年出版的《现代汉语量范畴研究》和陈光 2010 年出版的《现代汉语量级范畴研究》，是当前较为全面研究汉语量范畴的专著。其他论文方面或散见于著作的研究成果有：

在主观量问题的研究上，陈小荷（1994）探讨了主观量问题，分析了"就"、"才"、"都"表达主观大量和主观小量的情况。李宇明（1997）论述了主观量的成因有异态量、直接评价和感染等三种，据此可以把主观量分为异态型主观量、直评型主观量和感染型主观量。李宇明（1999）讨论了数量词语本身（包括带有直接修饰成分的数量词语）所表达的主观量。董为光（2000）探讨了汉语副词的数量主观评价。

在形容词量级的研究上，石毓智（1991；2001：27—28）根据能否用"有点、比较、很、十分、最"等程度副词修饰把形容词分为定量的和非定量的。能用程度副词修饰的形容词是一个程度不等的量级序列或量幅，是非定量的，不能用程度副词修饰的形容词是定量的。石毓智（2003）还根据形容词的数量语义特征，把形容词分为四种类型：量级序列型、极限型、百分比型和正负值型。李宇明（1994；2000：230—273）描述了形容词的级次。他对"形容词级次"的解释是："所谓形容词的级次，指的是各种各样的形容词在程度（包括它的各种次范畴）的维度上所表现的各种因度量而形成的等级。"他将性质形容词的绝对级次分为六级：极级、非常级、相当级、参照级、较级和点级；将性质形容词的相对级次分为六级：超高级、最高级、较高级、原级、较低级、略微级。张国宪（1996；2006：134—153）论述了形容词的记量。他根据能否用表客观程度词修饰的标准把形容词分为定量形容词和非定量形容词；然后根据是否只受客观量程度词修饰把非定量形容词分为客观量形容词和主观量形容词，各有微量、中量、高量和极量的表述；最后根据是否能主观记量，把定量形容词分为绝对定量形容词和相对定量形容词。温锁林、武玉芳（2006：128—151）也从能否受程度副词修饰的角度将形容词分为定量形容词和变量形容词，并将变量形容词按量的大小分为不足量、恒量和超量三个大量级，又将三个大量级细分为无量、低量、中量、恒量、高量、极量和过量等七个小量级。李劲荣（2006）、姚占龙（2006）等学者还考察了同根 ABB 状态式形容词的量级。

在副词的量级研究上，邢福义（2000）论述了"最 X"形成的"最"义级层的涵量，可以是单个体的，也可以是多个体的。王洁（2007）描述和解释了与副词"至少"相关的量级模型。杨荣华（2007）通过对"狂"类词新兴用法中的程度量级考察，呈现出一个动态量级序列：暴 >

狂＞巨＞超。袁毓林（2008）对比分析了"甚至"和"反而"的焦点域的语用标尺。殷何辉（2009）论述了焦点敏感算子"只"的量级用法。林娟（2012）论述了程度副词修饰无性状量级动词性成分。陈景元、高佳（2012）探讨了副词与评价量级的关系。

在句式的量级研究上，有刘丹青（2005）、张旺熹（2005）、罗晖（2007）等学者对连字句量级的分析，王洁（2007）对表量级递推的"N中的N"的论述等。郝瑜鑫、刘汉武、邢红兵（2013）论述了"就是……也/都……"的量级标示功能。

在其他有关量级的论述上，沈家煊（1999：137—143）论述"判断语词"的语义强度时，提到概率情态的强度等级、意态的强度等级、数量等级和频率等级。王伟（2004）论述了并列结构中名词性成分的语义量级类型。曹秀玲（2005）描述了相对量限的五个量级。郭锐（2006）论述了语用量级和语用衍推。左思民（2008）论述了级差序列的分类和语用价值。邓川林（2012）探讨了"总"字句的量级让步用法。邓川林（2015）论述了语用量级与句尾"了"的成句条件。

在量级的表达方式上，陈景元（2010）指出现代汉语评价量级的表达方式有数量赋级、附加成分赋级、词语本身赋级、修饰或补充赋级、重叠赋级、重复赋级、格式或句式赋级、双重否定赋级、权威声音和多数声音赋级、评价域赋级和修辞赋级等。陈景元、周国光（2010）论述了时空域与评价量级的关系。

总的来说，汉语量范畴宏观的研究少，微观的研究多。在个案研究方面可谓观察细致，描写精细。不足之处是没有从互动语言学的角度展开，运用系统功能语言学理论研究量范畴的成果非常少。

（二）英语评价的级差系统

级差是态度的增衰，就好像调节音量。马丁（2000）首次明确指出，"相关资源均涉及分级，即所涉及的意义都可通过度进行调节以反映评价的力度。"（Martin，2000：145）态度和介入都具有等级性，因此级差系统在评价理论中占据重要地位。马丁等人将英语的评价理论不断修改和完善，描绘出较为成熟的英语评价的级差系统网络示意图。如图4-1所示：

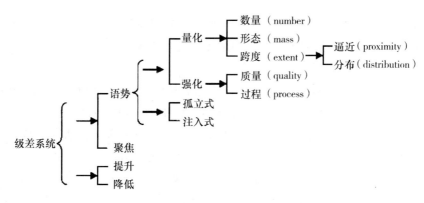

图 4-1　级差系统：语势和聚焦（Martin & White，2005：154）

　　从图可见，级差系统可分为语势和聚焦。语势（force）可以分为"量化"（quantification）和"强化"（intensification）两个子类。量化主要是对数量程度的评价，强化主要是对强度的评价。量化则细分为数量（number）、形态（mass）和跨度（extent），强化又细分为质量（quality）和过程（process）两个子类。跨度包括时空的逼近（proximity）和时空的分布（distribution）。聚焦（focus）是指从经验的角度看不可分级的词语，也可以按典型性分级。根据级差运行的方向，语势和聚焦都有两个方向的选择：提升（up-scale）和降低（down-scale）。

　　从表达方式来看，语势可以分为两种类型：孤立式（isolation）和注入式（infusion）。孤立式指强化或量化主要是通过增加个别词语完成的。比如，为了提升形容词"喜欢"的评价意义，作者或说话人可以增加副词"非常"，组合成"非常喜欢"。为了降低形容词"喜欢"的评价意义，作者或说话人可以增加副词"有点儿"，组合成"有点儿喜欢"。我们认为，马丁的所谓孤立式实际上是一种组合关系的级差表达。

　　注入式是指强化或量化通过某个词本身来实现。这涉及从一系列意义相联但表示不同强度的词语的聚合类中去选择。比如，有"喜欢"、"爱"、"热爱"、"酷爱"等表示不同强度的词语，说话人或作者可以根据表达需要从中进行选择，从而表达评价力度的提升或降低。我们认为，马丁的所谓注入式实际上是一种聚合关系的语势表达。

　　事实上，除孤立式和注入式外，马丁和怀特还特别提到了重复式（repetition）（Martin & White，2005：144）。也许是作者疏忽的原因，在

图 4 - 1 的级差系统网络图中没有反映。重复式是通过重复使用一个词，或同时使用意义密切相关的几个词来实现的。例如：

　　（1）爱我带我去看电影：<u>严惩不贷</u>!! <u>严惩不贷</u>!! <u>严惩不贷</u>!! <u>严惩不贷</u>!!（李双江儿子打人事件，2011 - 09 - 08　08：57）
　　（2）lllhhhjjj96744：看评论真是醉了。毕是<u>违纪</u>，<u>违纪</u>，<u>违纪</u>。重要的说三遍（毕福剑视频事件，2015 - 08 - 10　13：56）
　　（3）平常的牛风：<u>猖狂</u>、<u>无知</u>、<u>愚昧</u>。（李双江儿子打人事件，2011 - 09 - 08　08：57）
　　（4）花神知鱼：#天津滨海爆炸#【国务院"8·12"事故调查组：事故调查<u>不含糊</u>、<u>不拖拉</u>、<u>不打折</u>】（天津滨海爆炸事件，2015 - 08 - 24　16：22）

　　例（1）用了四个"严惩不贷"，用了双感叹号，属于重复式，增强了评价的力度。例（2）用了三个"违纪"，属于重复式，增强了评价力度。例（3）用了"猖狂"、"无知"、"愚昧"三个贬义词，也属于重复式，增强了评价的力度。例（4）用了"不含糊"、"不拖拉"、"不打折"三个短语，也属于重复式，增强了评价的力度。我们认为，这种意义密切相关的，称为累积型更为合适。

　　聚焦（focus）是按典型性分级，对从经验的角度看不可分级的范畴分级。聚焦根据级差运行的方向，也可分为提升和降低两种类型。比如"球员"有典型成员，有边缘成员。提升典型性，如"职业球员"。"降低"典型性，如"兼职球员"。

　　马丁和怀特还从互动语言学的视角论述了语势对作者和读者关系的影响。"语势的提升往往表明说话人或作者最大限度地认同于所提及的价值立场，试图最大限度地把读者拉入该价值立场。""语势的降低则表明说话人或作者只是部分地，甚至很少地认同所提及的价值立场。"（Martin & White，2005：152—153）

　　综上所述，英语评价的级差系统吸收了多学科的分级思想、强化思想和原型范畴思想，已经走向了成熟阶段。

二 汉语级差的表达手段

英语评价的级差系统给了我们有益的启示，但不够简明，术语多而晦涩。我们认为，无论是所谓的语势还是聚焦，或者是语势中的量化和强化，无非就是评价力度的增强或减弱，我们可以统一称为强化或弱化。增强评价力度我们称之为强化，减弱评价力度我们称之为弱化。汉语的褒贬评价和元语言评价都可以在量的维度上进行调节，或强化，或弱化。汉语级差表达手段是丰富多样的，除词汇外，还有语法手段、修辞手段和符号手段等。

（一）褒贬评价：强化和弱化

1. 词汇手段

评价的词汇资源非常丰富，具有相同作用的词自然聚合成群，形成一种纵向的聚合关系。处在聚合关系中的一组词语，具有不同的评价力度，呈现级差序列，供说话人或作者根据表达需要进行选择。

名词，例如：

（5）评论员 ＜ 评论家
　　　作者 ＜ 作家

动词，例如：

（6）喜欢 ＜ 喜爱 ＜ 热爱
　　　相信 ＜ 信任 ＜ 坚信
　　　生气 ＜ 气愤 ＜ 愤怒

形容词，例如：

（7）难受 ＜ 伤心 ＜ 悲伤 ＜ 悲痛
　　　难听 ＜ 刺耳
　　　骄傲 ＜ 狂妄

> 高尚 ＜ 崇高
> 绿 ＜ 碧绿 ＜ 绿油油
> 旧 ＜ 陈旧
> 秘密 ＜ 机密 ＜ 绝密

可以看出，评价力度的强化和弱化，涉及的是词语的选择。朝级差序列的左边运行，是弱化，越往左评价的力度越低；朝级差序列的右边运行，是强化，越往右评价的力度越高。词汇手段表达评价力度是依赖词语本身实现的，是一种可以替换的联想关系。

Givón（1994：49）指出，数量相似性指的是：意义越多，越不易预测；越重要，形式就越多。因此，含有相同语素的一系列词语，词语形式越复杂的，评价力度也越强。这个可以从状态形容词和成语上得到验证。例如：

（8）臭 ＜ 臭烘烘
　　恨 ＜ 憎恨 ＜ 恨之入骨
　　吃惊 ＜ 惊愕 ＜ 大惊失色

例（8）中三音节的状态形容词"臭烘烘"，要比单音节形容词"臭"的评价力度强。四音节成语"恨之入骨"，要比双音节"憎恨"评价力度强，而双音节动词"憎恨"要比单音节动词"恨"评价力度强。四音节成语"大惊失色"要比双音节词"惊愕"和"吃惊"的评价力度强。

形容词的重叠式的评价力度要高于原式，所以说重叠式也是一种强化方式。例如：

（9）高兴 ＜ 高高兴兴
　　平安 ＜ 平平安安
　　安稳 ＜ 安安稳稳
　　清楚 ＜ 清清楚楚
　　糊涂 ＜ 糊里糊涂

马丁的评价理论的所谓量化，也可以通过词汇手段来表达。例如：

（10）头条新闻：#天津滨海爆炸#【遇难人数上升至135人，失联38人】截至今日下午3点，天津港危险品仓库爆炸事故遇难人数升至135人，全部确认身份。失联人数38人。http：//t. cn/RyvVxbS 详细情况见下图↓↓↓（天津滨海爆炸事件，2015 - 08 - 25　15：35）

（11）南南变青蛙：//@初学者_ 58176：对毛主席不敬的只是少数人，他们迟早要受到教训。（毕福剑视频事件，2015 - 05 - 30　08：38）

例（10）用数词客观描述数量，但隐含了作者的主观态度，属于隐性评价。通过遇难人数的上升，强化了评价的力度，凸显了天津滨海爆炸损失之大。例（11）名词"少数"，属于数量的弱化，弱化了评价的力度。

网络热点事件文本，普遍采用强化的策略将事件放大，以吸引网民围观和关注，因此绝大多数词汇资源是强化的。这种通过词汇手段强化的类型，相当于马丁评价理论的注入式强化。

2. 语法手段

语法手段是指通过词与词的组合形成一种横向的组合关系，来强化或弱化原有语词或语句的评价力度。汉语在定语、状语和补语位置都能实现评价力度的强化或弱化，汉语的一些格式或句式也能调节评价力度。下面我们分别来论述。

①定中短语

这是定语对中心语评价力度的强化或弱化，例如：

（12）初学者_ 58176：毕犯了无可挽回的错误！（毕福剑视频事件，2015 - 05 - 13　10：32）

（13）树上花莫开：毕姥爷，我妈妈是您的忠实粉丝，我也很喜欢您呢。（毕福剑视频事件，2015 - 05 - 25　13：20）

（14）初学者_ 58176：毕福剑向外国人献媚，当面一套背后另一套，是个十足的小人。（毕福剑视频事件，2015 - 05 - 29　12：12）

（15）微观园：典型的和稀泥！对@文登警方在线表示失望！［弱］（文登事件，2015 - 07 - 24　18：25）

（16）初学者58176：毕福剑台上一套台下另一套，人前一套人后另一套，是个<u>典型</u>的小人，没有人格可言，捧毕福剑的更是如此。（毕福剑视频事件，2015 – 08 – 25　11：28）

（17）伊戈尔061：<u>典型</u>的寻衅滋事罪硬匆忙地整成治安案件。（文登事件，2015 – 07 – 29　00：49）

（18）壹叶悠悠：被调查官员人数<u>如此之多</u>，职务覆盖面<u>如此之广</u>。这哪还是短了块板的木桶，简直是个筛子……（天津滨海爆炸事件，2015 – 08 – 27　23：38）

例（12）定中短语"无可挽回的错误"，"无可挽回"强化了原有评价词语"错误"的评价意义，提升了评价力度；例（13）定中短语"忠实粉丝"，是一种聚焦的强化，强化了"粉丝"的典型性，提升了评价力度。例（14）定中短语"十足的小人"，是一种聚焦的强化，强化了"小人"的典型性，提升了评价力度。例（15）定中短语"典型的和稀泥"，是一种聚焦的强化，强化了"和稀泥"的典型性，提升了评价力度。例（16）定中短语"典型的小人"，是一种聚焦的强化，强化了"小人"的典型性，提升了评价力度。例（17）定中短语"典型的寻衅滋事罪"，是一种聚焦的强化，强化了"寻衅滋事罪"的典型性，提升了评价力度。例（18）定中短语"如此之多"属于数量的量化，"如此之广"属于体积量化，都是强化，评价力度为高值。

②状中短语

这是状语对中心语评价力度的强化或弱化，例如：

（19）人民律师邹俭飞：毕福剑的节目<u>超</u>好看。（毕福剑视频事件，2015 – 04 – 12　21：03）

（20）高调2低调：<u>太</u>过分了！　（姚贝娜事件，2015 – 01 – 17　12：09）

（21）80诺儿：素质<u>太</u>差了！　［弱］（李双江儿子打人事件，2011 – 09 – 08　09：03）

（22）12345678老来狂：毕姥爷<u>太</u>让人失望了。（毕福剑视频事件，2015 – 05 – 29　19：29）

（23）小数点qq：<u>十分</u>厌恶小题大作，没新闻可播了么？（姚贝

娜事件，2015 - 01 - 22　09：58）

（24）heuyond—何宇炀：置顶#天津滨海爆炸#【目前为止<u>最</u>可怕的现场视频】0 秒拍视频　现场还有小孩哭声和建筑物的倒塌声，不知道视频作者怎么样了？［泪］（天津滨海爆炸事件，2015 - 08 - 13　22：26）

（25）南山 _ 北念：青岛名声<u>彻底</u>毁了。（青岛大虾事件，2015 - 10 - 09　10：40）

（26）狙击手牛仔：这样的记者<u>毫</u>无职业道德！【深圳晚报就姚贝娜事件致歉】http：//t. cn/RZpJk0R@新浪新闻客户端（姚贝娜事件，2015 - 01 - 18　08：27）

（27）有盈即好：<u>有点</u>小题大做了，人无完人。（毕福剑视频事件，2015 - 05 - 12　21：44）

（28）运运—：失联等于死亡，人数<u>远远</u>不止这个。（天津滨海爆炸事件，2015 - 08 - 25　16：34）

（29）赵自刚：公信力<u>几乎</u>为零，不知还能独裁多久。（天津滨海爆炸事件，2015 - 08 - 28　14：51）

（30）甜汤不热：<u>纯属</u>扯淡。（姚贝娜事件，2015 - 01 - 22　09：32）

（31）阿兰的春天005：回复@山东望健康：<u>纯粹</u>在夸大事实增加他的罪名，应该偷拍者是奸细，脑瘫。（毕福剑视频事件，2015 - 05 - 13　10：30）

例（19）用副词"超"修饰"好看"，是正面评价的强化，评价力度为高值。例（20）用副词"太"修饰"过分"，是负面评价的强化，评价力度为高值。例（21）用副词"太"修饰"差"，是负面评价的强化，评价力度为高值。例（22）用副词"太"修饰"让人失望"，是负面评价的强化，评价力度为高值。例（23）用副词"十分"修饰"讨厌小题大做"，是负面评价的强化，评价力度为高值。例（24）用副词"最"修饰"可怕"，是负面评价的强化，评价力度为高值。例（25）用形容词"彻底"修饰"毁"，是负面评价的强化，评价力度为高值。例（26）用"毫"修饰"无职业道德"，是负面评价的强化，评价力度为高值。例（27）用"有点"修饰"小题大做"，是负面评价的弱化，评价力度为低值。例（28）形容词"远"的重叠式修饰"不止这个"，是重叠式强化，提升了隐性评价的力度，评价力度为高值。这些都是褒贬评价的强化和弱化。例（29）用"几乎"修饰"为零"，是对原有高值评价力度的一种弱化处理，使表述较为客观。例（30）用"纯"修饰"属扯淡"，是聚焦的强化，增强了典型性，评价力度为高值。例（31）"纯粹"修饰"在夸大事实增加他的罪名"，是聚焦的强化，增加了确切性，评价力度为高值。

③述补结构

述语结构被认为是汉语的特色，汉语中可以通过补语来实现评价力度的强化。例如：

（32）M竹石：无耻透顶！（文登事件，2015 - 07 - 26　08：58）

（33）孩童的小丫儿艳艳：如果一个国家在这么大事故面前都不能给人们一个交代的话，我觉得已经到了无耻至极的程度了。（天津滨海爆炸事件，2015 - 08 - 25　17：25）

例（32）"透顶"补充说明"无耻"，是负面评价的强化，评价力度提升为高值。例（33）用"至极"补充说明"无耻"，是负面评价的强化，评价力度提升为高值。

定中结构、状中结构和述补结构表达的强化或弱化，相当于马丁评价理论的所谓的孤立式。

④并列结构

这是通过几个评价语词，并列组合而调节评价力度。例如：

（34）huangshuobo：放屁！和医生无关，谁信？难道医生进病房对重症患者救治，身边的助手都可以是不熟悉的陌生人吗！荒诞、无耻！（姚贝娜事件，2015 - 01 - 18　01：44）

（35）清水灵子_薇：毕姥爷，你是一个多才多艺、幽默风趣、不可多得的主持人，不管你去哪里，永远支持你！（毕福剑视频事件，2015 - 05 - 12　16：49）

（36）飞狼在现：犯这么低级错误，可悲，可怜，可气，可恨。（毕福剑视频事件，2015 - 05 - 14　19：54）

（37）夔州孔乙己：<u>公正</u>，<u>公平</u>，<u>公开</u>，赞一个！［good］（文登事件，2015 - 07 - 24 18：58）

例（34）"荒诞"和"无耻"是负面评价词语的并列，提升了负面评价的力度。例（35）"多才多艺"、"幽默风趣"、"不可多得"是正面评价语词的并列。例（36）"可悲"、"可怜"、"可气"、"可恨"是负面评价词语并列，提升了负面评价的力度。例（37）"公正"、"公平"、"公开"是正面评价词语的并列，提升了正面评价的力度。

诸如例（34）、例（35）、例（36）、例（37）这样通过并列结构而调节评价力度的方式，是马丁所谓的重复式。我们认为，称之为累积式更为妥当。

⑤助词结构

现代汉语的某些助词，也能调节评价的力度。例如：

（38）鸿心小薇：现在的孩子，家里有点钱，有点背景就了不起<u>似的</u>。（李双江儿子打人事件，2011 - 09 - 08 08：50）

（39）Arthur—LBJ：傻逼啊，一个戏子<u>而已</u>，死都死了，纠结这些干嘛！关注点儿正事儿好不好！（姚贝娜事件，2015 - 01 - 22 09：30）

（40）南纬八度五十分一十八秒_ ：你只是敢于说真话<u>而已</u>。（毕福剑视频事件，2015 - 05 - 14 15：23）

（41）林碧珊—：你只是习惯性幽默<u>而已</u>，你还是你，我们还是爱你的节目~（毕福剑视频事件，2015 - 05 - 13 07：11）

例（38）助词"似的"，降低了原有评价语词的力度，是一种弱化手段。例（39）、例（40）、例（41）的助词"而已"，降低了原有评价语词的力度，是一种弱化手段。这种通过助词调节评价力度的方式，也可以归入马丁评价理论所谓的孤立式。

⑥格式或句式

现代汉语中有许多语法格式或句式，也能调节评价的力度。

用语法格式调节评价力度，例如：

（42）染过黎明红：背后阴人的是<u>小人中之极品</u>，落井下石的是<u>人渣中之人渣</u>。看来这世道这类生物还是有点多啊！（毕福剑视频事件，2015－05－28 22：55）

（43）心沉则宁：记者能混进去，医院也挺奇葩的。当然记者是<u>奇葩中的奇葩</u>。（姚贝娜事件，2015－01－18 10：50）

（44）孤独的快手：老毕是个<u>连二流子都不如</u>的家伙。（毕福剑视频事件，2015－05－14 06：57）

（45）gdgzdxcz 星期天：臭名远播了，<u>连教主都怕家乡的 38 元大虾</u>，不敢在青岛摆酒了。（青岛大虾事件，2015－10－09 22：29）

（46）yueyuema7：破文工团的戏子，<u>连子弹往哪儿飞都不知道</u>，<u>连战壕怎么挖出来的都不知道</u>，也能当将军，真是充满了特色。（李双江儿子打人事件，2011－09－08 08：57）

例（42）"小人中之极品"和"人渣中之人渣"，例（43）"奇葩中的奇葩"，都运用格式"N 中之 N"，属于聚焦式强化。例（44）运用差比句式"连 X 都不如"，属于差比式强化。例（45）"连教主都怕家乡的 38 元大虾"，例（46）"连子弹往哪儿飞都不知道"、"连战壕怎么挖出来的都不知道"，这些运用了"连 A 都 B"格式，属于极端列举式强化。

用汉语的某些句式，特别是复句句式调节评价力度，其中表递进关系的复句，例如：

（47）junjun1156：不仅是价格欺诈，而且是吃个饭有可能生命安全受到威胁。（青岛大虾事件，2015－10－11 07：24）

（48）此账号停用转用 scorpiofrank8118：这种事情处理，不但要给孩子教育，还要给家长处罚。15 岁的小孩驾车打人，父母一应负全责。（李双江儿子打人事件，2011－09－08 09：07）

（49）木杉世纪1981：这不只是违反新闻伦理，简直是突破国人道德底线了！（姚贝娜事件，2015－01－17 18：02）

（50）真是一头小活驴：已经不只是违背新闻伦理了，这完全就是无视人类伦理！只有四个字：丧心病狂，再来四个字：恬不知耻，最后四个字：禽兽不如。（姚贝娜事件，2015－01－17 18：19）

（51）悟彻我身原是梦：何止是黑恶势力，那是敌对势力！！！！！！

（文登事件，2015 - 08 - 05　05：55）

（52）fengjsha：何止"严重违反政治纪律"，就是"政治思想反动透顶"。党员干部不只要做政治上的"明白人"，而是要做政治方向坚定的人。（毕福剑视频事件，2015 - 10 - 11　09：02）

（53）惊蜇 X：现在不只是记者的道德沦陷，是整个社会的文明崩坏。（姚贝娜事件，2015 - 01 - 17　21：34）

（54）逍遥自在人间道：不但要做好善后处理，更要严查此类事故源头，杜绝惨剧再发生！（天津滨海爆炸事件，2015 - 08 - 26 15：19）

（55）秋田三叶：不仅仅是违背新闻伦理了！！！这已经违背了做人的伦理！！（姚贝娜事件，2015 - 01 - 17　12：12）

（56）penny 要百般坚强：不光违背新闻伦理，且丧失人性。（姚贝娜事件，2015 - 01 - 17　12：12）

上述例子，用关联词语显示了递进关系，强化了负面评价的力度。还有一种反逼性递进句，例如：

（57）自由的秋叶原：给他一个机会，人非圣贤，何况是私密场所。（毕福剑视频事件，2015 - 05 - 18　07：34）

例（57）用"何况"反逼递进。"何况是私密场所"意即"私密场所"就更加"不值一提"了。这种反逼式递进，淡化毕福剑所犯错误的严重性，可以说是负面评价力度的弱化。

还有用让步句式，能强化评价力度。例如：

（58）光着脖子围了个博：我宁愿不看星光大道也不会原谅你！（毕福剑视频事件，2015 - 05 - 12　21：33）

（59）华夏—雕弓贪狼：回复@冰丽子：就算骂的是普通人，他毕福剑身为一个公众人物，可以用"老逼养的"这个词吗？（毕福剑视频事件，2015 - 05 - 13　16：12）

例（58）用让步关联标记"宁愿……，也……"，表达了毕福剑错误的不可饶恕性，强化了评价力度。例（59）用关系标记"就算"让步，强化了对毕福剑负面评价的力度。

用无条件的条件句式，能强化评价力度。例如：

（60）坏人 i5607346576：毕姥爷，没有事，无论怎样我都喜欢你，支持你。（毕福剑视频事件，2015 - 05 - 12   20：41）

（61）关注每一个人需要帮助的人：毕姥爷，不管怎么样都支持你！你是老鳖湾的骄傲！（毕福剑视频事件，2015 - 05 - 12   13：29）

例（60）、例（61）用条件紧缩复句，强化了正面评价的评价力度。用假设关系的句式，能强化评价力度，例如：

（62）我心飞扬886：不严惩这群污吏，不足以平民愤，他们的所作所为人神共愤！［哼］（天津滨海爆炸事件，2015 - 08 - 27   21：23）

（63）美国大饼净多：毕福剑这个狗贼。不处理不开除不足以平民愤。（毕福剑视频事件，2015 - 08 - 09   23：32）

例（62）是假设复句，例（63）是假设紧缩复句，都强化了负面评价的评价力度。

⑦语用否定

语用否定不是真正的否定，是一种以退为进的话语策略。邵敬敏、王宜广（2010）将语用否定称为假性否定，将假性否定式"不是 A，而是 B"分为六种类型：递进性、提升性、本质性、关系性、比喻性和象征性。其实，从评价力度来看，都是一种强化或凸显。语用否定是汉语中强化评价力度的语法手段。例如：

（64）黎明破晓浴火重生：回复@蹲在街角看沧桑：这不是错，是罪！（毕福剑视频事件，2015 - 05 - 31   00：16）

（65）有来有去 de 世界：这不是违反伦理，这是违法，说得多轻描淡写！（姚贝娜事件，2015 - 01 - 18   01：13）

（66）咳咳举个果子：这不是伦理道德的问题，这是变不变态的问题。（姚贝娜事件，2015 - 01 - 17   20：19）

（67）超级泡泡糖1号：回复@林克司老刀：说实话，心真凉！不是药丸，是乙烷！（文登事件，2015 - 07 - 24 18：34）

（68）用户3829365606：恶心，不是失望，是恶心！［吐］（文登事件，2015 - 07 - 24 19：54）

（69）Hermestylee：这个姚不是医生，是畜生。2006年已有人在网上举报其累累恶行。别人捐眼膜，他却把人家整个眼球都摘了……不只是一个人举报，累累恶行，迟早大白。沽名钓誉，欺世盗名之辈！（姚贝娜事件，2015 - 01 - 18 12：10）

例（64）前分句"这不是错"是假性否定，后分句"是罪"更进一层，强化了对毕福剑错误的评价力度。例子（65）前分句"这不是违反伦理"是假性否定，后分句"这是违法"更进一层，强化了对媒体的负面评价力度。例（66）前分句"这不是伦理道德的问题"是假性否定，后分句"这是变不变态的问题"更进一层，强化了对媒体记者的负面评价力度。例（67）前分句"不是药丸"是假性否定，后分句"是乙烷"更进一层，谐音双关和婉曲修辞强化了对文登警方处理的失望和不满。例（68）前分句"不是失望"是假性否定，后分句"是恶心"更进一层，属于高值情感评价。例（69）"这个姚不是医生"是假性否定，后分句"是畜生"更进一层，强化了对姚医生的负面评价力度。温锁林（2010）指出这种隐喻式否定是一种语用否定，"是在推翻语句自然意义的同时强行注入说话人的主观识解，以实现认识由客观到主观的跨越"。

⑧最小量级否定

石毓智（2001：41）指出，"在给定的范围内，对其中最小一个量级的否定等于对整个范围的否定"。我们认为，对最小量级的否定也是一种强化评价力度的语法手段。例如：

（70）柠檬只记得这首笑忘歌：［挖鼻屎］见过不要脸的没见过这么不要脸的……《深圳晚报》你们对一名死者及死者的家属最基本的尊重都做不到。一点职业道德也没有，还做什么记者呢？（姚贝娜事件，2015 - 01 - 22 09：32）

（71）我不叫朱小花：中国一点言论自由也没有！说个醉话又怎样。（毕福剑视频事件，2015 - 05 - 13 09：25）

（72）Angelia_ Cassie：现在那个主持人主持得<u>一点也不好看</u>。（毕福剑视频事件，2015 - 05 - 12　23：34）

（73）蔷薇泡沫176：太无耻了，<u>一点人性都没</u>有。（姚贝娜事件，2015 - 01 - 17　18：53）

（74）树男 A：警察泄密的事儿，<u>只字不提</u>啊！（文登事件，2015 - 07 - 24　18：40）

例（70）"一点职业道德也没有"是最小量级否定，等于说"完全没有职业道德"，强化了负面评价的力度。例（71）"中国一点言论自由也没有"，等于说"中国完全没有言论自由"，强化了负面评价的力度。例（72）"一点也不好看"，等于说"完全不好看"，强化了负面评价的力度。例（73）"一点人性都没有"，等于说"完全没有人性"，强化了负面评价的力度。例（74）"只字不提"，等于说"完全不提"，强化了负面评价的力度。

⑨詈骂语、诅咒语强化

网络热点事件文本以负面评价居多，文本中充斥大量的詈骂语和诅咒语，这些詈骂语和诅咒语是网民情感宣泄、挑战对方、激发回应和建构分歧型话语立场的一种方式，是一种极端的负面评价，评价力度为高值。例如：

（75）宅宅硕：<u>滚你妈蛋</u>！（姚贝娜事件，2015 - 01 - 17　22：51）

（76）老杨9529：<u>操你妈逼</u>，<u>婊子生的</u>，<u>狗娘养的</u>。（姚贝娜事件，2015 - 01 - 22　12：42）

（77）二小欧巴：呵呵，你们不公正，<u>早晚遭报应</u>！（文登事件，2015 - 07 - 24　18：50）

（78）谁的青春不躁动：《深圳晚报》太他妈垃圾了，根本没有道歉的诚意！还说什么尊重家属撤回姚贝娜光明基金！<u>滚你妹的</u>，您这样适合做报纸适合人民把监督的权利赋予你们么！发此声明的猪狗不如！《深圳晚报》同意发此声明的领导<u>不得好死</u>！（姚贝娜事件，2015 - 01 - 18　07：50）

例（75）"滚你妈蛋"，例（76）"操你妈逼"、"婊子生的"、"狗娘养的"都是詈骂语，例（77）"早晚遭报应"是诅咒语，强化了负面评价的力度。例（78）"他妈"、"滚你妹的"等是詈骂语，"不得好死"是诅咒语，强化了负面评价的力度。

3. 修辞手段

运用修辞格，调节评价的量级，这是评价力度的修辞表达手段。姜颖婷（2014）指出，语势的强化可以通过重复、修辞问句、层进、对照或反语、委婉语、明喻、隐喻等修辞手段来实现。汉语修辞格种类很多，许多与调节评价力度有关。其中有隐喻式强化，即运用隐喻辞格表达的强化。例如：

（79）参天大树6699：我是老毕的钢筋棍，永远挺你。是谁他娘的缺德把老毕封杀了不得好死，你老祖宗都不会饶恕你的。等着吧。（毕福剑视频事件，2015-05-20　08：46）

（80）春之梦00：军人、警察永远都是国家和民族的钢铁长城，英雄！（天津滨海爆炸事件，2015-08-26　15：30）

（81）AH蒋勇：犹如没驯服恶狗，就这么放出来咬人，应该拿监护人问罪，我看他还敢袒护！（李双江儿子打人事件，2011-09-08　09：01）

（82）仁者无股：这只是一个蟑螂而已，何必浪费笔墨？每到过节时，多少行业的主管单位，有多少只老鼠在偷食哦？（李双江儿子打人事件，2011-09-08　09：02）

隐喻是两个概念域之间的映射。例（79）本体是"我"，喻体是"钢筋棍"，是对"粉丝"的强化，评价力度为高值。其级差序列为"钢筋棍＞铁杆粉丝＞粉丝"。例（80）本体是"军人、警察"，喻体是"国家和民族的钢铁长城"，评价力度为高值。例（81）本体是"李天一"，喻体是"没驯服恶狗"，隐喻强化了负面评价的力度。例（82）本体是"李天一"，喻体是"蟑螂"，淡化了负面评价意义，是对评价力度的弱化。

排比式强化，即运用排比辞格强化评价力度。例如：

（83）华夏—军团：严惩泄露公民信息的警察！严惩公知流氓！

严惩施暴者！（文登事件，2015 - 07 - 22　18：42）

（84）物理博士看天下：文登警方的处理践踏了法律，践踏了正义，践踏了社会主义价值观。（文登事件，2015 - 07 - 25　18：16）

（85）西楼雨望月：一个个名字背后是一个个鲜活的灵魂。谨记牺牲的英雄，谨记无辜的平民，谨记惨痛的教训，万勿再发生人为之祸！（天津滨海爆炸事件，2015 - 08 - 25　21：09）

反复式强化，即有意运用反复辞格强化评价力度。例如：

（86）一笑没倾城：@深圳晚报　虚伪！请把关于贝娜的新闻都删掉！你们不配！你们不配！你们不配！你们不配！你们不配！你们不配！你们不配！你们不配！你们不配！（姚贝娜事件，2015 - 01 - 17　10：23）

（87）Alan Ai：不去。不去。死都不去。（青岛大虾事件，2015 - 10 - 09　10：22）

（88）晨曦湘江：不开除警察公职，不揪出保护伞，不查清警察与黑店关系，不去青岛，不去山东，不买山东产品。（青岛大虾事件，2015 - 10 - 09　10：15）

层递式强化，即运用层递修辞格强化评价力度。例如：

（89）头条新闻：#天津滨海爆炸#【李克强：彻查追责　给遇难者家属和历史交代】李克强总理今天在天津部署天津港爆炸救援处置工作。他说，这起事故涉及到的失职渎职和违法行为，一定要彻查追责，公布所有调查结果，给死难者家属一个交代，给天津市民一个交代，给全国人民一个交代，给历史一个交代。http：//t. cn/RLr1oIm（天津滨海爆炸事件，2015 - 08 - 16　21：55）

例（89）在语义上，从"死难者家属"、"天津市民"递升到"全国人民"、"历史"，构成层递辞格。形式上，四个分句又构成排比，属于层递和排比修辞格的综合运用。

反问式强化，即运用反问修辞格强化评价力度。例如：

（90）Jenny8020：不就是说错了一句话吗，我觉得没有那么严重，人非圣贤孰能无过！（毕福剑视频事件，2015 - 11 - 19　23：26）

（91）点首朱衣或是君：回复@流浪的上帝 in2062：网上约架并直接演变成现实，难道不该处理？（文登事件，2015 - 07 - 24　19：33）

修辞格与评价力度的关系，我们将在第十章中重点论述。

4. 符号手段

符号手段，即运用夸张随意的标点符号、丰富多彩的表情符号和延音符号等，表达评价力度的手段。标点符号的重复，能强化评价力度。例如：

（92）muralla_ 170：为什么不给自己的父母挣点脸？？？？？这种人就是人渣。（李双江儿子打人事件，2011 - 09 - 08　08：51）

（93）Signals-Systems：你的行为造成了严重后果，极大损害了党和国家声誉，在国内外产生了非常恶劣的影响，给党和人民的事业造成了重大损失！！！！！！！！！！！！！！！！！！！！！！！！！！（毕福剑视频事件，2015 - 11 - 18　23：05）

例（92）属于问号的重复使用，例（93）属于感叹号的重复使用，可以看成一种重复式强化。

表情符号的重复使用，例如：

（94）来瓶82年的陈酿矿泉水：贵局不为团媒的威逼所动，依法行事，乃国人楷模，民族脊梁。钦佩！［good］［good］［good］［good］［good］［good］（文登事件，2015 - 07 - 24　18：38）

（95）唐伯虎点蚊香 socool：支持警方公平公正！［赞］［good］（文登事件，2015 - 07 - 24　18：33）

（96）义勇军军迷：［失望］［失望］［伤心］［伤心］［伤心］［弱］［弱］（文登事件，2015 - 07 - 24　19：25）

例（94）重复使用了6个［good］，强化了评价力度。例（95）用了［赞］和［good］两个表情符号，强化了评价力度。例（96）用了表达

［失望］、［伤心］、［弱］的表情符号，极大地强化了评价力度。

延音符号也是一种强化符号，通过声音延长增加评价力度，例如：

（97）梦翔之音广播台：之前是李刚，现在是李双江，唉～～（李双江儿子打人事件，2011 - 09 - 08　08：56）

例（97）叹词"唉"后用延音符号～，强化了负面评价的力度。

（二）元语言评价：强化和弱化

元语言评价是对述题或命题进行主观评注，也可以分为强化和弱化。张谊生（2010：183）指出，元语言的基本作用是标记话题结构、组织会话话轮、评价命题论点和沟通交际渠道。这是由语气副词来实现的。张谊生（2000：46—51）称语气副词为评注性副词，将之分为全幅评注和半幅评注。全幅评注充当高层谓语，表达说话人对所表达命题的主观倾向性或态度。

1. 元语增量：强化

元语增量主要是传信，即确定性。例如：

（98）CBB 金牌代理左佐：明摆着是有人想整你。（毕福剑视频事件，2015 - 05 - 12　09：03）

（99）喜喜喜 s：感觉姚晓明这人肯定有问题。（姚贝娜事件，2015 - 01 - 22　10：02）

（100）隔壁老王的熊娃娃：大家要相信政府和公安机关一定能妥善处理好。（天津滨海爆炸事件，2015 - 08 - 26　09：07）

（101）用户 5680079494：我相信，这次一定会查到最高层的，一定会有超大的老虎出来的。但是得等我们阅完兵啊。（天津滨海爆炸事件，2015 - 08 - 26　08：52）

（102）Angela_ jielun：《深圳晚报》简直就是中国新闻界的耻辱。（姚贝娜事件，2015 - 01 - 18　16：52）

（103）小鱼一号 victoria：你根本不需要道歉！！！！！！！！！！！（毕福剑视频事件，2015 - 05 - 13　07：10）

（104）乱弄三千：必须严惩！绝不姑息！［怒骂］（李双江儿子打人事件，2011 - 09 - 08　09：04）

（105）乱世中：当官<u>千万</u>别当副职！出事了你就是替罪羊。（天津滨海爆炸事件，2015－08－27　08：12）

例（98）用副词"明摆着"，例（99）用副词"肯定"，例（100）、例（101）用副词"一定"，例（102）用副词"简直"，例（103）用副词"根本"，例（104）用副词"必须"，例（105）用副词"千万"，这些副词增加了述题的确定性和主观性，是元语言评价的强化。

2. 元语减量：弱化

元语减量主要是传疑，即不确定性。例如：

（106）Mrlan6：<u>目测</u>再让你主持春晚是不可能的了。（毕福剑视频事件，2015－05－24　18：51）

（107）夕风晓寒：<u>似乎</u>渲染得有点过头了，哪个旅游城市没有宰客现象，在所谓的乾坤朗朗的清明下，哪里没有涌动着暗流。（青岛大虾事件，2015－10－13　17：11）

（108）三省吾身V：这尼玛15岁就无法无天了，以后还<u>指不定</u>能惹出什么乱子呢……（李双江儿子打人事件，2011－09－08　08：52）

（109）_沙落v：<u>恐怕</u>以后青岛旅游市场就大打折扣了。（青岛大虾事件，2015－10－10　07：15）

（110）炒鸡聪明的LEE：经纪公司也<u>不一定</u>没有炒作嫌疑。艺人都是活着被压榨去世后也得充分榨干。很正常。这就是艺人对公司的意义了。各自有各自的小九九儿。（姚贝娜事件，2015－01－22　14：37）

例（106）用表示估测的副词"目测"、例（107）用模糊化的副词"似乎"、例（108）用副词"指不定"、例（109）用副词"恐怕"、例（110）用副词否定形式"不一定"，表达了作者对命题或述题的不确定性态度，是对原有命题或述题确定性的一种弱化。

3. 元语融合：折中

（111）老gaz冯：<u>或许</u>根本就是她的经纪人公司和她的家人在故意放料消费她，榨取她的剩余价值。（姚贝娜事件，2015－01－22　11：38）

例（111）用副词"或许"表达不确定性，是一种元语言弱化。用副词"根本"表达确定性，是一种元语言强化。强化和弱化融合在一起，评价力度折中为中值评价。

在真实微博文本中，选择运用各种强化和弱化手段调节评价力度，褒贬评价和元语言评价综合运用。例如：

（112）往事是心酸的：这事该怎么办？实在是有点嚣张。（李双江儿子打人事件，2011 - 09 - 08　08：53）

（113）Miss 解解解丹：也许是酒后失言，原谅毕姥爷吧！一直喜欢你支持你！（毕福剑视频事件，2015 - 05 - 15　11：21）

（114）流莺燕过又一夏：绝对有贪腐！真恶心！还寒心！坏警察就这样！（文登事件，2015 - 07 - 24　19：32）

（115）核桃星君：简直是给他爸丢人。怎么就有这种无耻之人呢？（李双江儿子打人事件，2011 - 09 - 08　09：02）

（116）光着脖子围了个博：回复@天声奇倾：你绝对是卖国贼，和老毕一样，披着一套狼皮！你就是一只疯狼！（毕福剑视频事件，2015 - 05 - 12　22：48）

例（112）"实在"是元语言评价，强化了确定性。"有点嚣张"是褒贬评价，"有点"弱化了评价力度。例（113）"也许"属于元语言评价，弱化了确定性。副词"一直"时间跨度大，强化了正面评价力度。例（114）"绝对"是元语言评价，强化了确定性。"真恶心！还寒心！坏警察就这样"属于累积式强化，强化了负面评价的力度。例（115）"简直"是元语言评价，强化了确定性。"怎么就有这种无耻之人呢？"是质疑式强化。例（116）"绝对"是元语评价，强化了确定性。后面又用了隐喻，属于隐喻修辞格强化。

（三）语篇层面的强化和弱化

系统功能语言学认为，实现概念意义的语言结构为粒子型（particulate），实现人际意义的语言结构为韵律型（prosodic），实现语篇意义的语言结构为格律型（periodic）。马丁的评价理论是在系统功能语言学关于人际意义的基础上发展起来的，人际意义犹如音乐中的韵律，具有累积性和整体性。马丁和罗斯（2003）从小句层拓展到语篇层，认为小句形成小波浪，段落形成大波浪，语篇形成浪潮。

马丁评价理论中，评价资源在语篇中呈韵律型分布，需要从整体上考察量的强化或弱化。例如：

（117）雨嘉马兰：一直支持你，带给我们欢乐。（毕福剑视频事件，2015 - 05 - 12　22：37）

（118）cxl022527：你是什么玩意，吃里爬外的卖国贼，表面一套背后一套，骨子里坏了。（毕福剑视频事件，2015 - 05 - 12　16：58）

（119）阿俊inter：政府监管不力，失职渎职，就这样敷衍老百姓。（天津滨海爆炸事件，2015 - 09 - 21　19：48）

（120）骑兵连123：呸//@永远是龙的传人2012：呸！//@秦师名粤：呸！//@张东方微博：呸！//@小朋友家族族长：呸！//@地瓜熊老六：呸！//@老左识途：呸！//@威海警方在线：【7·22案：得到依法处理】事实清楚，定性准确，处罚得当……7·22案，是一起普普通通的治安案件，已经处理完了。@文登警方在线（文登事件，2015 - 07 - 26　11：47）

例（117）微博文本两个分句，每个分句都是正面评价，这是累积式增量或强化，文本呈现出积极语义韵。例（118）微博文本有四个分句，例（119）微博文本三个分句，每个分句都是负面评价，这是累积式增量或强化，文本呈现出消极语义韵。例（120）是一个具有很强互文性的文本，用//@表示集体围观，众说纷纭。文本中有正面评价，也有负面评价，整个文本呈现出错综语义韵，多种声音互相碰撞而出现整体上量的衰减或弱化。

因此，微博文本中各种评价意义是积聚性的，密度与强度呈正比例关系。微博粉丝越多，转发数、评论数越多，评价语词密度越大，评价的力度也就越大，舆情热度就越高，就越容易酿成网络热点事件。

（四）评价域与评价力度规律的揭示

陈景元、周国光（2010）指出，评价的时空域是现代汉语评价量级的一种手段，呈现两条规律。我们在此基础上，提出了评价域与评价力度关系的四条规律。

规律一：时间域与评价的力度呈正比例关系：时间域越大，评价的力度越高；时间域越小，评价的力度越低。例如：

（121）Earned_ iiit：媒体就不要一直拿这说事儿了，让贝娜安心地走吧！［蜡烛］［蜡烛］［蜡烛］（姚贝娜事件，2015 - 01 - 22　12：20）

（122）卡布基诺 li：姥爷！永远支持你！（毕福剑视频事件，2015 - 05 - 12　13：40）

（123）Piss 玩世不恭：不多说，一如既往地顶你。（毕福剑视频事件，2015 - 05 - 13　21：08）

例（121）时间副词"一直"，时间域跨度大，强化了评价力度。例（122）时间副词"永远"，时间跨度大，强化了评价力度。例（123）"一如既往"，时间跨度大，强化了评价力度。

规律二：空间域与评价的力度呈正比例关系：空间域越大，评价的力度越高；空间域越小，评价的力度越低。例如：

（124）清心 728：我觉得不只青岛这样，中国好多城市都这样。是该好好查处一下了。（青岛大虾事件，2015 - 10 - 09　12：10）

（125）燃妗：毕竟这种事只是一小部分，难道整个青岛都是这样吗？身为官媒这么报道也是醉了。［doge］［doge］［doge］（青岛大虾事件，2015 - 10 - 09　10：22）

例（124）空间域从青岛扩展到中国好多城市，评价空间域扩大，评价的力度提升了。例（125）空间域限制在"一小部分"，评价的空间域缩小了，评价的力度降低了。

规律三：主体域与评价的力度呈正比例关系：主体域越大，评价的力度越高；主体域越小，评价的力度越低。例如：

（126）昂呆：老毕，其实我觉得也没啥。（毕福剑视频事件，

2015 – 05 – 13　13：15）

（127）矮矮陈：言论自由！我觉得你没错！（毕福剑视频事件，2015 – 05 – 13　15：32）

（128）YO 小欧：言论自由……个人认为也没什么。（毕福剑视频事件，2015 – 05 – 13　14：03）

（129）王钰灵 wyl：毕老师，我们大家挺你！（毕福剑视频事件，2015 – 05 – 18　08：49）

例（126）、例（127）"我觉得"，例（128）"个人认为"，主体域较小，评价力度弱化了。例（129）"我们大家挺你"，主体域为"我们大家"，主体域扩大了，评价力度强化了。

规律四：客体域与评价的力度呈正比例关系：客体域越大，评价的力度越高；客体域越小，评价的力度越低。例如：

（130）寒知了：不止官二代，富二代踩在我们头上，现在连特么的艺术家二代也上来了～～德艺双馨的李老师～～把你的德也分给儿子点吧～～//@燕垒生：什么东西！一个优伶之辈也嚣张如此。（李双江儿子打人事件，2011 – 09 – 08　08：55）

（131）镭226：这年头，富二代，官二代，军二代，带个二的都很嚣张。连"艺二代"也这么牛，真服了！无证驾驶，无牌驾驶，套牌驾驶，15 岁的孩子就殴打别人，无视110……这些艺人怎么教育的？（李双江儿子打人事件，2011 – 09 – 08　09：22）

（132）心怡奶奶：宰客恶行何止旅游行业存在，司法、教育、医药、行政……不是也屡屡发生吗？（青岛大虾事件，2015 – 10 – 09　17：55）

（133）唧唧歪歪小怪兽：国内旅游各种监管不到位，各种坑，购物坑，项目坑，咬文嚼字坑，连吃个虾都给你整出来一个坑，不得不逼着国人送钱给国外花！（青岛大虾事件，2015 – 10 – 13　17：08）

（134）灵枫—爱人：无法无天的商家毕竟是少数，我有理由相信当地政府会妥善的处理这件事！（青岛大虾事件，2015 – 10 – 09　09：53）

例（130）从"官二代"、"富二代"到"艺术家二代"，例（131）从"富二代"、"官二代"、"军二代"到"艺二代"，这是一种标签化强化，评价的客体域扩大，评价力度也随之提升。例（132）从旅游业到司法、教育、医药、行政……，评价客体域扩大，说明宰客行为的社会普遍性，评价力度也提升为高值。例（133）各种坑列举，评价客体域扩大，评价力度也随之提升。例（134）评价的客体域限制在"少数商家"，缩小了客体域，弱化了评价力度。

三　评价力度调节与读者建构

我们关注话语本身，它是如何被组织的，它要做什么。马丁和怀特指出，"我们可以说态度和介入都属于级差范畴，只不过分级的意义有本质的不同"（Martin & White，2005：136）。岳颖（2010）指出，"级差在语篇中主要发挥自然化功能，即将作者的态度立场自然化，同时自然化读者的阅读立场，旨在建构读者"。我们认为，调节态度和介入的力度，或提升，或降低，是说话人或作者话语策略的体现。评价力度对文本意识形态的建构具有重要的作用。

（一）强化评价力度的语用策略

1. 强化评价力度，往往表明作者最大限度地认同所提及的价值立场，企图最大限度地拉拢读者进入该立场，形成强大的话语联盟，从而引爆网络舆情，实现评价的施为功能。例如：

（135）孙锡良 2013：没什么新信号。死人如此之多，场面如此之惨烈，国内和国际影响如此之巨大，再不问责，那还对得起群众？不要说法律，就是凭良心，也该下点狠心，力度还远远不够。（天津滨海爆炸事件，2015 - 08 - 28　08：39）

（136）公安部刑侦局：【清除网上黑恶势力事关国家安全】类似于"纳吧"的网上黑恶势力的实质是教唆青少年成为西方反华势力颜色革命的马前卒。意识形态领域的网络颠覆活动绝非一般性治安事件，社会各界要高度警惕，以必胜的信心与其进行长期性斗争，将依法治国落实到深层次和方方面面。http：//t. cn/RLWFD6R @共青团

中央（文登事件，2015 - 08 - 03　16：29）

（137）风中清扬的树：青岛市政府该好好反思了！监管到位了吗？国庆假期除了110就没有其他部门能处理？非得等到上班？是否有公务人员充当保护伞，坐地分赃？（青岛大虾事件，2015 - 10 - 09　09：43）

例（135）运用高值评价，凸显和强化了天津爆炸事件的危害性。提升评价力度能强化受众的注意，从而提出网络问责的要求。

例（136）运用高值评价，凸显和强化了文登事件绝非一般性治安事件，从而提出清除网上黑恶势力的要求。

例（137）运用高值情态词"该"介入，又用几个疑问句质疑来提升评价力度，从而对青岛市政府提出要求。

2. 挑起读者争论，实现对话的多声性，拓展语篇。

微博作者使用高值评价，把话说得过于绝对，易于挑起读者的争论，实现对话的多声性。例如：

（138）陈 apple 陈：没有您的星光大道从此将暗淡无光。［悲伤］（毕福剑视频事件，2015 - 05 - 12　21：53）

光着脖子围了个博：回复@陈 apple 陈：星光大道没有谁都一样的火！（2015 - 05 - 12　22：15）

（139）光着脖子围了个博：坚决拥护毛主席解放军！穷苦老百姓的救星！（毕福剑视频事件，2015 - 05 - 12　22：19）

苍白小丑—沙：回复@光着脖子围了个博：注意你很久了。可悲的鸡 b 傻×，被洗脑了吧，有病。（2015 - 05 - 13　01：15）

光着脖子围了个博：回复@苍白小丑—沙：你他妈连一点爱国热情都没有，滚出中国去！烂货！（2015 - 05 - 13　11：41）

例（138）"陈 apple 陈"对毕福剑的评价力度为高值，引来了"光着脖子围了个博"的争论。例（139）"光着脖子围了个博"对毛主席的评价力度为高值，引来了"苍白小丑—沙"的詈骂声音，"光着脖子围了个博"又与之互动，评价力度为高值。这样造成了针锋相对的双方，实现了评价话语的多声性。

3. 以示其确定性和断言性，态度鲜明，立场坚定。

当评价者频繁地选择使用语势强化策略时，是把对所评论的人、事、物的态度上扬，以表明最大限度地忠于自己的评价立场，并试图邀请读者或听者给予支持的回应，与自己建立立场上的同盟（刘婷婷、徐加新，2011）。微博作者使用高值评价，表达自己对所述信息的确定的信念，能减少或打消对方的怀疑，凸显自己立场站位。例如：

（140）甲壬辛庚：<u>坚决</u>拥护公安部！（文登事件，2015 - 08 - 03　19：29）

（141）半夜瞳孔在滴血：<u>非常</u>支持!!!（文登事件，2015 - 08 - 04　00：24）

（142）月球车玉兔号：<u>坚决</u>支持！［赞］（文登事件，2015 - 08 - 03　23：53）

（143）浅斟低酌低吟浅唱：<u>强烈</u>支持!!!（文登事件，2015 - 08 - 04　22：28）

（144）烈焰 ones：回复@ mm 若奇：我<u>很</u>赞同你的观点。（姚贝娜事件，2015 - 01 - 17　23：24）

（145）巴中公安交警：<u>坚决</u>支持打掉互联网上为西方反华势力充当马前卒的黑恶势力!!!［给力］［给力］［给力］（文登事件，2015 - 08 - 04　14：24）

（146）沙沙大人：姥爷。我们<u>坚信</u>你没错。希望你还好。［鲜花］［鲜花］（毕福剑视频事件，2015 - 05 - 12　14：23）

（147）CafeStay：<u>明明</u>做错了，不反省还为自己辩解，不要脸<u>到家</u>了@ 深圳晚报（姚贝娜事件，2015 - 01 - 22　10：03）

（148）一米万花筒：<u>明显</u>没家教，子不教父之过！（李双江儿子打人事件，2011 - 09 - 08　08：49）

当归属的源头被量化时，还能间接地表明该命题是完全正确的。例如：

（149）兰十一：今天同事聚餐，说到央视毕福剑之事，不管是崇拜毛的还是对毛不感冒的，<u>都一致认为</u>拍视频并上传的人是卑鄙无耻之徒，央视不应该对毕处罚。告密者的得逞只会让大家都感到不安全。（毕福剑视频事件，2015 - 04 - 09　20：16）

（二）弱化评价力度的语用策略

1. 淡化事件，为当事人开脱责任或罪责。

弱化评价力度，通过降低评价力度，对行为的破坏性做最小化描述。有时意在为当事人开脱责任或罪责，使其处罚得更轻或免除处罚。例如：

（150）why-sooooo-serious：回复@ towch：我觉得也是，没打到皮下两毫米就连轻伤都不算，而且小孩不懂事犯个错可以理解。（李双江儿子打人事件，2011 - 09 - 09　08：31）

（151）sandra1225：十五岁的孩子正处于叛逆期，给一个警示性的教育就好了。（李双江儿子打人事件，2011 - 09 - 08　08：55）

（152）heizi9：我觉得就吃个饭，并没有什么大不了，毕姥爷一贯口碑不错，支持毕姥爷。（毕福剑视频事件，2015 - 05 - 14　20：55）

（153）笔榻梦沱翁：回复@初学者_ 58176：严重？我不觉得严重，认个错就够了。（毕福剑视频事件，2015 - 08 - 25　22：24）

（154）Miss解解解丹：也许是酒后失言，原谅毕姥爷吧！一直喜欢你支持你！（毕福剑视频事件，2015 - 05 - 15　11：21）

（155）尹闪闪5597530159：再说了，就因为喝醉酒的几句话，对社会能带来什么不好的反应，我就不信人能有一辈子不犯一点错的。（毕福剑视频事件，2015 - 05 - 13　17：07）

2. 拓展对话的磋商空间，使与受话人有商量和回旋的余地。

弱化表明作者只是部分地，甚至很少地认同所提及的价值立场。能够避免把话说得过死，跟听话人或读者有商量和回旋的余地，能够减少来自对立方的批评或潜在的威胁，又使受话人认为观点理性、客观，便于接受。例如：

（156）Raining Love：看过所有的舆论，个人认为这并没有错，就如民间最朴实的酒桌调侃。只不过社会舆论过于强烈而把事情的某个点放大，只不过酒桌的某个朋友过于阴险。（毕福剑视频事件，

2015 - 05 - 13   14：31）

（157）Crazy 天鹅绒：<u>个人猜测</u>，短时间内这天价虾事件，给青岛旅游业造成或多或少的影响。（青岛大虾事件，2015 - 10 - 13   16：08）

（158）Forever 会飞的翔：青岛黑店的确<u>不多</u>，就是被渲染了<u>而已</u>。如果真有人因为这个就不去青岛，也是幼稚。（青岛大虾事件，2015 - 10 - 13   16：10）

例（156）"个人认为"、"只不过"、"只不过"等，弱化了评价的力度，拓展了对话磋商的空间。例（157）"个人猜测"，表达了不确切性，弱化了评价的力度。例（158）"不多"进行量化，用"而已"弱化，降低了评价的力度。这些弱化能够减少交际双方的争论，最大限度地拉近读者与作者的关系。

3. 符合面子理论和礼貌原则，容易使受话人接受劝说。

负面事件，弱化评价力度，符合会话的礼貌原则，容易使受话人接受劝说。鞠玉梅（2010：41）指出，"人们在毫无察觉的情况下，就被导向词语使用者所期望的地方去了"。

（159）陆 Q 哒：其实只是个别而已，个别老板黑心不能代表青岛名片……没去过，有空去逛逛。（青岛大虾事件，2015 - 10 - 09   09：46）

（160）清晨 VS 鸿鸿：现在的孩子啊……（李双江儿子打人事件，2011 - 09 - 08   09：02）

（161）多米拉噶噶：家教……（李双江儿子打人事件，2011 - 09 - 08   08：49）

（162）地瓜就素地瓜：天哪   李双江……（李双江儿子打人事件，2011 - 09 - 08   11：33）

Leech（1983：135—136）指出：人们以间接的、含蓄的方式对他人的指责，是出于礼貌，因为其指责的含义必须经过推导才能由接受者完全解读。例（159）用省略式弱化，维护了青岛城市的面子。例（160）、例（161）、例（162）用简省式省隐负面评价内容，表达委婉含蓄，符合面子理论和礼貌原则。

我们认为，作者或读者综合运用各种评价资源，调节评价力度，旨在更好地为实现评价功能服务。网络热点事件文本中评价具有信息传播功能、情感宣泄功能、立场建构功能、施为导向功能和语篇建构功能。作者可以运用高值评价凸显事件的某一方面，可以运用低值评价淡化事件的其他方面。微博作者巧妙地调节评价力度，进行议程设置，转移注意力，转换话题，将读者引向作者所期望的地方。

四　小结

评价不仅有质的区别，也有量的不同。评价总是处于一定的量的阶梯上，不处在一定量级上的评价是没有的。级差范畴是一个模糊的分级的集合，粗略分为高值、中值、低值。作者或说话人可以选择级差资源，通过强化或弱化手段调节评价的力度，从而为实现评价的功能服务。

在网络热点事件文本中，强化的语言资源比弱化的语言资源多。汉语评价力度的实现手段有词汇手段、语法手段、修辞手段和符号手段。词汇手段有注入式、孤立式和重叠式等。语法手段包括各种语法组合、句法格式和句式等。修辞手段指各种辞格的运用。符号手段包括标点符号和表情符号等。无论是褒贬评价，还是元语言评价，都可以强化或弱化评价力度。本章还揭示了评价域与评价力度之间呈正比例关系的四条规律。

评价力度的强化与弱化，是作者的一种语用策略，对文本意识形态的建构具有重要作用。强化评价力度，一方面能引起社会的普遍关注，引爆网络舆情，从而提出要求；另一方面能挑起与读者或听话人之间的争论，实现对话的多声性。此外，强化评价力度还能以示其确定性和断言性，立场态度鲜明，打消读者或听话人的疑虑。弱化评价力度，对行为的破坏性做最小化描述，是为使当事人开脱责任或罪责，使其处罚得更轻或免除处罚。弱化也能增加磋商性，使与读者或受话人有商量和回旋的余地。还能照顾面子，更有利于建构读者。

第五章

网络热点事件微博文本中的立场建构

一　立场表达理论阐述

立场研究是近二十年来语言学及其相关学科研究的热点课题之一，国外已经产生了一批具有一定影响的研究成果，我国学者姚双云（2011；2012）、罗桂花（2014）等进行了引进和评述。罗桂花（2014）将这些立场研究梳理归纳为三种基本类型：语义视角的立场概念和研究模式、功能视角的立场概念和研究模式、互动视角的立场概念和研究模式。

语义视角认为，立场是静态的语义概念，用词语、短语或语法和副语言手段来表达。如 Biber 和 Finegan（1988）最初将立场概念定义为"说话者或作者对信息的态度、感觉、判断或者承诺的显性表达"。Biber 和 Finegan（1989）将立场概念修正为"对于信息命题内容的态度、感觉、判断或承诺的词汇或语法表达"。内容涵盖了言据性和情感。比伯（Biber，1999：966）将立场定义为：个人的感觉、态度、价值判断或评价。Conrad 和 Biber（2000）将立场分为认识立场、态度立场和风格立场。其中认识立场是指对命题的确定性、可靠性和局限性的评论，以及对信息来源的评论；态度立场是指说话者的态度、感觉或价值判断；风格立场是表示如何说或者写，即言说风格。

功能视角认为，立场研究应考虑语境和功能因素。特定的语境具有特定的话语功能，即使同一语言手段因语境的多样性其立场功能也不一样。如伯曼（Berman，2005）指出，话语立场有三个相互联系的维度：方向（发送者取向、文本取向和接受者取向）、态度（认识态度、道义态度和情感态度）和概括性（指称和量化）。

互动视角认为，立场是在主体间彼此磋商、共同合作中建构的，是动态浮现的产物。如恩格布雷森（Englebretson，2007）提出了立场的五个原则：1. 立场表达发生在身体行为、个人态度/信仰/评价和社会道德三个层面；2. 立场是公开的，可以被他人察觉，并可以解释；3. 立场本质性是互动的，由参与者合作构成；4. 立场是索引的，能唤起广阔的社会文化框架或物理背景；5. 立场是有结果的，对参与的个人或团体会导致一定的结果。（参看姚双云，2012：112）杜·波依斯（Du Bois，2007：163）提出了"立场三角"理论。如图 5 - 1 所示：

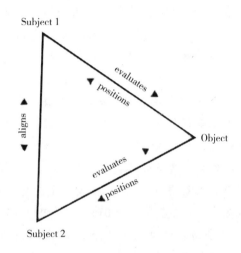

图 5 - 1　立场三角图（Du Bois，2007）

从上图可以看出，立场表达涉及立场主体 1、立场主体 2 和立场客体三个元素。立场行为包括评价（evaluate）、定位（position）和离合（a-lign）三个子行为。"立场三角"理论突出了立场的主体间性和交互协商性，是到目前为止一个比较完善的理论分析模型。

以上研究成果，为我们提供了很好的理论基础。本章拟借鉴国外"立场三角"理论，坚持静态和动态相结合的原则，重点探讨网络热点事件微博文本中的立场建构问题。

二　一致性立场、分歧型立场和中立化立场

网络热点事件文本中存在着不同的声音（杂音），不同声音的背后往往代表不同群体的立场。同声相应，异声相杂，于是立场在互动中发生分

化或转变。微博用户可分为意见领袖、普通草根用户和官方微博用户三类。其中官方微博用户又可分为媒体官方微博和政务微博两类。这些微博用户都是不同的立场主体,其互动模式有官方微博与官方微博之间的互动、普通微博用户与官方微博之间的互动、意见领袖与意见领袖之间的互动、普通草根用户与意见领袖之间的互动、普通草根用户与普通草根用户之间的互动。我们将微博文本中的立场分为一致性立场、分歧型立场和中立化立场三种类型。

所谓一致性立场,即微博用户之间对某人、某物或某一行为事件所持的观点态度相同或相似。也就是说,不同立场主体之间重合的观点和态度越多,越趋向于一致从而建构一致性立场。例如:

(1)广州房地产律师李永快:本来就应该如此处理!个人以为,依法办事,不应该有任何压力!//@检察露薇:顶住了压力,让法律的归法律,拒绝政治化[赞]//@我的威海:市局力挺区局,压力之下绝不动摇!//@威海警方在线:【7·22案:得到依法处理】事实清楚,定性准确,处罚得当……7·22案,是一起普普通通的治安案件,已经处理完了。(文登事件,2015-07-28　15:24)

(2)我家柳条边:坚决拥护开除老毕!//@沈阳网警小胖:共产党员一定要立场坚定,旗帜鲜明//@带刀小捕快:任何一个党员必须做一个明白人,永葆党员本色,不然就可以滚蛋@南通公安@平安江苏//@平安江苏:【广电总局认定毕福剑严重违反政治纪律　责成央视严处】(毕福剑视频事件,2015-08-10　17:28)

例(1)微博用户"威海警方在线"、"我的威海"、"检察露薇"、"广州房地产律师李永快"与"文登警方在线"互动,集体围观,观点态度一致,建构了一致性话语立场。例(2)"平安江苏"、"南通公安"、"带刀小捕快"、"沈阳网警小胖"、"我家柳条边"观点看法一致,建构了一致性话语立场。

所谓分歧型立场,即微博用户之间对某人、某物或某一行为事件所持的观点态度不同或截然相反。分歧型立场又分为完全分歧型立场和部分分歧型立场。完全分歧型立场是不同立场主体之间观点看法没有交集;部分分歧型立场是不同立场主体之间观点看法有相同之处,也有不同之处。例如:

（3）湘微笑6：//@浙空谷幽兰：文登警方好无耻，居然关了评论，不怕民意淹死你，7·22是普通治安案件吗？［吐］［吐］［吐］［吐］［弱］［弱］［弱］［弱］//@威海警方在线：【7·22案：得到依法处理】事实清楚，定性准确，处罚得当……7·22案，是一起普普通通的治安案件，已经处理完了。@文登警方在线　（文登事件，2015-08-03　20：27）

（4）威海警方在线：【7·22案：得到依法处理】事实清楚，定性准确，处罚得当……7·22案，是一起普普通通的治安案件，已经处理完了。@文登警方在线（文登事件，2015-08-03　20：27）

基础最重要88257：不是约架，更不是治安事件，这是有组织政治事件的预演。必须严查幕后组织及资金支持者。（文登事件，2015-07-26　15：44）

例（3）微博用户"湘微笑6"、"浙空谷幽兰"与"威海警方在线"互动，看法观点不一致，双方建构了分歧型立场。例（4）微博用户"基础最重要88257"与"威海警方在线"互动，看法观点不一致，建构了分歧型立场。

所谓中立化立场，即不选边，不站队，态度中性或不发表评价。例如：

（5）荷青Hermione：我保持沉默。［蜡烛］［蜡烛］［蜡烛］（姚贝娜事件，2015-01-17　21：43）

（6）l0veever：只看，不转，不赞……（毕福剑视频事件，2015-08-10　15：33）

（7）shumixc：无所谓啊，反正也不看央视。（毕福剑视频事件，2015-04-08　14：05）

例（5）荷青Hermione与微博用户互动；例（6）l0veever与微博用户互动，不发表看法和观点，建构了中立化立场。例（7）"shumixc"对央视处罚毕福剑，不支持也不反对，持中立化立场。

需要特别说明的是，一致性话语立场和分歧型话语立场是相对的概念，需要根据具体语境进行判定。立场分化的舆情事件，立场主体与一方建构一致性话语立场，往往意味着与另一方建构分歧型话语立场。同样，立场主体与一方建构分歧型话语立场，往往意味着与另一方建构一致性话语立场。

三　微博文本中立场的实现手段

微博文本呈现多层次、多向度的互动，一方面与现实的微博网友互动，另一方面与潜在的、想象的微博网友互动。在这种接力式地互动中，逐渐完成立场结盟或分离。结盟（aligns）形成一致性话语立场，分离（disaligns）形成分歧型话语立场。

（一）微博文本中一致性话语立场及其实现手段

所谓一致性话语立场，指乙站在甲的立场上，从甲的视角围绕网络热点事件进行评价和定位，达到乙与甲立场趋同。

根据我们对微博文本语料的考察，发现一致性话语立场的实现手段主要有以下几种：

1. 转发或分享

微博转发有一键行为的转发、复制粘贴转发和改编转发等多种手段。建构一致性话语立场，语言相似度非常高，在具体表现上表现为话语雷同或重复、语序和语气一致等。重复能反映微博网友之间的共鸣，增加共识。例如：

（8）头条新闻：#热点#【广电总局认定毕福剑严重违纪　责成央视严处】中纪委机关报今日头版发文，确保党员干部做政治上的"明白人"。文中指出，毕福剑用调侃的方式损害老一辈党和国家领导人形象的视频流出后，广电总局认定其严重违反政治纪律，责成央视严处。http：//t. cn/RLRBnHq（毕福剑视频事件，2015 - 08 - 09　16：38）

针对头条新闻的微博，一键行为的转发，例如：

（9）只梦想不幻想：转发微博　（毕福剑视频事件，2015 - 08 - 09　16：39）

（10）张伟旭：转发微博（毕福剑视频事件，2015 - 08 - 09　16：39）

（11）记得李庄第 3 季：//@袁裕来律师：//@袁国宝：//@光远看经济：转发微博（毕福剑视频事件，2015 - 08 - 09　17：58）

例（9）、例（10）转发微博，例（11）链状套叠转发微博。这些微博作者不发表评论，属于一键行为的转发。转发也表达一种态度，是建构一致性话语立场的一种表达手段。

复制粘贴和改编的转发，大多数是复制粘贴部分词语，或者对原文本有关内容进行改编，当然作者可以有所阐发，有的还有原文链接。例如：

（12）江淮晨报：中央电视台声明：对毕福剑言论认真调查并依规处理。（毕福剑视频事件，2015 - 04 - 08　21：53）

（13）我是小凡 023：转//#我在看新闻#《毕福剑被指严重违反政治纪律》广电总局认为毕福剑调侃老一辈领导人，损害了领导人的形象。http：//t. cn/RLnJILU（毕福剑视频事件，2015 - 08 - 10　18：13）

（14）青年 2015 早市：转//#我在看新闻#《总局：毕福剑严重违反政治纪律》损害领导人形象，广电总局责成央视严肃处理毕福剑。http：//t. cn/RLRe5Vm；观看视频：| 中央电视台……（毕福剑视频事件，2015 - 08 - 09　18：07）

转发可以看成是一种模仿或改写，可以引起情感的共鸣。转发可以看成原创微博作者的声音被忠实的复制。因此，即使转发不发表言论，也可以看成是对原创微博作者的支持。例（12）立场主体"江淮晨报"与立场主体"中央电视台"建构了一致性话语立场；例（13）立场主体"我是小凡 023"与立场主体"广电总局"建构了一致性话语立场；例（14）立场主体"青年 2015 早市"与立场主体"广电总局"建构了一致性话语立场。

分享也是一种转发行为，例如：

（15）东海碰子：我分享了@老榕的文章 http：//t. cn/RLoUGXf

文登警方理性客观冷静的处理，是张扬法治精神的表现，值得称赞。剥下马甲，不受干扰，好！（文登事件，2015 - 07 - 27　06：26）

例（15）通过分享，立场主体"东海碰子"与立场主体"老榕"互动，对立场客体做出评价，定位了立场，建构了一致性话语立场。

2. 点赞和打赏

微博具有点赞功能，点击竖起的大拇指，表示赞同。点赞也是一种互动行为。微博网友可以通过对另一微博网友的微博点赞来表达赞同或喜爱。点赞也是一种评价，传递了网友的评价立场。收获的赞越多，表示微博获得赞同的网友人数越多，这样持一致性话语立场的人数也就越多。

新浪长微博还增添了打赏的功能，被打赏的微博作者将会获得读者的"小费"。打赏表示读者对微博作者的一种喜爱态度，也能传递评价立场。众多打赏者与作者联盟，共同建构了一致性话语立场。

从点赞和打赏也可以看出，话语立场的建构是一个动态的浮现过程。

3. 对微博文本进行正面评价

立场主体对另一立场主体的微博文本进行评价，持正面评价立场，表示双方看法观点一致，这种互动建构了一致性话语立场。例如：

（16）子小士心军：分析透彻！（文登事件，2015 - 08 - 09　20：09）

（17）美保公：的确深度好文！再次转发。（文登事件，2015 - 08 - 10　03：54）

（18）活到中年：//@ 书香满心：//@ 打奥特曼 de 小怪兽：分析到位！//@ 斯图卡 98：强烈推荐！！！//@ 平民王小石：【强文推荐】这是文登案以来最有深度和洞察力的分析文章。对于文登案出现的舆情疑点进行了透彻入微的剖析解读，读完便知为何爱国网民揪住此案紧追不放。因为，正义缺失，如河堤蚁穴，不整修将溃之千里。（文登事件，2015 - 08 - 09　23：54）

（19）军粉团：辩证，理性，客观。（文登事件，2015 - 08 - 09　23：44）

（20）有鱼逍遥游：值得一读。（文登事件，2015 - 08 - 09　23：03）

（21）郑则：好文，值得认真研读！（文登事件，2015 - 08 - 09　21：13）

（22）老辣陈香：【推荐［话筒］转发】//@蒹葭苍苍：深度分析［话筒］（文登事件，2015 - 08 - 09　20：39）

（23）华丽的夏季雨：好文推荐！（文登事件，2015 - 08 - 10　09：49）

（24）曹凡：文章写得都不错，大赞！（文登事件，2015 - 07 - 29　20：45）

针对山东省威海市公安局文登分局官方微博"文登警方在线"发布的长微博《公安机关依法对"7·22"涉案人员作出处理》一文，上述立场主体分别与"文登警方在线"展开互动，都使用了正面评价语汇进行评价，彼此结盟形成阵营，建构了一致性话语立场。

4. 使用同意标记

表示同意的标记，能与原微博作者之间建构一致性话语立场。微博文本中最为常见的同意标记有动词"支持"、"同意"、"挺"、"力挺"、"顶"等，例如：

（25）吾其奈何：支持！（毕福剑视频事件，2015 - 08 - 09　18：35）

（26）花痴姑娘看世界：鼓掌支持！（毕福剑视频事件，2015 - 08 - 09　17：37）

（27）占豪：同意右边，请完整叙说事实，公众要的是以理服人，依法治国。/@安崇民：@威海警方在线：【7·22案：得到依法处理】事实清楚，定性准确，处罚得当……7·22案，是一起普普通通的治安案件，已经处理完了。@文登警方在线（文登事件，2015 - 07 - 26　12：04）

（28）木子厢：回复@千年郭怒：同意！英雄所见略同。（毕福剑视频事件，2015 - 08 - 10　07：37）

（29）静笃 Anthony：挺老毕！（毕福剑视频事件，2015 - 08 - 11　00：09）

（30）蛋疼已多年：力挺警方！（文登事件，2015 - 07 - 27　08：57）

（31）浪迹天涯赏明月：顶！文登警察为民除害，遵守了法制精神！弘扬了正气！不为强权压迫！坚持法制精神！全国所有公安机关

都应该向文登公安学习！（文登事件，2015－07－27　18：45）

　　（32）宝蓝—天空：毕姥爷是对的，顶起！（毕福剑视频事件，
2015－08－10　11：14）

　　例（25）立场主体"吾其奈何"与新浪官方微博立场主体"头条新
闻"之间互动，用动词"支持"传递了微博网友"吾其奈何"的评价立
场，是对立场的定位。

　　例（26）立场主体"花痴姑娘看世界"与立场主体"头条新闻"之
间互动，用动词"鼓掌"、"支持"传递"花痴姑娘看世界"的评价立
场，是对立场的定位。例（25）、例（26）立场客体（即"支持"的内
容）在语法上省略，但可以借助上下文的对话语境补足，即为"头条新
闻"微博的内容。

　　例（27）立场主体"占豪"与立场主体"威海警方在线"之间互
动，用动词"同意"传递评价立场，给予立场定位。立场客体是右边，
即右边网友的微博，从而双方建构了一致性话语立场。

　　例（28）立场主体"木子厢"与立场主体"千年郭怒"之间互动，
用动词"同意"传递评价立场，给予立场定位。立场客体可以通过上下
文语境补足。双方建构了一致性话语立场。

　　例（29）立场主体"静笃Anthony"与立场主体"老毕"之间互
动，用动词"挺"表示支持，传递"静笃Anthony"的评价立场。立场
客体缺省，但可以通过历时话语语境补足，我们可以推导出是毕福剑视
频事件中的话语。"静笃Anthony"与"老毕"之间建构了一致性话语
立场。

　　例（30）立场主体"蛋疼已多年"与立场主体"文登警方在线"之
间互动，用"力挺"传递了对警方的支持程度，属于高量值评价，表示
了立场的联盟程度，双方建构了一致性话语立场。

　　例（31）立场主体"浪迹天涯赏明月"与立场主体"文登警方在
线"之间互动，用动词"顶"传递了评价立场，是对立场的定位，双方
建构了一致性话语立场。

　　例（32）结合上下文，可知是立场主体"宝蓝—天空"与立场主体
"毕姥爷"之间互动，用"顶起"传递了评价立场，是对立场的定位，双
方建构了一致性话语立场。

此外，微博文本中还可以用形容词，如"好"、"正确"等，实现立场共建。例如：

（33）iCommunists：好！（毕福剑视频事件，2015－08－09 16：41）

（34）kwb2015：好，依法处理！［good］（文登事件，2015－07－24 18：17）

（35）言歌诉说青春2013：哈哈，正确！（毕福剑视频事件，2015－08－09 16：45）

例（33）从上下文语境可知，是立场主体"iCommunists"与媒体官方微博"头条新闻"之间的互动，用形容词"好"表示赞同，传递评价立场，给予立场定位。双方结盟，共同建构了一致性话语立场；例（34）立场主体"kwb2015"与立场主体"文登警方在线"之间互动，用形容词"好"表示赞同，传递评价立场，双方建构了一致性话语立场；例（35）从上下文语境可知，是立场主体"言歌诉说青春2013"与立场主体"头条新闻"之间的互动，用形容词"正确"表示赞同，传递评价立场，给予立场定位，双方结盟，共同建构了一致性话语立场。

以上表示赞同的词语，有时为了增加评价的强度，可加上高量值的修饰语，一方面赋予评价情感阶上的定位；另一方面是为了强化立场联盟，更加巩固一致性话语立场，如例（36）的"严重赞同"、例（37）的"完全同意"。

（36）苍穹之下悲苍生：回复@琳达妹妹5598392316：严重赞同！老毕以党员身份和公众人物，恶毒辱骂毛泽东老人家，是该办！（毕福剑视频事件，2015－08－10 08：50）

（37）Lidyamomo：完全同意右边说的！//@ feillen：中国教育的失败［鄙视］！！！！从小不顾品德教育，人性教育，才会出现如此状况！学习填鸭式，优秀了有何用，到时社会一片乌烟瘴气，看如何收拾！儿子伤人，要儿子和老子一起道歉呀！光老子道歉有何用！！当事人如果自身不醒悟，再如何也无济于事毫无效果！！请认真做人！（李双江儿子打人事件，2011－09－08 20：44）

5. 使用情感词语

立场主体在情感阶上选定一个位置，对另一立场主体的看法观点给予情感定位，属于情感评价的范畴。情感词语包括积极情感词语和消极情感词语。例如：

（38）凌绝揽胜：<u>大快人心</u>！党员、央媒体，居然敢侮辱解放军侮辱毛泽东！（毕福剑视频事件，2015 - 08 - 09　16：59）

（39）噫咿呀：//@ 天下为公 1111：//@ 三界一尘：深深地<u>失望</u>。//@ 云中无俗韵：这个处理结果，被众多公知点赞，说明这是一种<u>无可救药</u>的<u>腐朽</u>。（文登事件，2015 - 07 - 24　19：52）

例（38）立场主体"凌绝揽胜"运用情感词语"大快人心"对立场主体"广电总局"的观点看法进行情感定位，立场保持一致，共同建构了一致性话语立场。

例（39）立场主体"云中无俗韵"就侯聚森事件的处理对文登警方进行评价，用了"无可救药"、"腐朽"等负面评价语汇，持负面评价立场。立场主体"三界一尘"与之互动，对文登警方评价用了消极情感意义词语"失望"定位，也持负面评价立场。双方彼此联盟，共同建构了一致性话语立场。

6. 重复语汇或使用褒贬色彩相同的语汇

从语汇的选择来看，立场主体互动建构一致性话语立场，必须重复语汇或使用褒贬色彩相同的语汇，且褒贬指向也相同。也就是说，如果一立场主体的微博文本对立场客体的评价使用了褒义语汇，则与之互动的另一立场主体的微博文本对立场客体的评价也必须使用褒义语汇；如果一立场主体的微博文本对立场客体的评价使用了贬义语汇，则另一立场主体的微博文本对立场客体的评价也必须使用贬义语汇。语汇重复或同褒同贬，才能保持立场声音的一致性。例如：

（40）黑面猛将孙公祜：点个赞：呸！//@ 台风小 K：点个赞：呸！//@ 咔嚓酥：点个赞：呸！//@ 不沉默的大多数：俺来点个赞：呸！（文登事件，2015 - 07 - 24　19：57）

（41）枫向阳：同问！//@ 祝忠良 2013：//@ 西楚冰爵：同问//

@蒹葭苍苍：最右这个问题，博主怎么解释？//@王小东：//@瑞祥的欧根亲王：刑法第二百五十三条第一款的罪名"非法提供公民个人信息"和《中华人民共和国人民警察法》第三十六条规定"非法持有警械"。对于本案这两条怎么解释呢？（文登事件，2015-07-24　19：25）

（42）向着星辰大海攻击前进：操文登警方她娘！//@大力才能出奇迹：我他妈的能骂街吗？这就完了？那群人人肉别人、盗取户籍信息、电话骚扰，就完了？他妈的！（文登警方事件，2015-07-24　19：29）

（43）荒凉泉1963：［赞］威海公安不糊涂！//@大尸凶的漫画：客观公正，秉公执法。不为周围言论左右，为你们点赞。所谓的"爱国"不是法律的挡箭牌［good］（文登事件，2015-07-24　19：00）

（44）格林QQQ：文登警方有水平！［赞］法律规定的是任何人不得违法，不论爱国不爱国、阶级不阶级、网评员不网评员的，打架就不行，违法即追责！法律面前无人例外！//@北林施兵：依法独立办案，是依法治国的应有之意，为文登警方点赞［good］//@york-mutu：公正，客观，不受舆论干扰，好警察。（文登事件，2015-07-24　19：37）

例（40）立场主体"黑面猛将孙公祐"、"台风小K"、"咔嚓酥"、"不沉默的大多数"之间互动，使用了相同的语词"点个赞：呸"，共同建构了一致性话语立场。

例（41）立场主体"瑞祥的欧根亲王"的微博运用了疑问句"对于本案这两条怎么解释呢？"立场主体"蒹葭苍苍"与之互动，也用了疑问句"博主怎么解释？"立场主体"西楚冰爵"参与互动用了"同问"表示疑问相同；立场主体"枫向阳"参与互动也用了"同问"。"同问"，这是运用重复的词汇建构一致性话语立场。

例（42）立场主体"大力才能出奇迹"对文登警方用了詈骂语"他妈的"；立场主体"向着星辰大海攻击前进"对文登警方也用了詈骂语"操文登警方她娘"，都是消极的情感定位，表达的都是负面评价，双方建构了一致性话语立场。

例（43）立场主体"大尸凶的漫画"对威海公安评价使用了"客

观"、"公正"、"秉公执法"、"不为周围言论左右"等正面评价语汇；立场主体"荒凉泉 1963"与之互动，也使用正面评价语汇"不糊涂"，这样双方都持正面评价立场，共同建构了一致性话语立场。

例（44）立场主体"北林施兵"对文登警方评价，使用了"依法"、"点赞"等正面评价语汇；立场主体"格林 QQQ"也使用正面评价语汇"有水平"，评价语汇都具有褒义色彩，共同建构了一致性话语立场。

7. 使用高量值情态词语

微博文本中，用情态词语与读者磋商，拉拢读者，争取团结一致，结成同盟，这是建构一致性话语立场的手段。例如：

（45）柯建锋：要高度警惕一些组织和个人，利用青少年对社会转型期突出矛盾和问题的困惑和无力感，散布邪恶的负能量！//@ 共青团中央：【#我来护苗#清除网上黑恶势力事关国家安全】@公安部打四黑除四害@公安部刑侦局（文登事件，2015 - 08 - 05   11：28）

（46）雷猫王：必须严惩。如果觉得党不好可以不入党，入了党还骂党的纯粹是人渣。（毕福剑视频事件，2015 - 08 - 09   16：39）

（47）狂龙斗火凤：仅仅封掉一个纳吧是不够的，必须把后面的组织网络彻查出来。对那些鼓吹叛国、叛党的汉奸更要彻底打击。（文登事件，2015 - 07 - 28   17：25）

（48）中外英雄武林风——创始人马云龙：作为一个中国的公众人物，吃的是人民的饭，骂的是人民的领袖，受点处分是正常的，首先应该清醒地认识到没有共产党，没有毛主席，就没有人民的新中国的硬道理。（毕福剑视频事件，2015 - 08 - 09   17：07）

例（45）的情态词语"要"，例（46）、例（47）的情态词语"必须"，例（48）的情态词语"应该"等，这些高量值的情态词，与读者潜在地建立一种控制和服从的对话关系，缩小了人际磋商的空间。既与历时文本的微博作者互动，又与潜在的、想象的读者互动，旨在共同建构一致性话语立场。

8. 引用或转述言论

微博文本中，引用或转述其他微博作者的观点。引语有直接引语和间接引语等，转述可以改变措辞，将他人观点转换成自己的话语表述。引用或转述一方面是一种言据性表达，另一方面也是一种立场建构的手段。可以看成是引用方与被引用方的互动，彼此言论相互支持，引用方与读者互动，对读者的意识形态进行有意识的引导和操控，从而共同建构一致性话语立场。例如：

（49）圆排骨来了：司马南说了：你们这样对待爱国青年，我儿子不敢从美国回来。（文登事件，2015 - 07 - 24　19：41）

（50）张晨初艺术空间：//@战争史研究 WHS：一群团系自干五和七字党在评论里拍着大腿哭天抢地，"这世道活不下去了"，"大青果药丸"，"以后谁杀文登警察，我给他送锦旗"（by @御前五品带砖侍卫）[doge] //@ Vista 看天下：传说中的"爱国青年因发布爱国言论被围殴事件"真相。典出何处请自查。（文登事件，2015 - 07 - 24　19：51）

例（49）立场主体"圆排骨来了"引述立场主体"司马南"的话语，双方都认为侯聚森是"爱国青年"，文登警方对"爱国青年"处理不公。"圆排骨来了"和"司马南"观点态度一致，共同建构了一致性话语立场。

例（50）立场主体"Vista 看天下"引用"爱国青年因发布爱国言论被围殴事件"言论，指出真相，对所谓的爱国青年持负面评价立场。立场主体"战争史研究 WHS"引用自干五和七字党的言论，对自干五和七字党持负面评价立场。这些立场主体互动，建构了一致性话语立场。

9. 对分歧型立场的驳斥

已知立场主体甲与立场主体乙持分歧型立场，立场主体丙对立场主体乙驳斥，从而与立场主体甲建构了一致性话语立场。例如：

（51）陈学冬的晓艳艳：[可爱][微笑] //@辟谣与真相：他是中共党员，央视职工。人家以共产党的党纪和国家事业单位的规章予以处理，关你鸟事！ →_ →//@ Katie 悦：政治干涉娱乐//@袁裕来律师：//@光远看经济：（毕福剑视频事件，2015 - 08 - 09　17：40）

例（51）根据上下文语境，结合立场主体"Katie 悦"的微博评论，可以看出立场主体"Katie 悦"与立场主体"广电总局"持有分歧型话语立场。而立场主体"陈学冬的晓艳艳"驳斥立场主体"Katie 悦"的言论，在与"Katie 悦"建构分歧型立场的同时，与"广电总局"立场保持了一致。因此，立场主体"陈学冬的晓艳艳"与立场主体"广电总局"结成了立场联盟，建构了一致性话语立场。

10. 使用表情符号

微博文本中表情符号有上千种，表达丰富多彩的情感意义。有的表情符号倾向于正面情感评价，有的表情符号倾向于负面情感评价。每个表情符号都有一个对应的情感意义，可以用［］加以标注。如👍对应的情感意义是［赞］，👍对应的情感意义是［good］，这些都是正面情感评价。👎对应中文意义［弱］，这是负面情感评价。这些表情符号可以单独使用，也可以与文字配合使用。具体建构何种类型的立场，需要根据具体的语境来判定。例如：

（52）老东瓜66：👍（文登事件，2015 - 07 - 24　18：27）

（53）蓝天骄阳：公正执法👍//@乌鸦十三：为警方依法处置点个赞（文登事件，2015 - 07 - 24　19：53）

例（52）立场主体"老东瓜66"的表情符号［good］是针对"文登警方在线"微博的情感评价，与立场主体"文登警方在线"建构了一致性话语立场。

例（53）立场主体"乌鸦十三"与"文登警方在线"互动，用了正面评价词语"依法"和"赞"，彼此立场一致。而立场主体"蓝天骄阳"使用表情符号［赞］，与立场主体"乌鸦十三"之间互动，彼此立场一致。这三个立场主体在互动中一起建构了一致性话语立场。

（二）微博文本中的立场分离及其实现手段

立场分离即立场趋异或对立。即立场主体不是顺着另一立场主体文本所倡导的轨迹行进，而是发生了偏离。这是由于双方对同一立场客体的评价/定位不同，从而彼此疏远对方，共同建构分歧型话语立场。分歧型话语立场可以是部分分歧，也可以是完全分歧。

根据我们对微博文本语料的考察，发现分歧型话语立场的实现手段主要有以下几种：

1. 疑问、反诘与否定

吕叔湘（1942：20）指出"反诘实在是一种否定的方式，反诘问句里没有否定词，这句话的用意就在否定"。沈家煊（1999：45—105）明确提出了"疑问跟否定是相通的"。张晓涛（2011：24—131）论证了特指问、是非问、选择问等疑问句与否定句的相通性。陈景元和刘银姣（2014）指出，质疑、反诘与否定一样，本质上是相通的，都是建构分歧型话语立场的表达手段。例如：

（54）M 渐渐之石：咦？公民的言论自由呢？（毕福剑视频事件，2015 – 08 – 09　19：36）

（55）云在云上飘着：约架？对方长途跋涉携带凶器到你家，你会约到家来打架？可笑！（文登事件，2015 – 07 – 28　12：03）

（56）醉卧儒风：依法？笑了，泄露公民户籍信息怎么不依法处理？袭击者非法持有警械怎么不依法处理？（文登事件，2015 – 07 – 30　11：16）

（57）绣花的熊：果然是避重就轻，各打五十大板完事。侯的户籍信息到底是谁泄露出去的？人家不都说是警察了吗？（文登事件，2015 – 07 – 24　18：31）

（58）还是不起名字算了：就这么简单？不是寻衅滋事吗？警察泄露别人的信息怎么没查？（文登事件，2015 – 07 – 24　18：33）

（59）乘剑御风晒太阳：有哪个国家会允许侮辱自己国家的开国领袖？！（毕福剑视频事件，2015 – 08 – 11　10：45）

（60）腾寰宇 TK：狗屁处理！言论没有是非吗？人肉信息难道不违法吗？谁是挑衅者不清楚吗？那个放出来的打人港渣，还在叫嚣，你们不知道吗？太混蛋了！@文登警方在线（文登事件，2015 – 07 – 24　19：19）

（61）浅底平阳：约个屁架！我要是约架绝对会弄上一帮人，让他们回不去！有在自己地盘上约架就带那俩人去的？明显没准备吗！（文登事件，2015 – 07 – 24　20：42）

（62）日不落天空下 SZSZ：我不认为毕有错，不否认毛的功但也不能否认毛的过，我想是个人都应该知道这点，如果国家对这样的问题严惩，我认为这是一种倒退的现象，同时我还认为现在与独裁没什么两样。顺便问一句，偷拍什么的好像也是违法的，中央这么做总感觉是帮偷拍者？中央所谓的公正，难道就是一个 p？（毕福剑视频事件，2015 - 08 - 10　06：32）

（63）_ EROS_ Y：<u>并不觉得</u>毕老师犯了你们所说的那么大的错误。（毕福剑视频事件，2015 - 08 - 10　01：15）

（64）ALREADYGONEBB：<u>我没觉得</u>骂得有啥错的。（毕福剑视频事件，2015 - 08 - 10　09：21）

（65）我是一只像喵的 mouse：回复@义勇军帝师1：<u>我只是觉得</u>这样对毕，有点过火。（毕福剑视频事件，2015 - 08 - 10　22：46）

（66）贫道全球通：回复@雷逐风：你可<u>拉倒吧</u>，我刚开始也以为是这么回事，后来多看了几篇微博的截图，才知道咋回事。自己<u>查</u>一下吧，别让共青团给误导了。（文登事件，2015 - 07 - 31　10：40）

例（54）、例（55）、例（56）、例（57）、例（58）、例（59）、例（60）、例（61）立场主体分别用了一连串的疑问句，表达质疑和否定，挑战对方立场，属于负面评价。跟与之互动的立场主体，共同建构了分歧型话语立场。

例（62）、例（63）、例（64）、例（65）、例（66）立场主体分别运用了表示否定的话语标记"我不认为"、"并不觉得"、"我没觉得"、"我只是觉得"、"拉倒吧"等，对另一立场主体的言论予以否定，共同建构了分歧型话语立场。

2. 表反对的词语

网络热点事件文本中，表示反对的词语主要有动词"谴责"、"反对"、"批评"、"鄙视"、"切"、"扯淡"、"放屁"等。例如：

（67）佳佳佳佳佳佳阿阿阿：<u>谴责</u>！（毕福剑视频事件，2015 - 08 - 09　16：40）

（68）Fighting 同学：<u>反对</u>文登警方！（文登事件，2015 - 07 - 27　00：00）

（69）义勇军——贺休光：继续声援爱国学生侯聚森，<u>批评</u>@威海警方、@文登警方，打击汉奸暴徒黑帮刻不容缓！（文登事件，2015 - 08 - 05　08：30）

（70）布兰诗歌罗曼史：<u>鄙视</u>！（文登事件，2015 – 07 – 24　20：03）

（71）夜的草：回复@山东望健康：<u>切</u>，忽悠，你接着忽悠！（文登事件，2015 – 08 – 10　16：52）

（72）九安命名：<u>扯淡</u>！！！你比老毕更不是人！！！【毕福剑事件折射讲真话难】http：//t. cn/RANV9NL（毕福剑视频事件，2015 – 04 – 18　11：14）

（73）最新鲜百科：<u>纯属放屁</u>！（文登事件，2015 – 08 – 03　22：25）

例（67）立场主体"佳佳佳佳佳佳阿阿阿"用动词"谴责"对毕福剑视频事件中言论进行定位，在与历时话语的互动中建构了分歧型话语立场；例（68）立场主体"Fighting 同学"用动词"反对"对立场主体"文登警方在线"中的言论进行定位，与之互动建构了分歧型话语立场；例（69）立场主体"义勇军——贺休光"对威海警方、文登警方用了动词"批评"，表达了反对的态度立场，与"文登警方在线"互动建构了分歧型话语立场；例（70）"布兰诗歌罗曼史"用动词"鄙视"，传递了反对的态度立场，与"文登警方在线"建构了分歧型话语立场；例（71）用动词"切"也表示了鄙视的态度立场，立场双方建构了分歧型话语立场；例（72）用动词"扯淡"，对链接文本中立场主体的看法观点传递了否定的态度立场，共同建构了分歧型话语立场；例（73）用动词"放屁"表示对"文登警方在线"言论不认同，共同建构了分歧型话语立场。

3. 使用褒贬色彩不同的词语

一立场主体与另一立场主体互动，针对同一立场客体，双方因政治观点或利益不同，采用不同的评价标准，选取不同褒贬色彩的评价语汇，你褒我贬，你贬我褒，彼此疏远，共同建构分歧型话语立场。

（74）每天快乐的老男孩：处理不公！（文登事件，2015 – 07 – 24　19：06）

（75）繁星耀海夜归舟：警方的判决很公平，双方互约都受到惩罚。你有意见啊？［哈哈］//@点子正：糊涂警乱判明白案［弱］（文登事件，2015 – 07 – 24　19：43）

例（74）根据上下文语境，立场主体"文登警方在线"使用的褒义词语"依法",属于正面评价。而立场主体"每天快乐的老男孩"与之互动,使用贬义词语"不公",属于负面评价,彼此疏远,共同建构了分歧型话语立场。

例(75)立场主体"点子正"对警方的评价,用了贬义词"糊涂",属于负面评价。而立场主体"繁星耀海夜归舟"与"点子正"互动,用了褒义词"公平",且用程度副词"很"修饰,属于高量值的正面评价,彼此疏远,共同建构了分歧型话语立场。

4. 情感词语、感叹语、詈骂语和诅咒语

网络热点事件文本中的情感词语、感叹语、詈骂语和诅咒语,也是建构分歧型话语立场的词汇手段。运用具有消极情感意义的词语、负面倾向的感叹语、詈骂语和诅咒语,也能实现立场表达在情感阶上的定位,是判定立场的显性标记。例如:

(76)zhuxichusu2008:文登警方对此案的处理,真的令人恶心。(文登事件,2015 - 07 - 24 19:23)

(77)流莺燕过又一夏:绝对有贪腐!真恶心!还寒心!坏警察就这样!(文登事件,2015 - 07 - 24 19:32)

(78)埃兰德尔:你们真是开了一个倒行逆施、影响极坏的案例,严重助长了某些人的嚣张气焰,不亚于当年的彭宇案。愤怒,悲痛!(文登事件,2015 - 07 - 24 19:35)

(79)tthhqq:无语!(文登事件,2015 - 07 - 24 19:46)

(80)浊世镯:呸!(文登事件,2015 - 07 - 24 18:58)

(81)有闲置衣物出:哎! (毕福剑视频事件,2015 - 08 - 09 17:30)

(82)湘军醉疯子:靠! (毕福剑视频事件,2015 - 08 - 09 17:17)

(83)孔小麦:臭傻逼,真他妈给公安丢脸。(文登事件,2015 - 07 - 24 19:58)

(84)公知鼻祖康有为:草泥马! (文登事件,2015 - 07 - 24 18:20)

(85)暂态到稳态:草你妈逼警匪勾结。 (文登事件,2015 - 07 - 24 19:23)

（86）兔子醒来发现乌龟也睡着了：昧心的条子<u>死全家</u>。（文登事件，2015 – 07 – 24　18：32）

例（76）情感词语"恶心"，例（77）情感词语"恶心"、"寒心"，例（78）情感词语"愤怒"、"悲痛"，例（79）情感词语"无语"，例（80）叹词"呸"，例（81）叹词"哎"，例（82）詈骂语"靠"，例（83）詈骂语"臭傻逼"，例（84）詈骂语"草泥马"，例（85）詈骂语"草你妈逼"，例（86）诅咒语"死全家"。这些语词，传递了消极的情感态度，拉大了人际距离，表达负面情感立场。与互动的微博立场主体建构了分歧型话语立场。

5. 转折关联标记

逻辑连词与话语立场密切相关，也是呈现评价立场的一种方式。汉语信息传递是语义重心在后，转折词语之后传递的信息才是发话人的重点，转折关联标记是汉语立场判定的语境化线索。微博文本中常用"然而"、"但是"、"其实"、"实际上"等逆接词语表达立场分歧，建构分歧型话语立场。例如：

（87）大风歌095：单是从散布反共反华言论、私藏仿真枪、公开散发个人信息、公开威胁恐吓、长期骚扰等的罪状，数罪并罚，就足够判几年刑的了，更何况还存有境外支持颠覆活动的问题。<u>然而</u>，文登警方不但不去侦破这些案情，竟然还冒天下之大不韪，把案情轻描淡写各打五十大板，这令人不得不怀疑，警方内部是否收到好处？（文登事件，2015 – 08 – 01　12：39）

（88）自由与公正：爱国真是个任人槽蹋的小姑娘，<u>但</u>爱国绝对不是挡箭牌！法律尊严必须维护！（文登事件，2015 – 07 – 26　12：11）

（89）青青儿啦：虽然很喜欢老毕，<u>但是</u>作为一个公众人物应该对自己的言行负责，毛主席毕竟是一代伟人，解放中国，他的功过岂是我们能妄论的？（毕福剑视频事件，2015 – 08 – 09　18：17）

（90）司马平邦：文登的侯聚森事件之最大问题，<u>其实不是</u>纳吧梁某某等4人拿钱后跨省对侯聚森行凶，<u>而是</u>拥有执法权的文登警方违法执法，本人曾公开对庆安警方处理袭警事件表示过支持，<u>但</u>此次文登警方的作为令人怒不可遏。（文登事件，2015 – 07 – 25　23：38）

（91）云中无俗韵：按文登警方的逻辑，只要被害人敢还手，那么杀人案也是约架。这实际上偏袒了犯罪分子，打击了守法良民。这能要一个国家的命。//@书香满心：别人持械打上门去，最后处理结果竟然是"约架"同责［怒］//@洪国荃：@文登警方在线@威海警方在线　这是理性的分析，最透彻的观点，你们的处理错误而无耻！（文登事件，2015 - 07 - 27　22：09）

例（87）转折连词"然而"后传递的才是微博作者的信息传递的重点，负面评价了文登警方，与"文登警方在线"共同建构了分歧型话语立场。

例（88）转折连词"但"后内容"爱国绝对不是挡箭牌！法律尊严必须维护"是评价的重点，与相关对立言论的微博作者建构了分歧型话语立场。

例（89）转折连词"但是"后传递的才是微博作者主要的看法观点，评价的内容是"作为一个公众人物应该对自己的言行负责，毛主席毕竟是一代伟人，解放中国，他的功过岂是我们能妄论的？"，立场主体"青青儿啦"与支持老毕的微博文本进行互动，共同建构了分歧型话语立场。

例（90）用"其实不是"、"而是"关联标记表达立场，"而是"后的评价内容"拥有执法权的文登警方违法执法"是信息重点。一方面否定了"纳吧梁某某等4人拿钱后跨省对侯聚森行凶"是最大问题的观点，另一方面肯定了"拥有执法权的文登警方违法执法"才是文登的侯聚森事件最大的问题。作者与互动方立场不一致，建构了分歧型立场。

例（91）用"实际上"，突出了微博作者"云中无俗韵"的主要观点是警方"偏袒了犯罪分子，打击了守法良民"，这样与"文登警方在线"言论立场偏离，共同建构了分歧型话语立场。

可以看出，在微博文本中，转折连词后的信息内容是作者传递的不同声音。用"实际上"、"其实"是对对方的论断进行修正、更正、补充，凸显与对方立场的不一致，从而建构分歧型话语立场。

6. 反预期副词

反预期是评价意义的一种激发手段，网络热点事件微博文本中的反预期副词，如"居然"、"竟然"、"反而"等，也能传递说话人的立场、观点或态度。反预期可以说是作者或说话人建构分歧型话语立场的一种词汇手段。例如：

（92）within 三国：NB，这案子居然都能这么判，山东太牛B了！文登太 NB 了！你们太 NB 了！（文登事件，2015 - 07 - 24　19：41）

（93）人贱人爱黄大腔：评论里居然有自干五和五毛威胁要杀警察，赤裸裸的恐怖主义和黑恶势力的本质暴露无遗，应当侦查，清算！（文登事件，2015 - 07 - 24　21：10）

（94）我是 HRD 豆爸：【饭局饭局，吃个饭就是个局】饭桌上的说笑而已，竟然被有心计的人，偷拍视频上传，真的是龌龊！（毕福剑视频事件，2015 - 04 - 08　21：57）

（95）迎风飘舞海盗旗：祝新华对纳吧的恶行不置一词，反而以正能量爱国主义做掩护，指摘爱国者，充分说明公知自由派分子本身就是纳粹性质的一个邪恶团伙，他们就是纳吧的真正拥护者。我一直说民主不是我们搞臭的，恰恰是他们自己搞臭的。（文登事件，2015 - 08 - 03　19：18）

例（92）、例（93）都用了副词"居然"，例（94）用副词"竟然"，例（95）用副词"反而"，都传递了微博作者反预期的态度。作者与互动的历史文本中相关立场主体的立场、观点和态度发生偏离，从而建构了分歧型话语立场。

7. 对分歧型立场的支持

已知立场主体甲与立场主体乙持分歧型立场，立场主体丙对立场主体甲支持，从而与立场主体乙建构了分歧型话语立场。例如：

（96）林布谷：警察，您们这是自掘坟墓吗？　（文登事件，2015 - 07 - 24　18：19）

（97）于是吾曰：文登警方好样的，顶住压力，实事求是，结论公正，客观，严谨！处理得当，稳定了社会民心，点赞支持！（文登事件，2015 - 07 - 24　18：21）

从例（96）、例（97）可以看出，立场主体"林布谷"与立场主体文登警方建构了分歧型立场，而立场主体"于是吾曰"正面评价了文登警方，对文登警方给予支持。这样，立场主体"于是吾曰"与立场主体"林布谷"建构了分歧型话语立场。

8. 反语修辞方式

立场分析还必须结合修辞学的分析方法。反语修辞手法必须结合语境才能甄别，运用反语修辞手段也能实现分歧型立场的建构。例如：

（98）老掉牙的猫：果然是一群避实就轻的"好警察"，这是要当汉奸的节奏。（文登事件，2015 - 07 - 24   19：14）

（99）流浪的上帝 in2062：好，警方威武，今后你们文登警方被哪个歹徒砍了，到时候我给个赞似乎也没什么问题了。（文登事件，2015 - 07 - 24   19：19）

（100）用户 5669489351：恭喜威海公知安全局文登公知安全分局荣获：2015 年统战工作先进单位；感动轮子先进集体；公知点赞最多权力机关；汉奸贴心人；死磕推墙能手；吃饭砸锅专家；吃里爬外标兵；特别能和爱国青年战斗的组织；纳粹友好合作单位；社会动乱的有力推动者；践踏宪法先锋；目无党纪典范；爱国主义摧毁者。（文登事件，2015 - 08 - 15   09：17）

（101）中华公知精神病总院：有啥好说的，必须支持我大威海警方和文登警方叫板公安部，哼！//@文艺青年节主编：现在再看这条微博，各位网友还有什么想说的么？//@威海警方在线：【7·22案：得到依法处理】事实清楚，定性准确，处罚得当……7·22案，是一起普普通通的治安案件，已经处理完了。@文登警方在线（文登事件，2015 - 08 - 03   17：46）

（102）节操鸡：爱国打人无罪，戴套不算强奸。（文登事件，2015 - 07 - 24   21：15）

例（98）用反语修辞格，与称赞文登警方的相关微博互动，用正面评价语词表达负面评价，微博作者与称赞警方的网民建构了分歧型话语立场；例（99）、例（100）、例（101）都用反语修辞格，用正面评价语词表达负面评价，与"文登警方在线"互动建构了分歧型话语立场；例

（102）用反讽修辞格，用复述对方话语的方式讽刺对方言辞的荒谬，是负面评价，与"文登警方在线"建构了分歧型话语立场。

9. 微博表情符号

前面已经提及了微博表情符号，指出积极意义的微博表情符号一般实现一致性话语立场。微博表情符号可以单独使用，也可以与文字配合使用。下面我们看消极意义的微博表情符号是怎样实现分歧型话语立场的。例如：

（103）传说中的路过：👎👎👎👎👎👎（文登事件，2015 - 07 - 24　19：56）

（104）御码头202：混账东西！恶心之极！👎（文登事件，2015 - 07 - 24　19：51）

（105）AudreyBlume：呸！👎（文登事件，2015 - 07 - 24　19：52）

例（103）、例（104）表情符号对应的中文意义是［弱］，表达消极的情感评价；例（105）表情符号对应的中文意义是［鄙视］，表达消极的情感评价。这些表情符号表达了微博作者愤怒不悦的感情，是建构分歧型话语立场的表达手段。

（三）微博文本中的中立化立场及其实现手段

中立化立场即立场主体对立场客体不发表看法和态度，这样保持与另一立场主体不结盟，也不疏远的状态。在网络热点事件文本中，网友以参与者角色介入话语，很少是超然的旁观者，因此中立化立场话语非常少，且中立化立场往往被看作是具有一定否定倾向的。例如：

（106）用户5486052151：如果饶恕，也无意见。如果严惩，也不反对。（毕福剑视频事件，2015 - 05 - 19　09：31）

（107）热气青年3代：我不表态也不转发，反正既然姚贝娜家人不追究，其他人也别纠缠了。（姚贝娜事件，2015 - 01 - 18　15：19）

（108）文啦：我是来看评论的……（文登事件，2015 - 07 - 24　20：49）

持中立化立场，客观、中立、不带任何个人偏见。从"立场三角"理论来看，是立场主体对另一立场主体的原创微博观点态度不予评价，在情感和认识上也不予定位。即一方评价/定位处于缺位的状态，这种不介入的方式无所谓结盟和疏远，互动也就难以持续下去。因此，持中立化立场通常的表现是不嵌入态度，或不予互动，甚至关闭微博。

总之，立场表达具有多种语言实现手段。在微博文本中，作者采取不同的态度定位，或表达群体的归属感，或者与某一群体划清界限。但需要特别说明的是：立场共建与立场分离是相对的，说话人在与一方建构一致性话语立场的同时，也与另一方建构了分歧型话语立场，反之亦然。因为语境的多样性，某一语言手段在不同语境中可以具有不同的立场功能。因此，上述研究只是站在一定的角度上的描述，也是相对而言的。

四 "文登7·22事件"的立场研判与舆情引导

2015 年 7 月 22 日，文登侯聚森被群殴事件发生后，引发网友关注。政务微博"文登警方在线"于 2015 年 7 月 24 日 17：58 发布长微博《公安机关依法对"7·22"涉案人员作出处理》，以"约架"、"治安事件"定性拘留当事人双方，引发共青团、自干五等爱国群体的反对。例如：

（109）共青团中央：关注［话筒］不能让施暴者逍遥法外！@山东共青团：【关注！爱国青年被网络暴民群殴】有网友反映：威海青年@侯聚森—侧卫36 因为发表爱国言论被网络暴民堵在校门口群殴。在此之前，已有人冒他之名发表不法言论，现在又被施以暴力！爱国，竟成了被阴暗力量迫害的理由？［吃惊］施暴者必须受到法律惩处。侯聚森，你不孤单，我们都在你的身旁！@威海警方在线（文登事件，2015 - 07 - 22 17：43）

（110）懒羊羊心太软：受害人成约架的了，超恶心！［吐］［吐］［吐］（文登事件，2015 - 07 - 24 18：05）

（111）高会民：威海市公安局文登分局对涉案双方人员作出行政处罚决定：其中，对侯某某处以行政拘留十日。说好的"爱国青年"呢？抄送@共青团中央@山东共青团，关注：#网络爱国青年校

门口被群殴#（文登事件，2015 - 07 - 24　18：27）

在互动中，共青团、自干五等爱国群体的微博谴责、质疑、挑战文登警方，与文登警方建构了分歧型话语立场。接着，公知等网络大 V 参与微博评论，赞成文登警方依法处理，与文登警方建构一致性话语立场，同时也与共青团建构了分歧型话语立场。例如：

（112）五岳散人：这里点赞这么少啊？各位，帮忙给秉公执法的警察点个赞嘛。一起来。（文登事件，2015 - 07 - 24　20：02）

威海警方通过政务微博"威海警方在线"发声，支持下属文登警方，挑战共青团中央官方微博。例如：

（113）【7·22 案：得到依法处理】事实清楚，定性准确，处罚得当……7·22 案，是一起普普通通的治安案件，已经处理完了。@文登警方在线（文登事件，2015 - 07 - 26　08：41）

这样，威海警方与文登警方建构了一致性话语立场，与共青团中央建构了分歧型话语立场。文登事件引发媒体"大撕逼"，媒体立场分化。微博舆论场上，文登警方的支持者和反对者，侯聚森的支持者和反对者各执一词、相互抨击。

公安部及时发布这条微博，网页链接了中国青年网评论员刘塍岳的时评《清除网上黑恶势力事关国家安全》，富有权威性，旗帜鲜明地表明立场，引领了舆论的导向。

（114）公安部刑事侦查局：【清除网上黑恶势力事关国家安全】类似于"纳吧"的网上黑恶势力的实质是教唆青少年成为西方反华势力颜色革命的马前卒。意识形态领域的网络颠覆活动绝非一般性治安事件，社会各界要高度警惕，以必胜的信心与其进行长期性斗争，将依法治国落实到深层次和方方面面。网页链接@共青团中央（文登事件，2015 - 08 - 03　16：29）

纵观文登事件，整个舆情逐渐呈现错综复杂的态势。"随着语篇的展开，各种评价性选择互相回应产生共振效果，……这种韵律型样式建构了评价者的'立场'或'声音'，从而表明围绕共享价值而建立起来的社会团体的类型"（Martin & Rose，2005：69）。各种立场或声音在微博舆论场中整合和分化，社会团体的类型逐渐浮现出来。

因此，准确地判定立场，分析立场背后的社会团体，有助于舆情研判和舆情管控，引领舆论导向。

五　小结

本章坚持互动视角的立场研究模式，选取"7·22文登事件"和"毕福剑视频事件"两个热点事件样本，以真实的微博文本语料为基础，以"立场三角"理论为分析工具，探讨了网络热点事件文本中的立场建构问题。

从多声对话的角度来看，立场是动态的，立场是建构性的，立场是相互影响的。在网络热点事件微博文本中，众声喧哗，话语狂欢。承认、回应、支持、反对、批评、谴责、质疑、求证、修正、声明、道歉、辟谣、辩解、挑战等多种声音或立场互相关联、互相交织。立场主体之间的互动带来磋商，或支持，或反对，或补充，或修正，逐渐实现立场共建和立场分离。

立场类型有一致性立场、分歧型立场和中立化立场。一致性立场的实现手段主要有：1. 转发或分享；2. 点赞和打赏；3. 对微博文本进行正面评价；4. 使用同意标记；5. 使用情感词语；6. 重复语汇或使用褒贬色彩相同的语汇；7. 使用高量值情态词语；8. 引用或转述言论；9. 对分歧型立场的驳斥；10. 积极微博表情符号。

分歧型立场的实现手段主要有：1. 疑问、反诘与否定；2. 表示反对的词语；3. 使用褒贬色彩不同的词语；4. 情感词语、感叹语、詈骂语和诅咒语；5. 转折关联标记；6. 反预期副词；7. 对分歧型立场的支持；8. 反语修辞方式；9. 消极微博表情符号等。

需要特别说明的是，立场共建与立场分离是相对的。说话人在与一方建构一致性话语立场的同时，也与另一方建构了分歧型话语立场，反之亦然。因为语境的多样性，某一语言手段在不同语境中可以具有不同的立场功能。因此，本章的研究只是站在一定的角度上的描述，是以立场对（stance pairs）为研究单位的。

正确地判定立场，分析立场背后的社会团体及其意识形态，有助于舆情研判和舆情管控，引领微博的舆论导向。

第六章

网络热点事件文本中
当事人的身份建构

一 身份与身份建构

身份（identity）一词最初来源于拉丁词 identitas，字面意思是"同一性"。马克思认为，身份是指"人的出身、地位和资格，是人在一定社会关系中的地位"（1997：18）。陆学艺（1996：175）认为"身份是人的社会归属，是人的社会地位、法律地位或受人尊重的地位"。Bucholtz 和 Hall（2005：586）将身份定义为自我以及他人的社会定位。刘永涛（2005）认为"所谓身份，它是指你是谁？我是谁？别人认为你（或我）是谁？对这些问题给予回答就是在确定行为体（你或我）的身份"。袁周敏、方宗祥（2008）认为"身份建构是正常社会人采取相关资源以表明并且维持一个个体所有的关于他这种人是其所是"。李成团（2010）将身份建构定义为"会话者在交际中选择一定的语言手段（主要是指示语）不断地进行视点站位以呈现自我概念的言语行为"。

身份建构植根于哲学，存在静止和动态两种观点，形成了本质主义和建构主义身份观的对立。本质主义视身份为固定不变、本质先于身份存在的。而社会建构主义则持相反观点，认为身份是动态的，是在社会语境下人际互动中建构的。

身份建构一直是哲学、语言学、社会学、政治学、心理学、人类学等不同学科的研究热点（项蕴华，2009），近年来研究成果有不断增加之势。学者们从不同的视角采用跨学科的理论和方法研究身份建构问题，研究对象涵盖个人身份、团体身份、种族身份、机构身份和国家身份等层面。任育新、魏晓莉（2013）回顾、评析了身份及其建构研究的六个重要视角（身份的交际理论视角、社会心理学视角、社会语言学视角、社会文化语言视角、系统功能语言学视角、语用学视角）及其研究现状，认为应该寻求多视角的整合。

在语言学研究领域，身份建构研究成果主要集中在系统功能语言学、批评性话语分析和语用学研究等方面。比较重要的文献有，Halliday 和 Hasan（1985：11）把语篇中的身份概念看作既是产品又是过程，注意到了身份建构的静态性与动态性特征。李战子（2005）指出身份是在不断变化的，语言是建构身份的主要手段。Bethan Benwell 和 Elizabeth Stokoe（2006）合著出版了《话语与身份》（*Discourse and Identity*）。Bednarek（2010：237—266）提出将语料库语言学与系统功能语言学结合起来，研究语言中的性别身份体现特征。李茹（2008）论述了语言选择与身份的维护、语码转换与身份建构、语言选择与身份建构的多元化。高一虹（2009）指出：语言和社会因素之间并不完全是先在的、相互独立的线性因果关系，而是相互建构的关系。李成团（2010）探讨了指示语的视点定位与身份建构。袁周敏（2011）考察了称呼语的身份标记功能。尤泽顺（2011）运用批评性话语分析理论研究了国家身份的建构。徐静（2011）研究多模态语篇互动过程中不同模态是如何共同建构各主体身份及背后隐含的权势关系。夏丹、廖美珍（2012）考察了民事审判中人称指示语的身份建构功能。袁周敏（2012）探讨了自称语的身份建构及元语用特征。王雪玉（2012）考察了庭审交际中机构身份的话语建构。袁周敏（2013）指出需要从会话结构层面动态地分析身份建构的语言表现和工作机制。

可见，当前语言学的研究成果主要集中在对人称指示语、称呼语、自称语、模态语篇的身份建构考察，对身份建构的语言形式的描写明显不够。对自然语料，特别是对互动性强的微博文本的考察更是非常欠缺。

因此，从评价的维度考察网络热点事件文本中当事人身份范畴的动态建构，具有方法论的意义。本章拟运用新韩礼德学派马丁（Martin）的评价理论，结合多个热点事件的微博文本，对微博舆论场中当事人身份的动态建构进行微观层面的分析，寻找身份范畴建构背后的评价主体、评价动机与选择，以期更好地认识和把握微博舆论场的舆论生态，加强微博舆论场的引导。

二　范畴理论与身份建构

　　范畴是事物在认知中的归类，范畴化就是采取分析、判断、综合等方法把不同的事物归为同一类别的过程。范畴化是人类高级认知活动（思维、语言、推理、创作）中一种最基本的能力，范畴化的结果是形成抽象的心理构建（mental construct）。

　　认知活动涉及认知主体和认知客体。范畴是认知主体对外界事体所作的主观概括，是以主客体互动为基础对事体所作的归类（王寅，2006：91）。范畴化理论经历了从古典范畴理论到家族相似性理论、再到原型范畴化理论的发展过程。古典范畴理论认为，一个事物，要么属于一个范畴，要么不属于这个范畴，中间不存在边缘性的可能。原型范畴理论认为，范畴中的成员的地位是不平等的，每个范畴都有自己的典型成员，也有边缘成员（克罗夫特，2006：77）。兰盖克指出，原型是某一范畴的典型例子，其他成分是由于它们与原型的相似而被吸收到该范畴中来（参看束定芳，2008）。范畴在认知上是围绕原型组织起来的模糊的集合，事物是通过与原型的相似而被赋予成员资格的，它们之间的疆界不是泾渭分明的，而是模糊的。

　　典型成员是拥有某一范畴属性最多的成员，跟原型相似性最多，边缘成员是拥有某一范畴属性较少的成员，跟原型相似性最少。但由于相似性是个很难把握的心理概念，具有主观性和程度性，范畴会随着人们的不同经验而变化。某事物可能是某些人划分的范畴内典型成员而在其他人划分的范畴内的非典型成员。同样一件事情，掺入了感情等评价色彩后，所属的范畴就不一样了。这说明了有些事物实际上并没有固定或内在的范畴，重要的是人们如何来看待和区分这些事物。因此，人们心理动机、价值观念、意识形态等不同，范畴的实体化也就不同。

　　人们常常把自己或他人放到某个类别之中，赋予一种标识进行称谓，这就是身份范畴化。原型范畴理论为身份范畴建构提供了理论阐释。身份范畴也是一个原型范畴，也有典型成员和边缘成员之分。此范畴和彼范畴并没有截然的界限，受到认知主体因素和语境的影响，同一事物可以归入此范畴，也可以归入彼范畴。微博文本中的身份范畴是网友在互动中动态建构的，不同网友在线建立的范畴有时一致，有时不一致，具有多元化的特点。

三　评价理论与身份范畴建构

当前学界从语言学视角探讨身份范畴建构，主要关注人称指示语（李成团，2010；夏丹、廖美珍，2012）、称呼语（袁周敏，2011）、自称语（袁周敏，2012）、模态语言（徐静，2011）的身份标记和定位以及背后隐含的权势关系，而对评价语言资源在身份范畴建构中的功能关注较少。事实上，身份范畴是在话语进行评价的过程中被塑造和建构起来的。

何谓评价？系统功能学派语言学家汤普森指出，评价是"所有语篇意义的核心问题，任何对语篇中有关人际功能的分析必然涉及评价……评价是指说话者对事物（如人、事件、行为……观点等）的看法，通常有好坏之分，也有强弱之别"（Thompson，1996：65）。评价是"说话人或写作者对他（或她）正在讨论的实体或命题所表达的态度、立场、观点或感觉的概括性术语，这种态度可能涉及确定性、义务、优点或任何其他价值"（Thompson & Hunston，2000：5）。

Martin 等人在此基础上创立了评价理论（Martin，2000；Martin & Rose，2003；Martin & White，2005），这是在韩礼德系统功能语言学关于人际功能的基础上发展起来的一个词汇语法框架，填补了传统系统功能语言学对赋值语义研究的不足，是系统功能语言学对人际功能的深化和拓展。Martin 等人对评价理论的解释是，"评价理论是关于评价的，即语篇中所协商的各种态度、所涉及的情感的强度以及表明价值和联盟读者的各种方式"。

Martin 将英语的评价系统分为态度、级差和介入三个子系统，其中态度子系统涉及态度的种类，有正面评价和负面评价之分。在形式上，有显性评价和隐性评价之别。级差子系统涉及态度的强烈程度，大多数评价都可根据强弱程度分级，可分为高值、中值和低值。介入子系统涉及态度的来源，也就是态度来自什么人的问题，主要有自言（单声）和借言（多声）。

评价语言不仅传递信息，而且也是身份和立场的标记，是建构身份范畴的一种手段。基于建构主义的身份观，借鉴评价理论，我们可以深入探讨微博舆论场中，当事人的身份范畴是如何通过态度、级差和介入等评价资源在互动磋商中建构起来的。

四　网络舆论场中当事人身份范畴的多元化建构及其张力

　　网络舆论场是一个众声喧哗的巨大声场，既活跃着许多主流媒体法人微博，又活跃着许多有着庞大粉丝群的网络意见领袖，更有着数量巨大的网民。在网络热点事件出现之后，各主流媒体法人微博、网络意见领袖和网民竞相发声，各种观点相互碰撞、相互交锋，多种声音相互关联、相互交织，支持、反对、批评、谴责、质疑、假设、回应、求证、修正、补充、声明、辟谣、辩解、挑战、道歉、理解、包容等声音一时俱来，叠加呈现，在复杂的微博互动中建构着当事人的身份范畴，推动着微博舆情的发展演变。

　　比如，在 2013 年"夏俊峰被执行死刑"的网络热点事件中，围绕当事人夏俊峰的身份范畴，微博舆论场观点的对立现象十分明显。沈阳中院官方微博和主流媒体法人微博称其为"故意杀人罪犯"，而不少网络意见领袖和网民却将其誉为"英雄"、"抗暴英雄"（见表 6—1）。

表 6—1　　　　　　　　　夏俊峰案中的当事人身份范畴

发话人	身份范畴	微博文本中的评价语言举例
政务微博和媒体法人微博	故意杀人罪犯	（1）经最高人民法院核准，故意杀人罪犯夏俊峰今日被依法执行死刑。（沈阳中院官方微博） （2）据最高人民法院刑一庭负责人说，在杀人现场发生的冲突中，夏俊峰与申凯、张旭东双方均有责任，不足以减轻夏俊峰的罪责，且夏俊峰持刀杀死二人并致无任何责任的张伟重伤，罪行特别严重，无法定从轻处罚的情节，对其判处死刑立即执行是适当的。（《法制日报》媒体微博）
部分网络意见领袖	英雄、非死刑犯	（3）湖南有个青年不过卖些盐，被百般欺压，就拎了两把刀去杀了税官，抢了十几支枪。这个青年，叫贺龙。大约同时代，一名男孩子因当地大户打死了伙伴，提着大刀抢了粮仓，他叫彭德怀。今年，一名商贩因不满城管殴打，杀两名，被判死刑，他叫夏俊峰——如果你早生 70 年，弄不好也能当个元帅。（李承鹏新浪微博） （4）沈阳小贩夏俊峰若真的最终被处死，则民心死矣。对底层严刑峻法、对官员宽仁厚德，民心不死于苛政，而最终死于不公。（五岳散人新浪微博）

发话人	身份范畴	微博文本中的评价语言举例
部分网民	英雄、人民英雄、抗暴英雄	（5）在他们眼里你是死刑犯，在百姓心里你是英雄，是元帅，夏俊峰你无罪!!（雅安王文丽新浪微博） （6）沉痛悼念人民英雄夏俊峰同志!（进京务工青年陈超新浪微博） （7）抗暴英雄夏俊峰，虽死犹荣!（闫振丰新浪微博）

　　在 2013 年"重庆不雅视频"事件中，对于当事人赵红霞的身份范畴，微博舆论场中同样是争论不休。"从犯"、"受害者"、"反腐英雄"等对比鲜明的身份范畴加诸同一个当事人身上（见表 6—2）。

表 6—2　　　2013 年"重庆不雅视频"事件中当事人的身份范畴

发话人	身份范畴	微博文本中的评价语言举例
媒体法人微博和政务微博	从犯、不雅视频女主角、嫌疑人	（1）不雅视频的女主角赵红霞等人涉嫌敲诈案，因涉及个人隐私，不公开审理。（人民网法人微博） （2）我们可以理解那种对贪腐受到应有惩治拍手称快的心情，然而由此就将赵红霞称作反腐英雄，委实有违法治精神。从目前披露的案情看，赵红霞事先没有反腐动机，事后没有举报行为，只为获得所谓"服装销售奖"，就参与对官员的色诱和敲诈，难逃违法嫌疑。（新华网腾讯微博） （3）昨天下午，重庆市渝北区人民法院对肖烨等 6 人敲诈勒索案一审公开宣判，主犯肖烨获刑十年，从犯赵红霞、谭琳玲等 3 人被判缓刑。（公正肇庆新浪微博）
部分网络意见领袖	英雄、反腐先锋、反腐斗士	（4）一个女孩名叫红霞，她的故事耐人追寻，她不是党员，她却一个人在前线战斗，深入狼穴反腐，"一不留神"睡了 11 位重庆高官，成反腐先锋。成为 2013"感动中国"第一人。她就是"中国脊梁"反腐先锋——赵红霞同志!（杜芝富新浪微博） （5）不管黑猫白猫，抓住老鼠就是好猫，不论你用什么手段，抓住共产党内部败类就是百姓心中的英雄，赵红霞你是百姓心里的大英雄。（金子1963来了新浪微博）
部分网民	受害者、帮凶、卖淫女、色情女公关	（6）她纯属被胁迫的工具和受害者。（西海渔樵新浪微博） （7）赵红霞不构成敲诈勒索，最多只能算是最外围的帮凶而已。（中基404肥鹰新浪微博） （8）赵红霞无非是受商人胁迫，被用于色诱官员的诱饵，成功色诱一次只能得到很少的报酬，和此后商人与官员的交易所得并不成比例，充其量就是个卖淫女。（周蓬安新浪微博）

续表

发话人	身份范畴	微博文本中的评价语言举例
赵红霞及其辩护律师	受骗者、从犯	(9)"我太单纯了,太看重感情了"。(《南方日报》腾讯微博) (10)赵红霞是性贿赂的工具;同时也是参与以色相贿赂,积极参与共同敲诈不义之财的犯罪嫌疑人。她的犯罪地位应是敲诈勒索案的从犯,会获得从轻处理。(陈有西新浪微博)

2013年12月5日,南非前总统曼德拉去世,近百位国家元首和组织代表出席了曼德拉追悼会。与"曼德拉逝世"相关的话题,一时成为微博舆论场关注的热点。网民们基于不同的立场和视角,赋予曼德拉不同的身份范畴,有人说他是"伟人"、"反种族隔离英雄",而有人却说他是"独裁者"、"政治犯"(见表6—3)。

表6—3　　　"曼德拉逝世"相关话题微博中的当事人身份范畴

发话人	身份范畴	微博文本中的评价语言举例
官方微博	伟人	(1)"生命中最伟大的光辉不在于永不坠落,而是坠落之后总能再度升起"。世纪伟人,一路走好!(新华社新华视点微博)
大多数网民	英雄、反种族隔离英雄	(2)他不但是南非人民的英雄领袖,更是地球上每一个有梦想的人类的光辉榜样。(张永腾讯微博) (3)今天是曼德拉丧礼的日子,让我们共同缅怀这位伟大杰出的反种族隔离斗士,他是当今绝无仅有的一位真正世界英雄。(Sadnes腾讯微博)
部分网络意见领袖和网民	自由斗士、民主斗士	(4)国内哀悼曼德拉,国内制造曼德拉。(法大何兵新浪微博) (5)全世界国家都在向自由、民主、富强发展!只有社会主义国家在想着怎么专制、霸权、鱼肉百姓!再怎么装,本质里还是一个婊子!早晚得玩完!向曼德拉致敬!向黄家驹致敬!(设计师咔卡Bing新浪微博)
部分网民	独裁者、政治犯	(6)他不仅不是道德楷模,而在很多时候跟世界上臭名昭著的独裁者站在一起,成为邪恶的同盟。(资深民工腾讯微博) (7)中国真正需要的不是曼德拉,而是德克勒克。曼德拉在哪国都不缺——中国监狱里住的政治犯还少么?而德克勒克却出现得很少。(熙宁说史腾讯微博)

通过对上述网络热点事件的考察可以发现,由于微博舆论场各个认知主体和动机的复杂性,事物本身属性的多样性,范畴疆界的模糊性,通常会导致一个当事人被建构出多重身份范畴,而且各种身份范畴之间有着明显的张力。

五　从评价系统看微博舆论场中
当事人身份范畴建构

在微博舆论场中，当事人的身份范畴是由各个具体的微博文本动态建构出来的。但每一个微博文本的背后，都是一个具体的人，或为媒体法人微博，或为网络意见领袖，或为普通网民。每个人都作为一个评价主体（立场主体），基于不同立场、动机、情感和诉求，以具体的微博文本为手段，用话语构建着各自评价系统中认为"应当如此"的"当事人"。

（一）态度子系统与身份范畴建构

态度子系统涉及微博作者评价立场的站位和态度的种类。对于处于社会事件语境中的当事人，微博作者自由发声，接力式地参与转发和评论。他们动态地选取含有显性或隐性评价意义的语言资源，或表达正面评价（赞美和褒扬），或表达负面评价（批评和谴责）。在网民彼此态度的互动磋商中，当事人的身份范畴被塑造和建构出来。例如：

> （1）她以身体为武器，数十年如一日，默默奋战在我国反腐隐蔽战线，她以顽强的意志，惊人的体力，阻击了敌人一次又一次的疯狂进攻，最终一举歼灭多名贪官，并冒着生命危险拍下了战争场面，为我军清理顽敌立下汗马功劳。她，就是 cctv "感动中国"年度人物，中纪委"反腐英雄"赵红霞同志。（张先生腾讯微博）
>
> （2）赵红霞是一个爱慕虚荣，用自己的身体来换取财富的一个女人，她只是肖烨利用的棋子，也是雷政富等人泄欲的工具。但是，她绝对扯不上"反腐英雄"。（北极苔腾讯微博）
>
> （3）赵红霞事先没有反腐动机，事后没有举报行为，只为获得所谓"服装销售奖"，就参与对官员的色诱和敲诈，难逃违法嫌疑。（新华网法人微博）

"反腐英雄"具有［＋有本领］、［＋勇敢］、［＋顽强］、［＋斗争］、［＋为人民利益］、［＋反腐动机］、［＋反腐行为］、［＋反腐效果］、［＋令人钦敬］、［＋人］等语义特征，具有全部特征的是最典型的"反腐英雄"范畴。网民在身份范畴建构过程中，根据这些特征对当事人进行评价，彼此磋商，动态建构。

上述例（1）"数十年如一日"，隐性评价其［＋顽强］，"默默奋战"显性评价其［＋斗争］，"顽强的意志"显性评价其［＋顽强］，"惊人的体力"显性评价其［＋有本领］，"阻击了敌人一次又一次的疯狂进攻"、"一举歼灭多名贪官"显性评价其［＋斗争］、［＋有本领］、［＋反腐行为］、［＋反腐效果］，"冒着生命危险"显性评价其［＋勇敢］，"汗马功劳"显性评价其［＋反腐效果］，"感动中国"显性评价其［＋令人钦敬］，都是正面评价，用了大量的赞美语汇，建构了当事人的"反腐英雄"身份范畴。

例（2）"爱慕虚荣"、"自己的身体来换取财富"显性评价其［－为人民利益］，"棋子"、"工具"隐性评价其［－反腐动机］、［－令人钦敬］，都是负面评价，用了大量的批评语汇，否定了当事人的"反腐英雄"身份范畴。

例（3）"没有反腐动机"显性评价其［－反腐动机］，"没有举报行为"显性评价其［－反腐行为］，"服装销售奖"加引号，且用"所谓"修饰，显性评价了其［－为人民利益］，"色诱"、"敲诈"显性评价其［－反腐行为］、［＋犯罪行为］、［－令人钦敬］，"违法"、"嫌疑"显性评价其［－反腐行为］、［＋犯罪行为］，都是负面评价，用了大量的批评语汇，否定了当事人的"反腐英雄"身份范畴，建构了当事人的"罪犯"身份范畴。

值得注意的是，"反腐英雄"这一身份范畴，既与法律对当事人的界定不相符合，也与社会公序良俗有所背离。传播者用了大量的正面评价语言来维护和建构，是因为赵红霞具有反腐英雄的一些特征。反腐效果特征得到彰显，动机、行为特征却被忽略，还有一些特征是被微博舆论场重构的。

随着不雅视频事件的动态发展，微博舆论场中的赵红霞经历了身份范畴的一系列变革：由受害者、色情女公关、性贿赂者到被网民捧红的反腐英雄，再到法律制裁的罪犯。赵红霞的多种身份范畴的动态建构，恰好印证了相邻范畴不是截然分明的，而是疆界模糊的。

（二）级差子系统与身份范畴建构

级差子系统涉及评价的强弱程度。态度不仅可以按程度分级，也可以按典型性分级。网民根据身份建构的需要，选用高值、中值、低值等词汇语法手段，在量的维度上对评价进行定位。

网友建构赵红霞的"反腐英雄"身份范畴，在对其［＋有本领］、［＋勇敢］、［＋顽强］、［＋斗争］、［＋为人民利益］、［＋反腐动机］、［＋反腐行为］、［＋反腐效果］、［＋令人钦敬］等特征进行评价时，选用的都是表示高值的词汇语法手段。可以是态度词语本身赋级，如评价其［＋斗争］，选用态度词语"奋战"，量值就高于"战斗"、"斗争"。也可以是词语组配赋级，如评价其［＋反腐效果］，"汗马功劳"的量值就高于"功劳"；评价其［＋令人钦敬］，"感动中国"的量值就高于"感动"。

为了增加或降低所建构身份范畴的典型性或确切性，可以用一些修饰语汇，如"纯属"、"不折不扣"、"貌似"、"似乎"等。如"她纯属受害者"增加了"受害者"范畴的确切性，属于高值评价；"她是不折不扣的帮凶"增加了"帮凶"范畴的典型性，属于高值评价；"她貌似反腐英雄"降低了"反腐英雄"的典型性，属于低值评价。

在微博舆论场中，采用高值评价，能巩固所建构身份范畴的地位，最大限度地把其他网友拉入该立场而彼此结盟，扩大身份范畴的重叠或交集。反之，采用低值评价，则允许有其他声音的存在，扩展对话空间，身份范畴之间的交集会减少。

此外，微博文本中评价意义是累积性的，评价强度与评价密度相关。微博转载数和评论数越多，附和越多，身份范畴的一致性越大，评价强度也越大，就越能巩固相关身份范畴的地位。反之，会削弱相关身份范畴的地位。

（三）介入子系统与身份范畴建构

介入子系统涉及评价源头，也就是谁的态度的问题。微博文本中源头众多，互文性强，立场态度介入的方式灵活多样，异常复杂。不同的评价源头在身份范畴建构过程中的地位和作用是不同的。微博用户有三种类型：意见领袖、普通草根用户和官方微博用户。官方微博用户分为媒体官方微博和政务微博。官方微博和意见领袖微博具有话语权和影响力，其转载和评论数多，是传播的重要节点，在当事人身份范畴建构中处于重要的地位。

根据态度归属是专家学者还是普通网民，当事人的身份范畴有民间范畴和专业范畴两类。民间范畴由普通网民在线建构，依据的是部分特征相似，通常是放大当事人部分特征而忽略其余特征。比如赵红霞的"反腐英雄"身份范畴、夏俊峰的"英雄"身份范畴等。法律专家赋予的身份范畴为专业范畴，依据的是专业标准，对成员资格有必要条件和充分条件。比如赵红霞的"从犯"身份范畴、夏俊峰的"杀人犯"身份范畴。

一般来说，权威声音比较容易得到网民的共鸣，与网民声音存在更多的重叠或交集，从而建构起一致的身份范畴。但在微博舆论场中，也会受到其他各种杂音和噪声的挑战，网友们对当事人进行评价和定位，在一致性立场和分歧型立场的动态分化中，建构起不同类型的身份范畴，使得当事人的身份范畴呈现多元化格局。

六　身份范畴建构的选择性与动机

从文本生成的角度来看，一方面身份范畴通过评价语言去维护塑造动态建构；另一方面身份范畴的确立，为微博传播者叙述和评价奠定了基调，身份范畴化本身也是评价。从文本理解的角度来看，洞察身份范畴背后的动机以及传播者的身份范畴化策略，有助于正确地解读文本中的立场和评价意义。

在舆论热点事件中，微博作者意识形态不同，心理动机、价值观念等不同，为了把当事人予以身份范畴化，往往择取某些特征而忽略其他特征，因此在评价过程中塑造和建构的当事人身份范畴也就不同。可以说，范畴以评价的方式被选择和塑造，从而能够使他们特定的特征达成某种目的。当事人身份范畴的选择，是评价者立场、态度和诉求的选择，背后隐藏着评价者深层次的原因。

（一）官方微博站在记录者视角，在其评价中往往缺乏鲜明的赞美褒扬或批评谴责，评价强度多为中值

官方微博对事件的报道是客观的、规范的、忠实的。官方微博采用记录者视角平实报道，比如对于赵红霞身份范畴，用了"不雅视频女主角"、"色诱官员的女主角"、"性贿赂提供者"等语汇建构。态度比较中性，褒贬评价等态度词语一般是作为引述和转述介入的，如引用或转述法院或律师评价。记者和媒体尽量避免使用褒贬色彩强烈的词语，符合冷静、客观的事实记录者的角色，这也是媒体规避责任的一种方式。值得注

意的是，这种客观记录方式虽然符合或者接近事实本身，但在微博舆论场中，其话语权却难免被那些"语不惊人死不休"的微博文本所干扰。

（二）许多网民出于同情弱者的心态，站在为弱者辩护的角度发声

许多网民站在弱者一边，天然同情弱者，在运用评价建构范畴过程中结成盟友。在微博舆论场中，身份范畴化策略的目的就是要利用范畴来对当事人施加罪责、责骂或减少罪责。在重庆不雅视频事件中，赵红霞将自己身份范畴化为"受骗者"，是为了替自己罪行辩护。部分网民将赵红霞范畴化为"受害者"、"从犯"、"弱者"等，是为了唤起社会对无辜弱者的同情，为赵红霞洗脱罪名，或让她得到人们的理解，罪责更少。绝大多数网民将赵红霞范畴化为"反腐英雄"，是为了凸显雷政富等落马官员的"淫官"、"贪官"身份，有的还是为了使赵红霞免除法律制裁。同样，在夏俊峰案中，许多网民将夏俊峰范畴化为"英雄"，也是为了同情弱者，使夏俊峰免受法律制裁或判得更轻。

（三）不少网民借热点事件宣泄不满情绪，因情绪化而不分青红皂白地站在官方评价的对立面

当前中国正处于经济社会转型时期，各种矛盾多发和突发，网民要求反腐败，要求公平正义，有仇官仇富的心理，通过运用评价语言建构当事人的身份范畴，发泄不满情绪，表达相应的诉求。在重庆不雅视频事件中，"英雄"、"反贪巾帼英雄"、"反腐斗士"、"反腐女侠"、"反腐先锋奇女子"、"反腐红旗手"、"人民子弟兵"、"山城名媛"、"全国反腐先进个人"、"感动中国十大人物"、"伟大"、"出色"、"辉煌"、"豪迈"等正面评价语汇充斥着整个网络，赵红霞的"反腐英雄"身份范畴地位逐渐凸显。仿拟体《史记·赵红霞列传》、《打靶归来·赵红霞版》、《东方红》和《赵红霞，你在哪里》等在微博上疯狂转载与改编。微博网民过度地将赵红霞范畴化为"反腐英雄"，话语狂欢的背后，折射了公众对腐败的极度憎恶，对纪委反腐能力的强烈不满。

（四）少数网络意见领袖别有用心，借题发挥，宣扬其价值观念和政治主张

如在曼德拉身份范畴的建构中，官方、左派、右派、异见人士等各种

声音动态浮现，通过评价语言，选择性地建构了曼德拉的身份范畴。特别是有一些别有用心的人借机炒作民主自由宪政等话题，宣传自己的价值观念和政治主张。例如：

（4）曼德拉之所以成为曼德拉，是因为他一直生活在一个民主的国度；若在汉国，作为政治犯，他早已死n次了。首先感谢制度的伟大，然后才是人的伟大。（麦青腾讯微博）

（5）中国人纪念曼德拉，其实我们也有自己的曼德拉，就关在秦城监狱，高级政治犯。（汐羽_周仁文腾讯微博）

上述例（4）、例（5）中，作者意图建构曼德拉"政治犯"的身份范畴，借机宣扬西方价值理念和政治模式，对中国特色社会主义进行攻击。

七　从当事人身份范畴的多元化
看微博舆论生态及其引导

微博舆论场中当事人身份范畴的多元化。从类型来看，主要表现在官方微博和民间微博建构的身份范畴不一致，微博大V与官方微博建构的身份范畴不一致，网络大V与草根微博建构的身份范畴不一致，或重合部分很少，甚至截然相反、针锋相对。微博舆论场身份的动态性、建构性等特征，造成了微博舆论场中舆论生态的复杂性。

研究身份范畴的多元化建构，不仅要研究评价语言的肌理，而且要洞悉心智，深入动机和功能层面的探讨。运用评价理论，研究微博舆论场中当事人的身份范畴究竟有哪些类型？是由什么评价主体赋予的？分别代表了哪一类人群？这一人群有多少人？其背后的动机是什么？为什么会出现截然相反的身份范畴？这对于正确认识和把握微博舆论场的舆论生态，积极有效引导和管理微博舆论，具有方法论的意义。

第七章

评价语境与文本细读分析

一 文本分析的整体观思想

自朱德熙先生（1982：124）最早提出指称和陈述概念后，汉语学界对语言表达形态的认识不断深入。陆俭明先生（1993）提出了语言表达基本上取两种形态：指称形态（designation）和陈述形态（assertion），指称就是所指，陈述就是所谓。周国光、张林林（2003）在此基础上提出语言表达基本上取三种形态：指称形态、陈述形态和修饰形态，指称就是所指，陈述就是所谓，修饰就是所饰。指称、陈述和修饰可以互相转化。这些理论清晰地勾勒出了表述功能之间的关系及其运转机制。

我们的语言交际过程，就是交替、重复运用这些表达形态，将信息传递出去的过程。评价表达也一样，跨域指称、陈述和修饰三大范畴。无论表达态度资源的语词镶嵌于何种句法位置，处于何种表达形态，都能很好地实现评价。例如：

（1）骑兵连123：臭不要脸的文登警察，你们是哪国人？（文登事件，2015 - 07 - 24　18：27）

（2）阿依达卫浴：真是一群垃圾！（文登事件，2015 - 07 - 24　18：27）

（3）极地玫瑰：处罚很公正［good］（文登事件，2015 - 07 - 24　18：29）

（4）卖蛋地：对文登警方的客观、公正和理智点赞。（文登事件，2015 - 07 - 24　18：49）

（5）高翔 Kal - X：警察现在就是一个和稀泥的角色！！！（文登

事件，2015 - 07 - 24　18：49）

　　（6）常识大家谈：干得<u>漂亮</u>！（文登事件，2015 - 07 - 24　19：02）

　　（7）挚爱悠宝：我就想问问侯某的个人户籍信息是怎么<u>泄露</u>出来的，公安内部非法<u>泄露</u>公民信息是不是应该给个说法？（文登事件，2015 - 07 - 24　18：19）

　　例（1）评价语词"臭不要脸"处于定语位置，属于修饰范畴；例（2）"垃圾"处于宾语位置，属于指称范畴；例（3）"公正"处于状中短语"很公正"的中心语位置，属于陈述范畴；例（4）评价词语"客观、公正和理智"处于介宾短语的宾语的中心语位置，属于指称范畴；例（5）评价词语"和稀泥"处于定语位置，属于修饰范畴；例（6）评价词语"漂亮"处于补语位置，属于陈述范畴；例（7）评价词语"泄露"处于述语位置，属于陈述范畴。

　　因此，系统功能语言学认为，评价意义"处于语法的边缘，大多由词的选择来实现"。（Thompson，1996：65）新韩礼德学派马丁（Martin）等学者在传统系统功能语言学的基础上创建了评价理论，区分了小句取向的语法学和语篇取向的语义学。小句取向的语法学以小句意义为中心，篇章取向的语义学以篇章意义为中心。马丁的评价理论将评价研究从小句层面拓展到语篇层面，以篇章意义为中心，属于语篇语义学的范畴。

　　马丁的评价理论体现了文本分析的整体观思想，跳出了语法的藩篱，将评价研究引向了广阔的词汇界面，其识别语篇的评价意义，主要考察语篇中态度性词汇的分布。评价理论认为，评价资源弥漫在语篇之中，呈韵律性分布，相互叠加，相互累积，形成语篇的整体特征。评价资源之间的共鸣（共振）犹如音乐的旋律一般。

　　但是，如何准确地识别语篇中评价语汇的态度意义？必须进行文本细读分析，静态和动态分析相结合，将词汇研究、语法研究与语境研究结合起来，寻找评价与语境的系统性关联，寻找语言中严谨、和谐和简单的规律。这也是全面贯彻文本分析的整体观思想的具体体现。

二　语言形式研究与语境研究
结合的意义研究范式

坚持静态分析与动态分析相结合，且静态分析是基础。静态分析，即考察语汇的词典意义具有何种评价意义，是褒义词还是贬义词，这具有凝固性、共识性和心理默认性。动态分析，即考察在语境中动态浮现的评价意义，这可能与静态语义一致，也可能不一致。相对来说，显性评价识别较为容易，隐性评价较为隐蔽，需要通过语境推导，进行文本细读分析。

Firth（1935：37）认为"词汇的意义总是有赖于语境，脱离语境的意义研究不是真正的意义研究"。Firth（1957：11）提出了"词的意义来自与周边词搭配"的意义语境观。Halliday（1985：47）将语境分为情景语境、文化语境和互文性三个方面。情景语境和文化语境是语篇的非语言语境。Macken-Horarik（2003：317）提出评价词汇分析的四个语境层次，包括局部框架、整个语篇框架、互文框架和反互文框架。Adendorff（2004：206）提出，"由于词汇是语言中最活跃的部分，并且词汇意义处于反复磋商和改变之中，因此，只有参考语境才能确定哪个词语带有态度意义，以及是哪种态度意义"。朱跃（2006：79）将语言使用中的语境划分为：语音语境、词汇语境、句内语境、话语语境、语法语境和情景语境。胡壮麟（2009）提出评价的识别除了在词汇层、语法层和音韵层进行选择外，还包括隐喻和多模态手段。

"篇章的含义主要依赖于语境：语篇与语境相互依存，相辅相成。语篇产生于语境，又是语境的组成部分"（黄国文，1988）。语言是动态的，语言的感情色彩不仅倚赖具有褒贬色彩的词汇，还倚赖词语之间的搭配关系、词语的修饰成分以及语言所处的上下文环境、语气风格等（王治敏、朱学锋、俞士汶，2005：581—592）。Bednarek（2006）指出："语境对意义的影响，我们目前似乎仍然知之甚少，评价就是其中的一个例子。在评价中，语境的作用是非常明显的。"例如：

　　（8）Furrrrrrr97：对啊！我支持给他一个机会。一个接受铁窗生涯教育的机会。（李双江儿子打人事件，2011 – 09 – 08　14：12）
　　（9）Mcdonlang：无证驾驶撞人，还要给机会？好吧，给你一个

重新投胎的机会吧！（李双江儿子打人事件，2011 - 09 - 08　08：52）

例（8）、例（9）由于语境的补足，作者"不赞成给机会"的态度和立场才最终显示。

菲尔默（1982）框架语义学认为，"框定（framing）"这个一般性概念涉及在最宽泛的意义上将事件语境化或情境化，即将已经建立起来的框架模式跟给定的词汇或语法范畴以特定的方式联系起来。（参见詹卫东译，2003：402）许多表抽象评价的形容词，如"好"、"坏"等，对它们具体属性的解释必须依靠语境框架的知识。如"一个好妻子"、"一个好老公"、"一个好老师"等表述，其中名词（妻子、老公、老师）提供了各自的语境框架，抽象评价形容词"好"得到了具体的诠释。当我们在语篇中看到"一个好妻子"这个短语时，马上会期望在上下文发现某些情境解释（可能是温柔贤惠，可能是美丽善良等），当我们听到"一个好老公"这个评价表达时，我们马上会浮现"有爱心"、"重感情"、"有责任感"、"有事业心"等评价意义。在网络热点事件的文本中，是语言形式和非语言形式的语境线索共同构成线索链框定并建构意义。

Sperber 和 Wilson 的关联理论认为，句子的语义表征和语句实际传递的思想之间存在着空缺，填补空缺的方式在于推理，这种推理即是语言形式和语境相互作用的过程。（Sperber & Wilson，1986/1995：3—6）认知语境是"一个人在交际过程中能感知和推出的所有事实之集合"。（Sperber & Wilson，1986/1995：39）Verschueren（1999：109）指出语境是"说话人和受话人之间的，与客观外在的现实相联系的互动的动态的过程创造出来的。……相关的语境是有边界的，而且具有永久的协商性"。这是语境的动态建构观，明确了语境是在语篇的发展过程中不断地调整、不断地建构的连续过程。Gumperz 提出了语境线索（Contextualization cues）这个重要的概念，认为语境线索包括语码转换、方言转换，词汇、句法形式的选择，程式化的表达方式，开始、继续、结束会话的策略，以及重音及语调模式（Gumperz，1982：131）。周淑萍（2011：231）指出语境线索是"任何可以引导语境化假设的语言形式特征、非语言符号及可知的事实"。语境线索在文本中，主要指语言形式特征。语言形式特征在微观上表现为特定的词汇、短语、句法结构等。Lemke（1998）认为功能上单一的评价在小句、句群和整个语篇中传播，和文中其他的评价意义相重叠、相呼应。Coffin 和 O'Halloran（2006）指出，从语篇发生的角度可以研究评价的动态语境意义，语篇的评价意义是通过语篇的展开而动态建构的。Halliday 在 Malinowski 和 Firth 的语境思想基础上，把情景语境分为三个变量：话语范围、话语方式和话语基调。其中话语基调是指交际者之间的地位和角色关系（Halliday，2009：247）。Martin 的评价理论把作为情景语境之一话语基调分为权力（power）和团结一致（solidarity）两个变量，它们影响人际意义的三个系统：评价系统、协商系统和参与系统（Martin & White 2008：35）。张治（2008）认为，"语义偏移和评价性是紧密相连的，汉语的语义偏移经常发生在评价性的语境中"。"评价性语境让构式产生比较凝固的独立义，而构式义又让词汇产生语义偏移，属于连续的作用"。刘世铸（2009）指出，在不同的语境下，正向的情感可以表达负向的意义，同样负向的情感也可以表达正向的意义。王天华（2012）考察了语篇发展的四种语义元关系：确认（阶段之间通过相似评价手段产生语义证同）、对比（阶段之间通过相反的评价手段产生语义对立）、改变（阶段之间通过突变的评价手段产生语义改变）和引用评价（通过引用来表达情感和观点）。

诸如网络热点事件的微博文本，是一种多模态语篇，除文字外，还有表情符号、图片、视频等多种符号系统体现评价意义。张德禄（2012：97）指出，非语言手段实现的意义具有两种功能：一是把语言与语境联系起来，补充语言形式预设的意义；二是实现语言形式没有吸纳的意义，补充语篇的意义空缺。

综上所述，可以看出语篇这个意义单位，受到多种语境因素的制约。要准确地理解和识别评价意义，我们的研究应聚焦于文本与语境之间的互动关系而不是去语境化的结构成分。网络热点事件文本分析，语境具有开放性和动态性特点，评价意义还受社会的、历史的或文化的语境因素影响，这需要从语言层面扩展到社会、历史、文化和认知层面，将狭义的语境拓展到广义的语境。语境能帮助我们理解和识别作者或说话人的真实态度和意图，比如，肯定的、否定的、嘲讽的、反语的、戏仿的、幽默的、严肃的、疑问的、疏远的、团结的，等等。

三　语境与隐性评价意义的识别

Martin 和 White（2007）指出，态度意义表达法有两种：铭刻（inscription）和引发（invocation）。铭刻通过态度性词汇直接表达，属于显性评价手段；引发主要指正面或负面价值的间接表达，包括唤起（evocation）和激发（provocation）。这是网络热点事件文本中常见的两种隐性评价表达手段。

（一）语境与隐性评价意义的唤起

唤起主要是通过纯粹的信息内容来唤起读者的正面或负面的情感反应，是一种隐性评价手段。例如：

（10）头条新闻：#天津滨海爆炸#【现场附近发现多处白色晶体，遇水立即燃烧】记者用矿泉水浇到该物上立即燃起火苗，并伴随火星四溅，与拍摄的爆炸场景相同。逆溅的火花落在皮肤上形成小颗粒并有灼痛感。爆炸发生后，现场附近有多处类似白色晶体。遇下雨天粘有该物质的路面和建筑物可能会被引燃。（天津滨海爆炸事件，2015 - 08 - 14　15：58）

（11）头条新闻：#天津滨海爆炸#【这位结婚 12 天的消防战士走了［蜡烛］】天津爆炸事故已有 12 名消防官兵遇难，而这位牺牲的 25 岁黑龙江籍消防战士尹艳荣，刚刚结婚 12 天，妻子已有身孕。老家村民说，尹艳荣从小跟爷爷奶奶长大，家中独子，前天才从家回到部队。http：//t. cn/RL3kNLu（天津滨海爆炸事件，2015 - 08 - 13　17：42）

（12）头条新闻：#天津滨海爆炸#【天津港公安局原局长之子疑为瑞海国际股东之一】知情人士透露，瑞海国际一段时间内真实股东之一是一个叫董蒙蒙（音）的人，但未出现在股东之列。一位在天津港公安局工作数年民警说："去年董培军就去世了，董蒙蒙现在干什么谁也不清楚，大家都知道他是老局长儿子。"http：//t. cn/RL-recQZ（天津滨海爆炸事件，2015 - 08 - 17　00：09）

例 (10)、例 (11)、例 (12) 属于信息传播类微博，运用的是描述性语言，没有明显的评价意义。例 (10) 通过描述性语言唤起读者对天津滨海爆炸危害的负面的情感反应。例 (11) "25 岁"、"刚刚结婚 12 天"、"妻子已有身孕"、"家中独子" 等叙述语言，能唤起读者同情消防官兵，憎恨政府官员失职、渎职行为。例 (12) 通过描述性语言唤起读者对官二代的憎恨。这些纯粹的信息内容，唤起了隐性的负面评价。

（二）语境与隐性评价意义的激发

激发指作者通过词汇使用暗含态度，是另一种主要的隐性评价手段。网络热点事件微博文本中，激发的手段很多。

其一，运用强化手段，来激发评价意义，提升评价力度。例如：

(13) 头条新闻：#天津滨海爆炸#【遇难人数上升至 135 人，失联 38 人】截至今日下午 3 点，天津港危险品仓库爆炸事故遇难人数升至 135 人，全部确认身份。失联人数 38 人。http：//t. cn/RyvVxbS（天津滨海爆炸事件，2015 - 08 - 25　15：35）

(14) 头条新闻：#天津滨海爆炸#【现场有多少危化物？】天津市副市长何树山：现场危险品分 7 大类、40 种，主要有 3 大类，氧化物：包括硝酸铵、硝酸钾，约 1300 吨；易燃物：金属钠、金属镁，约 500 吨；剧毒物：氰化钠，700 吨左右，氰化钠已清理约 150 吨。大部分危化品仍在核心区。新浪新闻正播报发布会：http：//t. cn/RL3M7xZ（天津滨海爆炸事件，2015 - 08 - 19　16：25）

强化为激发读者作出间接判断创造条件，例 (13) 通过遇难人数的数字强化（量化）、例 (14) 通过危化物的数字强化（量化），激发了读者强烈的负面情感反应，隐性评价了政府部门的失职、渎职。

其二，运用类比手段，来激发评价意义。例如：

(15) 平瓶凭屏：国产四大爹：李刚、王军、卢俊卿、李双江。（李双江儿子打人事件，2011 - 09 - 08　15：05）

(16) 水景辰：我就是来看看！呵呵，按照你们的判法，甲午战争那是约架，中国抗战也是约架，朝鲜战争还是约架！喂，今天你约

了吗？（文登事件，2015 - 07 - 31　　11：03）

（17）武帝8006：没一个出来道歉的，整天抗日，在日本出个地震政府都出来道歉，在中国，呵呵呵（天津滨海爆炸事件，2015 - 08 - 20　　00：00）

类比主要为隐性评价提供了一个背景语境。例（15）将"李刚"、"王军"、"卢俊卿"、"李双江"相提并论，几个网络热点事件类比，激发了负面评价意义。例（16）侯聚森被殴事件被文登警方定性为"约架"，微博作者将之与甲午战争、中国抗战和朝鲜战争类比，激发了对文登警方定性不妥、处理不公等负面评价意义。例（17）与日本地震政府表现对比，激发了对政府官员不主动担责的负面评价意义。

其三，运用事实语境，激发隐性评价意义。例如：

（18）我知道你懂的：回复@梅独：他爸貌似人品也不怎么样，外表一副为人师表的忠善之人，实际呢？（李双江儿子打人事件，2011 - 09 - 08　　16：58）

（19）雾中驿站12：回复@白浪金爵家居旗舰店：你说的没错！平时看他们一身正派，其实……现在事出了！我看看他对民众有什么说辞！！（李双江儿子打人事件，2011 - 09 - 08　　14：58）

（20）dongxun赵：戴着防毒面具报道空气质量正常！（天津滨海爆炸事件，2015 - 08 - 20　　23：09）

（21）小可妈咪大天天：据说他老婆就是被他在一次火灾中救下来的姑娘，我看了报道特难过！希望宝宝平安。（天津滨海爆炸事件，2015 - 08 - 19　　00：57）

周淑萍（2011：170）认为，客观环境中的事实也可以成为语境化线索。例（18）"实际呢"、例（19）"其实"等词语，为我们理解评价意义提供了路标作用或信息导向作用。事实语境对缺省的信息进行推理性填补，激发了隐性负面评价意义。例（20）通过事实与官方说法不合，激发了隐性的负面评价意义。例（21）通过消防员英勇救人、感动姑娘的事实，隐性正面评价了消防官兵的崇高品质。

其四，运用态度触发语，激发隐性评价意义。例如：

（22）阿 7 妹呦：出事了<u>才</u>知道查［拜拜］（天津滨海爆炸事件，2015 - 08 - 21　12：51）

（23）诺爸咖啡虫：<u>才</u>厅级？呵呵，几个替罪羊而已！骗骗看新闻联播的老头老太是可以的。（天津滨海爆炸事件，2015 - 08 - 27　21：07）

（24）燕喃轩：<u>光</u>查官员，不查资本家，是放纵资本家作恶！（天津滨海爆炸事件，2015 - 08 - 27　07：26）

（25）我爱神州大地：这就是这个社会的毒瘤啊，这样的人不除，社会是不会安宁的！看来李双江也不配做一个合格的艺术家，<u>只</u>是一个培养社会毒瘤的饲养者而已！（李双江儿子打人事件，2011 - 09 - 08　17：58）

（26）回旋魔音：这<u>还</u>是人民公安？（文登事件，2015 - 08 - 04　13：20）

例（22）、例（23）副词"才"，例（24）副词"光"，例（25）副词"只"和例（26）副词"还"等，表达作者的主观评价，其本身并没有明显的正面或负面的情感意义，但能起着触发器的作用，激发了文本的负面评价意义。

网络热点事件文本中，微博作者通过唤起和激发手段间接表达评价意义，读者必须结合语境，进行细致的文本分析。

四　语境与评价的系统性关联

（一）否定与负面评价的系统性关联

汉语否定形式多种多样，在句法上，否定一个褒义词语或中性词语，是负面评价。常见的否定词语有"没"、"没有"、"无"、"不"等。例如：

（27）ForinaFan：<u>没底线</u>！（姚贝娜事件，2015 - 01 - 22　09：44）

（28）ZWA 大连光扬轴承：<u>没道德底线</u>！（姚贝娜事件，2015 - 01 - 18　05：51）

（29）知觉—殇：<u>没家教</u>！！！！！！！！！！！（李双江儿子打人事件，2011 - 09 - 08　19：17）

（30）我一直都在—：<u>没诚意</u>啊！尼玛的物价局。（青岛大虾事件，2015 - 10 - 09　15：20）

（31）董彦辉：南方系媒体无底线，<u>没人性</u>。（姚贝娜事件，2015 - 01 - 17　21：47）

（32）蓝调萨克斯风：太<u>没诚意</u>了，这样也是赔礼道歉？（青岛大虾事件，2015 - 10 - 09　15：32）

（33）丛生 DS：光道歉有什么用，消费者的问题<u>没解决</u>啊。也是醉人。（青岛大虾事件，2015 - 10 - 09　15：15）

（34）素羽2010：给什么机会！<u>没有教养</u>！（李双江儿子打人事件，2011 - 09 - 08　08：55）

（35）闺蜜你觉得可笑吗：<u>没有素质</u>。（姚贝娜事件，2015 - 01 - 17　22：49）

（36）云天外2010：@威海警方在线　来对照一下，你们政治<u>不合格</u>，业务<u>不精良</u>。（文登事件，2015 - 08 - 03　18：37）

（37）仰望湘江：<u>无休止</u>的报道让人烦躁！（姚贝娜事件，2015 - 01 - 18　22：42）

（38）舟山李鱼：记者<u>无底线</u>，医生<u>不专业</u>。（姚贝娜事件，2015 - 01 - 18　07：37）

（39）开心 zhangqi：<u>无耻</u>，<u>无良</u>！（姚贝娜事件，2015 - 01 - 18　06：22）

（40）阿雅：<u>无底线</u>，<u>无下限</u>，<u>无职业道德</u>！（姚贝娜事件，2015 - 01 - 18　20：47）

（41）默默奉献：若是人们多些危机意识，若是看到活动现场人太多了，有些<u>无序化</u>趋势，可能会有危险，能适时离开就不会发生那样的悲剧了。（上海外滩踩踏事件，2015 - 01 - 26　09：54）

（42）kellysweet 初音小宝：人性，底线，节操，素质还有道德，<u>都没了</u>。（姚贝娜事件，2015 - 01 - 17　14：20）

（43）天眼与道眼：至今<u>没有中共官员出来道歉</u>，<u>没有人负责</u>！（天津滨海爆炸事件，2015 - 08 - 18　09：46）

（44）椭圆姐：真相！真相！真相！！！天津果然是<u>没有新闻</u>的城

市！（天津滨海爆炸事件，2015 - 08 - 18　09：50）

（45）骑毛驴的阿里粑粑：没有领导承担责任，一味地歌颂英雄。对得起消防英雄吗？（天津滨海爆炸事件，2015 - 08 - 18　10：13）

例（27）"底线"、例（28）"道德底线"、例（29）"家教"、例（31）"人性"、例（34）"教养"、例（35）"素质"等语词是中性词，与否定词语"没"或"没有"组合，产生了负面评价意义。例（30）、例（32）的"诚意"和例（33）"解决"是褒义词，与否定词语"没"组合，产生了负面评价意义。例（36）"合格"、"精良"是褒义词，与否定副词"不"组合，产生了负面评价意义。例（37）"休止"是中性词，与否定词语"无"组合，产生了负面评价意义。例（38）中性词"底线"与否定词语"无"组合，褒义词"专业"与否定词语"不"组合，产生了负面评价意义。例（39）"无耻"、"无良"，例（40）"无底线"、"无下限"、"无职业道德"都是组合关系产生负面评价意义。同样，例（41）到例（45）的画线部分，都是组合关系产生负面评价意义。这些例子说明否定词语与负面评价关系密切。

詈骂语也具有否定的功用，反映出作者的立场站位，表达作者的负面评价立场。在网络热点事件文本中常用"屁"、"鸡巴"、"卵"、"鸟"、"蛋"、"你大爷"、"你妹"等詈骂语，表达否定。这些詈骂语与褒义或中性词组合，也产生负面评价意义。例如：

（46）Mrs泡儿：安心个屁……希望不只是说说。（天津滨海爆炸事件，2015 - 08 - 21　18：05）

（47）行走的鱼2015：结果出来后才会心安，口号都是个屁！（天津滨海爆炸事件，2015 - 08 - 21　15：07）

（48）重生天师：中国的妓者有个鸡巴伦理，都是一帮男盗女娼。（姚贝娜事件，2015 - 01 - 17　22：04）

（49）趁年轻—挥霍小清春：然并卵……（天津滨海爆炸事件，2015 - 08 - 21　17：23）

（50）金锋成jfc：说的好听有个鸟用，哪次出大事不是严肃处理，骗人骗习惯了，连自己都信了，都感动了。（天津滨海爆炸事件，2015 - 08 - 21　08：29）

（51）拨浪鼓得儿意的笑：<u>有个鸟用</u>！（天津爆炸事件，2015 - 08 - 27　22：41）

（52）杨阳_ yml：<u>有个蛋用</u>！（天津滨海爆炸事件，2015 - 08 - 27　22：46）

（53）魏良音：<u>心安你大爷</u>！一出事故就煽情。（天津滨海爆炸事件，2015 - 08 - 21　08：25）

（54）张三明月：<u>得当个屁</u>！［弱］//@威海警方在线：【7·22案：得到依法处理】事实清楚，定性准确，处罚得当……7·22案，是一起普普通通的治安案件，已经处理完了。@文登警方在线（文登事件，2015 - 07 - 26　10：02）

（55）蔡蔡蔡小发：<u>给你妹的机会</u>。必须严惩！（李双江儿子打人事件，2011 - 09 - 08　08：55）

因此，在网络热点事件文本中，具有否定功用的词语与褒义词或中性词组合，产生负面评价意义，这就是否定与负面评价的系统性关联。

（二）疑问与负面评价的系统性关联

吕叔湘 20 世纪 30 年代就指出"反诘实在是一种否定的方式，反诘句里没有否定词，这句话的用意就在否定"（1956：290）。邵敬敏、赵秀凤（1989）认为，怀疑因素稍微加强一点就很自然地转化为否定，而否定因素稍微减弱一点就很自然地转化为怀疑，两者可以说是息息相通的。邵敬敏（1996：229—247）指出反问句在语用上常显示说话人内心的愤怒、埋怨、沮丧、讽刺、鄙视、厌恶、斥责、反驳等不满情绪。沈家煊（1999：45）提出："是非问跟否定一样都是对有关命题的'非肯定'，疑问跟否定是相通的。"张晓涛（2011：24—131）探讨了特指问、是非问、选择问等疑问句与否定的相通性。刘焱、黄丹丹（2015）指出，"在自然口语尤其是对话中，'怎么'已具有话语标记的功能，其语用功能有两种：一是表达说话人的惊异或意外；二是表达说话人因惊异或意外而不满的批评或嗔怪"。因此，疑问也与负面评价有着系统性的关联。例如：

（56）丁丁是宝：希望别人给你机会，你给别人机会了吗？（李双江儿子打人事件，2011 - 09 - 08　08：50）

（57）yewmian：共和国脊梁？［晕］（李双江儿子打人事件，2011 – 09 – 08　16：42）

（58）xianrenbuhuo：德艺双馨？？看看他跟梦鸽的年龄差，就知道他馨在哪了。（李双江儿子打人事件，2011 – 09 – 08　06：10）

（59）小意达的猫：为什么处罚受害人?!（文登事件，2015 – 07 – 24　18：00）

（60）cmulf：这算什么？执法者准备鼓励什么？（文登事件，2015 – 07 – 24　18：07）

（61）林布谷：国安法是摆设吗?!（文登事件，2015 – 07 – 24　18：20）

（62）林布谷：警察，您们这是自掘坟墓吗？（文登事件，2015 – 07 – 24　18：19）

（63）风展红旗2010：警察内部泄露资料的事情查了没有？（文登事件，2015 – 07 – 24　18：27）

（64）还是不起名字算了：就这么简单？不是寻衅滋事吗？警察泄露别人的信息怎么没查？（文登事件，2015 – 07 – 24　18：33）

（65）日天哥2012：我呸！人肉搜索的事儿就完了？（文登事件，2015 – 07 – 24　18：50）

（66）大破日寇丹阳号：个人信息怎么泄露的？（文登事件，2015 – 07 – 24　18：52）

（67）假装去日本：回复@神父也是南大王：要选择性执法吗？（文登事件，2015 – 07 – 24　18：56）

（68）半路小憩：上微博了才处理？五天，这效率！（文登事件，2015 – 10 – 10　07：53）

（69）伊diandian：不用赔钱？这样的店家不用罚款？（青岛大虾事件，2015 – 10 – 09　15：13）

（70）小强有点状况：这是对逝者及家属莫大的侮辱！你们的职业道德何在？做人的底线何在？人渣！绝对的人渣！（姚贝娜事件，2015 – 01 – 17　10：04）

（71）I – m – Amber：职业道德哪里去了？人性哪里去了？让人走也走得不消停吗？良心何在？（姚贝娜事件，2015 – 01 – 17　14：15）

（72）冰蓝纱XM：底线呢？人性呢？有喜欢姚贝娜的朋友伤心

地问我，这些人为什么要这么做。我说，你和这种人讲不通道理的，他们眼底只有钱和名利，其他的都不重要。（姚贝娜事件，2015 - 01 - 17　14：12）

张晓涛（2011：13）指出："反问句除表示否定的用法外，在具体语境中，还有诸如反诘、讽刺、不满、反驳、贬斥、禁止、劝阻等其他用法，我们再取合并策略，也将之归并为否定用法。"胡德明（2011）指出，"反问句的语用含义是言论或行为的不合理，核心语用功能是否定"。反问句一致表达作者或说话人与读者或受话人的互动，争取态度协商一致，隐含负面评价。例如：

（73）手机用户：有什么好拽的？说好听了是著名歌唱家，说不好听就一卖唱的……一卖唱的儿子拽屁啊！（李双江儿子打人事件，2011 - 09 - 12　17：47）

（74）可心她姑：他老子不就是个唱歌的吗，这么嚣张！这社会还真是不如原来了，戏子的权势这么大。（李双江儿子打人事件，2011 - 09 - 08　12：22）

特别需要说明的是疑问代词"什么"表示否定。姜炜、石毓智（2008）指出，"什么"可以用在谓语动词或者形容词之后表示否定，也可以用在名词或者引语之前表示否定。在现代汉语中，"什么NP"已经成为一种表达否定功用的构式。例如：

（75）wlm999：哎，什么世道？（李双江儿子打人事件，2011 - 09 - 08　05：47）

（76）有一种一回忆：姚晓明，你是个什么东西！！！（姚贝娜事件，2015 - 01 - 18　20：31）

（77）Ice-Zyb：//@燕垒生：什么东西！一个优伶之辈也嚣张如此。（李双江儿子打人事件，2011 - 09 - 08　09：02）

（78）没溜的兔：毫无底线和职业道德，什么玩意？（姚贝娜事件，2015 - 01 - 17　20：20）

（79）Thedemo：李双江是什么玩意？戏子家的崽子也这么猖狂？

（李双江儿子打人事件，2011 - 09 - 08　08：50）

（80）王八的小绿豆：<u>什么爱国青年</u>?！爱国青年都在踏踏实实干事，这种打着爱国旗号去约架的网络暴民该拘留！！支持的点赞！（文登事件，2015 - 07 - 25　00：35）

陈振宇、杜克华（2015）提出了"意外三角"，感叹、疑问和否定三个语法范畴都与意外范畴紧密关联。因此，在网络热点事件的微博文本中，疑问与负面评价有着系统性的关联。

（三）祈使句与负面评价有系统性关联

王力（2000：126）指出，"别"和"不要"是表示劝阻或禁止的否定词。彭飞（2012）认为"别"类否定祈使句主要表达说话人对听话人的不同程度的负面事理立场，以劝阻和批评最为常见。"别"类祈使句与负面评价有着系统性关联。例如：

（81）哈里卤丘丘哈呀呀：口号<u>别喊得这么响</u>，要有所作为，千万别喊着喊着，这事就不了了之了。（天津滨海爆炸事件，2015 - 08 - 20　15：50）

（82）龙追日 Felix：支持，说白了就是几个嘴贱的人打完嘴仗去约架……<u>别老是披着爱国的皮耍流氓</u>！@文登警方在线（文登事件，2015 - 07 - 26　09：06）

（83）张庆 D：请政治滚回斗牛场，给依法治国法治留下一片圣洁。言论警察、政治警察、意识形态警察，请你们滚回"文革"红卫兵时代，<u>别污染我们孩子们纯洁的心灵</u>。［怒］（文登事件，2015 - 08 - 05　03：00）

（84）手机用户：希望有关部门能依法办事，<u>别让百姓总觉得果然还是关系比法律大</u>。（李双江儿子打人事件，2011 - 09 - 08　19：59）

（85）鹿阿木：每个冲进去的都是英雄，<u>不要区别对待</u>。（天津滨海爆炸事件，2015 - 08 - 15　13：19）

实际上，不光是"别"类祈使句与负面评价有系统性关联，其他祈使句在微博文本中也一样。例如：

（86）活到中年：//@书香满心：请警方依法公正办案！//@平民王小石：【不严惩暴徒，谁能幸免？】在纳吧人员长期骚扰、人肉、恐吓的过程中，侯聚森也有不理智的时候，他复制谩骂私信回骂，他喊过有种你来。但这难改逼架事实。许多青年被纳吧淫威吓退，17岁侯聚森却不甘屈服。因此，才被堵校门打破头。（文登事件，2015 - 07 - 29　08：57）

（87）流动小哨：公正处理吧，大家都盯着呢。（文登事件，2015 - 07 - 25　23：50）

例（86）祈使句"请警方依法公正办案"，预设"警方没有依法公正办案"，例（87）祈使句"公正处理吧"，预设"警方没有公正处理"，所以说在热点事件微博舆论场中，祈使句与负面评价有着系统性关联。

（四）反预期与负面评价有系统性关联

反预期是语言主观性和交互主观性的体现，隐含作者不满意的情感态度，表达负面评价。郑娟曼（2009）指出，"还NP呢"构式存在两种次标记构式：一是表达反预期信息的构式；二是表达反期望信息的构式。从本质上来讲，它们都是广义的"否定"义表达法。胡德明（2011）指出，话语标记"谁知"是反预期的，往往带有不如意的色彩。姚双云（2012：107）指出，"'结果'表示超出说话人的预期这一语义倾向，使之常用来引导消极的事件。这种倾向性在书面语中高达72.5%"。可见，反预期具有负面评价意义，反预期与负面评价有着系统性关联。例如：

（88）河北冷杉：一个戏子的儿子竟然嚣张到如今这种程度，可想中国的社会腐化到什么样子了。建议以故意伤害罪起诉！！！！！除了赔偿受害者之外，必须在刑罚上严惩。若只赔钱，就容易让富家子弟以为钱可以了事，助长不良之风。（李双江儿子打人事件，2011 - 09 - 08　08：52）

（89）周星痴008：回复@大松在羊城：这么严肃的问题居然没有征得家属的同意，本身动机也值得怀疑。（姚贝娜事件，2015 - 01 - 18　16：12）

（90）Li-Crazy—：傻逼，居然还在炒！（姚贝娜事件，2015 - 01 - 17　22：56）

（91）北京爱阅：文登警方不过是依法处理了一起简单的治安案件，但竟招致大量五毛党、自干五的围攻谩骂，甚至号召杀警察。可见五毛党、自干五是多么可怕的反社会群体。当局为争夺网上话语权，不惜纵容扶持网络流氓，结果养狗为患！（文登事件，2015 - 07 - 28　14：10）

（92）TFboys信阳后援团：没想到您竟然是一个这么庸俗的人。（毕福剑视频事件，2015 - 08 - 12　14：18）

例（88）副词"竟然"，例（89）、例（90）副词"居然"，例（91）转折连词"但"、副词"竟"、"甚至"和连词"结果"，例（92）话语标记"没想到"和副词"竟然"，都是反预期，用反驳介入方式表达负面评价。

（五）假设句与负面评价的系统性关联

沈家煊（1999：105）指出：假设句、是非问句、否定句是相通的，都属于"非现实句"。说话人用非现实句表明他认为相关命题表达的事情只是可能发生的，或虚设的。姚双云（2012：217）指出，在自然口语中，假设句确实具有评价功能，即说话人向受话人阐明自己对某事的观点、态度或定位。我们认为，在网络热点事件文本中，评价通过"如果"分句引发出后果评价，属于对现实的负面评价。例如：

（93）大爱有源：@威海警方在线@文登警方在线　是否存在不作为？主管领导是否应被追责？如果不纠正错误，你们说这些又有什么用？（文登事件，2015 - 08 - 04　09：11）

（94）我是谁的至尊宝：如果再不出来主持公道，以后谁还敢出来表达爱国情操？（文登事件，2015 - 08 - 03　20：22）

（95）刺儿i玫瑰：一个国家级主持人，竟然如此辱骂戏谑国家的领袖创始人，如果不严惩，国家还有颜面么！（毕福剑视频事件，2015 - 04 - 14　00：31）

（96）吖凌凌凌凌凌凌：希望能将这批团伙的首脑一网打尽吧，

而不要只是雷声大雨点小的，<u>不然</u>之前被他们愚弄过的网民不是都白白受罪了。（文登事件，2015 - 08 - 05　19：18）

（97）你们全都退下吧：打人不对。但，爱国侯投机成性，<u>若不</u>被严惩，则势必给打算效法其的青少年带来恶劣影响。爱国侯小小年纪，低低学历，竟然披上网络宣传员的皮，妄图左右舆论，混淆视听，这种人僭谈爱国，真是滑稽到令人咋舌。（文登事件，2015 - 07 - 24　16：35）

（98）老牛7788：这种恶少坚决不能轻饶。<u>假以时日</u>，非成一方恶霸不可！（李双江儿子打人事件，2011 - 09 - 08　05：48）

上述例子用假设句形式，通常是"如果不"、"如果再不"或"不然"、"若不"和"假以时日"等引发后果评价，属于负面评价。

（六）义务情态与负面评价的系统性关联

日常会话要求说话人避免使用威胁面子的用语，因此较少使用义务情态。而网络热点事件文本中，作者对面子因素考虑较少，常用高量值的道德、义务情态表达，从道德层面、法理层面考量当前事态。所以说，义务情态与负面评价有密切的系统性关联。例如：

（99）装做会思考：[围观]。<u>应</u>坚决反对纳粹言论，黑恶势力打击爱国力量！在鼓励爱国者的同时，<u>应</u>积极引导合法途径，提高认识和水平，推动对黑恶势力的法制力度。以此案为例，法制层面缺失多，赞扬侵华日军的纳粹言论<u>应</u>有法处理，泄露公民身份信息以及危及人身安全的言行也<u>应</u>依法处理。现在法律惩治力度不够！（文登事件，2015 - 07 - 31　14：31）

（100）蓝山咖啡1111：<u>应该</u>把无良商家罚得倾家荡产！才能起到警示作用！（青岛大虾事件，2015 - 10 - 09　15：16）

（101）五柳先生1984：看了视频，确实比较恶劣！<u>必须</u>严惩……（毕福剑视频事件，2015 - 04 - 13　17：50）

（102）雨港73928：<u>必须</u>加大对高危险品的检查力度，严控运输渠道，防患未然。（天津滨海爆炸事件，2015 - 08 - 27　16：58）

（103）咗诱：记者媒体，<u>要</u>有俯仰天地的境界，悲天悯人的情

怀,大彻大悟的智慧,<u>要</u>有人性良心有道德底线。(姚贝娜事件,2015 - 01 - 18 15:18)

例(99)连续用了高量值的情态词语"应",例(100)用了高量值的情态词语"应该",例(101)、例(102)用了高量值情态词语"必须",例(103)用了高量值情态词语"要",这些情态词语表达了作者态度坚决,立场鲜明,其后面的话语是未然的,因此属于对现实的负面评价。

(七)希望、期待和建议与负面评价的系统性关联

在网络热点事件文本中,作者或说话人表达希望、期待和建议,预设对当前事态不满意,属于负面评价。因此,希望和期待与负面评价有着系统性关联。例如:

(104)蔓蔓胡萝卜:<u>希望</u>这些被处罚的官员能引起社会各阶层官员的认真,不要只想着搞形式主义。<u>希望</u>尽快看到民众的衣食住行已被安排好,各种补偿已经到位。(天津滨海爆炸事件,2015 - 08 - 27 07:33)

(105)踩拉:<u>希望</u>不是自导自演。<u>希望</u>不要让那么多的生命变成贪官污吏泯灭的人性的陪葬品。(天津滨海爆炸事件,2015 - 08 - 21 14:36)

(106)跑0051:<u>希望</u>严惩肇事者,他们的气焰太嚣张,仗势欺人,令人愤慨。(李双江儿子打人事件,2011 - 09 - 08 08:50)

(107)小辣刺猬:<u>但愿</u>事故的真实的原因查出后,吸取血的教训,以后不要再发生类似的事故了,太痛心了!(天津滨海爆炸事件,2015 - 08 - 28 09:33)

(108)慕丝妮—张浩:<u>期待</u>公平、公正的结果,给人民一个交代。(天津滨海爆炸事件,2015 - 08 - 28 00:36)

(109)齐鲁三七二十一:文登7·22事件极为典型。<u>建议</u>:查处若干人(含渎职人员),警示一大批,教育一大片。(文登事件,2015 - 08 - 03 18:53)

(110)sgds8807217:<u>建议</u>按法律程序严惩两个当事人及监护人。(李双江儿子打人事件,2011 - 09 - 08 20:00)

"希望"、"但愿"、"期待"、"建议"等词语，也预设美好期望是未然的，现实尚未令人满意，所以也与负面评价有关联。

（八）简省与负面评价的系统性关联

简省式表达负面评价是基于认知上的格式塔心理，需要推导才能得出的。郑娟曼（2012）指出简省式省隐了直接表明消极态度或体现贬义情感态度的部分。例如：

(111) 是水军：回复@代理大法师：这素质！（毕福剑视频事件，2015 - 08 - 09　20：25）

(112) 月亮的边境：人性啊！　（姚贝娜事件，2015 - 01 - 18　02：45）

(113) 肖亚北：现在的社会啊！（李双江儿子打人事件，2011 - 09 - 08　19：47）

(114) 多米拉噶噶：家教……（李双江儿子打人事件，2011 - 09 - 08　08：49）

(115) 清晨 VS 鸿鸿：现在的孩子啊……（李双江儿子打人事件，2011 - 09 - 08　09：02）

(116) Poster 喵：真是的，说实话还不让。（毕福剑视频事件，2015 - 08 - 09　21：39）

(117) 宏兴 2010：呵呵，一个歌唱家还能这么牛，这社会！！（李双江儿子打人事件，2011 - 09 - 08　10：46）

(118) 双 s 恋曲：为了个歌手，至于？（姚贝娜事件，2015 - 01 - 17　22：43）

(119) 庚申年华：唉，如今的世道……（李双江儿子打人事件，2011 - 09 - 08　14：25）

(120) 地瓜就素地瓜：天哪，李双江……（李双江儿子打人事件，2011 - 09 - 08　11：33）

上述例子，运用简省式表达负面评价，这是负面舆论场语境的补充作用。

（九）反语与负面评价的系统性关联

在网络热点事件文本中，采用反语修辞，通常是以正当反，从字面意义上看是赞叹，却与实际情况不符，是嘲讽。Yus（2000：53）指出，"同时激活多项语境信息使听者快速识别出语境信息与命题间的不匹配性，从而无须费太多认知努力便可获得说者的反讽意图"。

反语与负面评价有系统性关联。例如：

（121）晨锋2014：文登警察获得国际反华势力一致赞赏，真让国人备感光荣！（文登事件，2015 - 07 - 29　11：02）

（122）黄鼠狼的天窗：这事没那么简单，玩火自焚，威海警方太"英勇"了！（文登事件，2015 - 07 - 29　11：01）

（123）ustkihgt7655：文登警方当之无愧拥有这些荣誉——2015年统战工作先进单位；感动轮子先进集体；公知点赞最多权力机关；汉奸贴心人；死磕推墙能手；吃饭砸锅专家；吃里爬外标兵；特别能和爱国青年战斗的组织；纳粹友好合作单位；社会动乱的有力推动者；践踏宪法先锋；目无党纪典范；爱国主义摧毁者；掩耳盗铃红旗手。（文登事件，2015 - 07 - 29　09：56）

（124）Spencer-Reid187：喔，德艺双馨。（李双江儿子打人事件，2011 - 09 - 08　08：49）

（125）ebiker：著名歌唱家这下真的变著名了。（李双江儿子打人事件，2011 - 09 - 08　08：52）

（126）ASUKAS：中国这些所谓的"精英"后代都是这个德行，我真心笑了，真都是精英啊！（李双江儿子打人事件，2011 - 09 - 08　08：56）

（127）在路上旅行：富二代，星二代！威武！（李双江儿子打人事件，2011 - 09 - 08　12：59）

（128）兄弟们一起杀庄：到底是官场老手，表面文章一流啊！[弱]（天津滨海爆炸事件，2015 - 08 - 20　08：21）

（129）非常上告：文登警方把爱国青年被打定性为"因发表不同言论"而"双方约架"，说得真好，客观，中立，而且适用范围很广，比如：日本发动侵华战争。（文登事件，2015 - 08 - 03　23：09）

(130) 闻金则退：臭味可以提神醒脑，促进血液循环，加强钙质吸收，有利于新陈代谢。（天津滨海爆炸事件，2015 - 08 - 28　14：50）

(131) 爱哭鬼阿玉：对，空气清新剂，么么哒，行了吧？［哼］（天津滨海爆炸事件，2015 - 08 - 28　14：50）

(132) 玛傻：具有化疗作用：杀死癌细胞。（天津滨海爆炸事件，2015 - 08 - 29　13：24）

(133) 为进步点赞的右派：威海文登警方，我要为你们点赞，正是因为有了你们，公安部才强力介入，你们将被载入历史。（文登事件，2015 - 08 - 04　23：57）

(134) 神抖苑：老子唱红歌，儿子做大爷，我朝特色！（李双江儿子打人事件，2011 - 09 - 08　08：54）

(135) JPwK：15 岁就一流氓相，真是前途无量啊！（李双江儿子打人事件，2011 - 09 - 08　08：54）

网络热点事件中的反语修辞，通常是运用褒义语汇，表达负面评价，这是语境对评价的质的转化作用。

（十）语义特征与负面评价的系统性关联

某些语义特征也与负面评价有系统性关联。形式与意义可以相互渗透，相互印证，我们发现了一些规律。

1. 具有［＋超量］语义特征的词或短语，都表达负面评价。比如，与"过"、"过于"、"过分"、"过度"、"太"等过量词语组合，产生负面评价意义。例如：

(136) 寒于冰：真是挺<u>过分</u>的。（姚贝娜事件，2015 - 01 - 18　15：48）

(137) 我的小伙伴最近失踪了：有些记者真的<u>很过分</u>！就是这些人把记者这个行业的素质拉低了！（姚贝娜事件，2015 - 01 - 17　01：47）

(138) 布衣素冠—Anne：香港文汇报：【天津传恶臭　可致呼吸麻痹】天津环保局昨日公布检测结果，称周边区域恶臭实为甲硫醇气体，又指其中有样本超标 30 倍，但强调不会对工作人员的健康造成影响，呼吁公众不必恐慌。唯据网上资料显示，<u>过量吸入甲硫醇可引致呼吸麻痹而死亡</u>。O网页链接（天津滨海爆炸事件，2015－08－29 19：27）

（139）方071016：侯聚森<u>太</u>嫩<u>太</u>幼稚，凶手<u>太</u>流氓<u>太</u>猖狂，文登警方<u>太傻太草包</u>。（文登事件，2015－07－26 05：48）

这很好理解，超出程度太多，"过犹不及"，属于语义偏向超量而否定。因此，［＋超量］与负面评价有系统性关联。

2. 具有［＋欠缺］语义特征的词或短语，都表达负面评价。比如，与"缺位"、"缺失"、"缺陷"、"缺憾"、"缺乏"、"缺点"、"缺德"、"缺少"、"缺家教"、"欠缺"、"欠教养"、"欠妥"、"欠公平"、"不够"、"不足"等组合，在组合关系上产生了负面评价意义。例如：

（140）老羽轩：媒体无底线，<u>缺德缺人性</u>。（姚贝娜事件，2015－01－18 15：47）

（141）马蓝河之波：谁再报道这件事谁就是<u>缺德</u>！（姚贝娜事件，2015－01－18 15：44）

（142）转身之后—离开之前：职业道德的<u>严重缺失</u>，国内各行各业都面临这样一个尴尬的问题，集体沦丧的时代。（姚贝娜事件，2015－01－18 23：01）

（143）卷圈儿豆腐脑：转发此微博：熊孩子，<u>欠揍</u>，还是那句话，生完了不养就放出来，政协委员和老总都很放心。（李双江儿子打人事件，2011－09－08 09：05）

（144）m午夜风铃m：原来那厮是李双江的儿子！真<u>欠扁</u>！！（李双江儿子打人事件，2011－09－08 09：22）

（145）玩具盒子爱读书：<u>欠收拾</u>！［鄙视］（李双江儿子打人事件，2011－09－08 17：32）

（146）活成一道风景：<u>执法不够</u>，监管不力，滋生害群之马，政府花大价钱推销形象，不良商贩，流氓无赖几分钟就能毁坏殆尽。呼唤法治明确打压违法行为，呼唤建立良好的消费环境，否则别呼唤我们去你家玩儿！另外很多人说青岛完了去日本玩的人，这件事是你们主子策划的吗？你这是人人喊打的节奏哇！（青岛大虾事件，

2015 - 10 - 09   10：00)

（147）Aye_ Saaaaa：就这你弄一独家标题，编辑你是<u>缺德</u>还是<u>缺心眼</u>？？（姚贝娜事件，2015 - 01 - 17   18：55）

［＋欠缺］属于量的不足或无量，与负面评价有系统性关联。

3. 具有［＋失去］语义特征的词或短语，都表达负面评价。比如，与"丧失"、"沦丧"、"泯灭"、"失去"、"失衡"、"失范"、"失实"、"失信"、"失策"、"失职"、"失当"、"丧尽"、"丢脸"、"丢面子"、"丢丑"、"丢人"等词语的相关组合，产生了负面评价意义。例如：

（148）猎奇扒客：惊闻！姚贝娜事件"深圳晚报"记者为博头条，伪装成医护人员，进入北大医院太平间，对姚贝娜尸体进行惨无人道的拍摄……简直<u>丧失了职业道德</u>！（姚贝娜事件，2015 - 01 - 17   09：55）

（149）就是那个二却：这已经不是<u>职业道德的沦丧</u>了，是<u>人性和良知的泯灭</u>。所有为了炒新闻的媒体，能有几个在明年、后年、以后更多年的1月16日依然记得祭奠这个叫"姚贝娜"的姑娘！恐怕已经忙着抢别的头条了吧?!斯人已逝，请让她安息好吗！［蜡烛］（姚贝娜事件，2015 - 01 - 17   10：14）

（150）格式化 VIP - GD：这是<u>道德的沦丧</u>，还是人性的扭曲，请观看医生和记者的傻B人生。（姚贝娜事件，2015 - 01 - 17   10：05）

（151）黄土高坡小溪流：虽然我不太赞同拿历史人物与当今的现实人物作简单类比，但有一点我相信，几十年来人们<u>良心泯灭</u>，社会<u>道德沦丧</u>，价值体系混乱，<u>意识形态已基本失守</u>。（文登事件，2015 - 08 - 06   07：58）

（152）转身之后—离开之前：<u>职业道德的严重缺失</u>，国内各行各业都面临这样一个尴尬的问题，<u>集体沦丧</u>的时代！（姚贝娜事件，2015 - 01 - 18   23：01）

（153）开心快乐是福龙哥专利：［怒］龙哥说，现在有些医院的医生为了金钱已经<u>失去了医德和人性</u>！［阴险］［怒骂］（姚贝娜事件，2015 - 01 - 18   00：49）

（154）风起之云扬：毫无职业道德，<u>中国媒体人的脸都被丢尽</u>

了，博主还站在中立的位置来说，对于同行的无耻行为竟然无知无觉，可见中国媒体人一部分人已经没有职业素养了，中国急需新闻立法来给媒体人设立一个底线，既然职业道德已经失效，只能用法律来维护普通人的权益了。（姚贝娜事件，2015 - 01 - 17　23：02）

（155）善良的冰雨1314：丢我们姓李的脸［衰］（李双江儿子打人事件，2011 - 09 - 12　08：23）

4. 具有［-偏离］语义特征的词或短语，表达负面评价。比如，与"违反"、"违法"、"违规"、"违背"、"背离"等组合，产生负面评价意义。例如：

（156）金点子谭：应该开除公职，违反职业伦理，应该开除党籍，违反党章。（毕福剑视频事件，2015 - 04 - 08　23：39）

（157）表示关心：拍人家遗体还不违背伦理？哎，气懵了。（姚贝娜事件，2015 - 01 - 18　01：06）

（158）Small_ LonG：记者与姚医生是存在利益关系，不解释。查下去就知道了，还有姚医生做了多少违背医生的准则。（姚贝娜事件，2015 - 01 - 18　18：23）

（十一）语法构式与负面评价的关联

在网络热点事件文本中，有些语法构式，与负面评价有关联。例如：
1. "好一个 X" 构式

（159）用户5512982225：好一个言论自由！（毕福剑视频事件，2015 - 11 - 13　17：43）

（160）摩羯星—孤独的狼：好一个"玩忽职守"，这罪名也太侮辱我们的智商了吧！（天津滨海爆炸事件，2015 - 08 - 27　22：57）

（161）piaofangduyao：好一个"不予追究"！（文登事件，2015 - 07 - 31　17：25）

（162）roymuse："谁敢打110"，好一个京城恶霸，最后还不是抱头鼠窜。李双江哽咽的不是伤者，而是那个看起来是条龙其实是条虫的儿子。（李双江儿子打人事件，2011 - 09 - 11　11：14）

　　雷冬平（2012）认为"好 +（X）个 NP"是一个"对 NP 具有的性质程度深发出感叹评判"。我们认为"好一个 X"构式用于否定和嘲讽，与负面评价有关联。

　　2. "说好的 X 呢"构式

　　"说好的 X 呢"已经成为当代汉语的一种流行构式，隐含作者或说话人不满意的态度，是负面评价的隐性表达。例如：

　　（163）不是蜗牛也背着壳：说好的患者隐私呢？（姚贝娜事件，2015 - 01 - 17　17：43）

　　（164）hello 庆杰：通过毕福剑这件事，我们应该认识到老祖宗的那句话是多么重要啊……食不言，寝不语，最重要的是告密可耻……说好的人与人之间的信任呢？（毕福剑视频事件，2015 - 04 - 09　09：14）

　　（165）黎晓游：说好的言论自由权呢？（毕福剑视频事件，2015 - 08 - 09　19：53）

　　（166）子夜：说好的对得起历史呢？呵呵，都是一群影帝。（天津滨海爆炸事件，2015 - 08 - 25　17：26）

　　"说好的 X 呢"构式具有立场表达的话语功能。诚信乃立身之本，应该做到言而有信。"言必行，行必果"，人们普遍存在言行相继、言行一致的心理期待。说话人期待对方说话算数，期待合同、协议、承诺等能履行；期待政策、文件等能落实；期待广告不是虚假宣传；期待权益能得到保障，期待社会和谐、文明、公平、正义，等等。然而，现实情形却使这些美好期望落空。因此，"说好的 X 呢"构式与负面评价有关联。

　　"说好的 X 呢"的构式化和形成机制，我们将在第八章重点探讨。

　　3. "光 A 不 B"构式

　　"光 A 不 B"格式表达了说话人的不满意态度，也具有反期望性。因此，与负面评价有系统性关联。例如：

　　（167）爆爆皓月：光堵不疏是没有用的。（文登事件，2015 - 08 - 04　16：13）

（168）背着锅盖路过：卧槽，你们终于做点事了。我还以为官方会永远沉默下去，还好你们出来了。别<u>光说不做</u>啊，得有点实际行动。（文登事件，2015 - 08 - 04　09：33）

（169）enhe花花：别<u>光说不做</u>啊！（文登事件，2015 - 08 - 04　08：24）

（170）猛萌：终于表态了，但是，<u>光说不练</u>假把式！（文登事件，2015 - 08 - 03　17：44）

4. "还NP呢"构式

郑娟曼（2009）指出，"还NP呢"构式从本质上来讲，是广义的"否定"义表达法。例如：

（171）戴王：挖出来了，这狗崽子叫李天一，<u>还他妈申奥大使呢</u>？（李双江儿子打人事件，2011 - 09 - 08　08：52）

例（171）"还他妈申奥大使呢？"表达了作者反预期的情感态度，是反驳介入方式，作者并不认同。因此，属于负面评价。可见，"还NP呢"构式与负面评价有系统性关联。

5. "一群NP"构式

胡清国（2013）认为"一群NP"是一个负面评价构式。相关构式"一帮NP"、"一伙NP"也一样，与负面评价存在关联。例如：

（172）张晨初艺术空间：//@战争史研究WHS：<u>一群国系自干五和七字党</u>在评论里拍着大腿哭天抢地，"这世道活不下去了"，"大青果药丸"，"以后谁杀文登警察，我给他送锦旗"（by @御前五品带砖侍卫）［doge］//@Vista看天下：传说中的"爱国青年因发布爱国言论被围殴事件"真相。典出何处请自查。（文登事件，2015 - 07 - 24　19：51）

（173）魏桀生：<u>一群疯狗</u>，一边高喊着"为人民服务"，一边却大肆搜刮民脂民膏；一边道貌岸然，一边却强奸民权！（文登事件，2015 - 08 - 06　13：20）

（174）数解税收：<u>一帮吃里爬外的货</u>，指望你们，果然药丸啊！

（文登事件，2015 - 07 - 24　18∶54）

（175）G—古歌：一帮变态的伪媒体及伪记者！［挖鼻屎］［衰］
［怒骂］［吐］（姚贝娜事件，2015 - 01 - 18　00∶21）

（176）砖敲司马南：一帮"文革"余孽、极"左"分子忽然对
文登一起普通的治安案件上纲上线，居心叵测！（文登事件，2015 -
07 - 28　22∶55）

6. "选择性 X" 构式

"选择性 X"组合，中性语词向贬义语词转化，产生了负面评价意
义，说明语境对评价有着系统性关联。例如：

（177）华夏—军团：作为维护祖国司法的暴力机构选择政治中
立，中立就是不维护，不维护的实质就是反对，@文登警方在线　你
们的立场在哪边？选择性判案，选择性执法的目的是什么？（文登事
件，2015 - 08 - 09　22∶59）

（178）fly 悠扬：然而对此选择性失明多年的"有关部门"才是
真正的汉奸团伙［拜拜］［拜拜］［拜拜］（文登事件，2015 - 08 -
05　16∶57）

（179）假装去日本：回复@神父也是南大王：要选择性执法吗？
（文登事件，2015 - 07 - 24　18∶56）

"选择性 X" 构式，表示没有一视同仁，有违公平、公正，因此表达
负面评价。

7. "所谓的 X" 构式

"所谓的 X"构式含有嘲讽的口气，隐含着说话人对 X 的否定。因
此，"所谓的 X"构式与负面评价有着系统性关联。例如：

（180）大尸凶的漫画：客观公正，秉公执法。不为周围言论左
右，为你们点赞。所谓的"爱国"不是法律的挡箭牌。［good］（文
登事件，2015 - 07 - 24　18∶57）

（181）桃花老仙：这就是所谓的梦鸽的孩子吧。哈哈……（李
双江儿子打人事件，2011 - 09 - 08　09∶20）

（182）Mennan：为某个组织歌功颂德的那些**所谓的人民艺术家**，现在大都暴露出他们狰狞的真面目，啊呸。（李双江儿子打人事件，2011 - 09 - 08　05：40）

8. "的"字结构

"的"字结构用于指称人，有轻蔑的感情色彩，含贬义。因此，"的"字结构与负面评价有关联。例如：

（183）蜂——小蜜蜂：**卖唱的**以为穿上军装就是军人，对军人就是侮辱。（李双江儿子打人事件，2011 - 09 - 08　17：29）

（184）李说笑吧：就一个**唱歌的**，其儿子就敢仗父如此嚣张！（李双江儿子打人事件，2011 - 09 - 08　12：19）

五　社会文化语境与评价意义的识别

社会文化语境是指评价活动参与者所处的整个社会文化背景。许多隐性的评价意义，需要结合社会文化语境才能识别。例如：

（185）guangzihao：纵子行凶，从重惩处！对那些仗权、仗钱、仗势欺人的混蛋富二代们一定要从严管教，今天的社会怕是没得救了……满街都有了"高衙内"、"张衙内"、"李衙内"、"王衙内"横行霸道，欺压良善……（李双江儿子打人事件，2011 - 09 - 10　18：23）

（186）风语清河：给个屁的机会，现在就这么狠，来日还不变成**药家鑫**了？（李双江儿子打人事件，2011 - 09 - 08　14：48）

（187）巅峰倦客：自干五们还是洗洗睡吧，**赵太爷的家事儿不是尔等该说的**，再说了，**尔等也配姓赵吗？配姓赵吗？**［笑cry］［笑cry］［笑cry］（文登事件，2015 - 07 - 24　19：24）

例（185）"高衙内"的性格特征是仗势欺人、为非作歹、恃强凌弱，作者仿拟造词"张衙内"、"李衙内"和"王衙内"等表达负面评价。例（186）"药家鑫"是故意杀人犯的典型，表达了负面评价。例（187）"赵太爷的家事儿"、"尔等也配姓赵吗"等，属于借用阿Q的典故嘲讽自干五，表达负面评价。这些都必须结合社会文化背景知识才能准确识别评价意义。

六　小结

系统功能语言学派韩礼德认为，语篇分析要以语法为基础，"没有语法分析的语篇分析不是语篇分析，而只是一系列评论而已"（Halliday，1994）。传统系统功能语法对语篇分析大多以功能语法为主。Martin 等人创建评价理论，跳出语法的藩篱，将小句层面的人际功能上升到大语篇层面。态度意义的词语跨越小句层面，呈现韵律型分布，散见于语篇不同部分，这是对语义学理论的一大贡献。

从表面看，文本中评价意义或褒或贬，或显或隐，似乎无规律可言。诚如张大群（2010）所言，显性评价辐射，产生隐性评价；隐性评价积聚，产生显性评价。我们贯彻评价的整体观，坚持语言形式研究与语境研究结合的意义研究范式，考察语境唤起和激发产生的隐性评价意义，探究词语之间搭配或共现所建构的评价意义，发现语境与评价存在着许多系统性关联。这些规律的揭示对于准确地识别评价意义有着重要的作用。

第八章

网络流行构式"说好的 X 呢"的
动态建构

一 引言

"说好的 X 呢",比如"说好的信任呢"、"说好的公平呢"、"说好的人权呢"、"说好的法制呢"、"说好的八项规定呢"、"说好的三严三实呢"、"说好的言论自由呢"、"说好的信息安全呢"等,常用于网络新闻标题、时评标题和微博等之中,已经发展成为当代汉语中一种富有表现力的网络流行构式。目前汉语学界尚未有学者对该构式进行过相关的探讨,因此非常值得研究。

构式是"形式和意义的配对"(Goldberg,1995:4—5)。构式化是"形 - 义"配对(即构式)的发展或创造(Traugott & Trousdale,2013:22)。这是一个动态的过程,跟功能主义语言学家霍珀(Hopper)的浮现语法(Emergent Grammar)思想是一致的。"语法不是事先就存在的,而是在语言的动态使用过程中一些经常性的用法通过量变到质变的过程中产生或浮现出来的"(沈家煊,2005:6)。"语法由高频使用成为惯例而固定下来的准则构成,语言的形式和意义在对话语境中浮现"。(参看姚双云,2012:32)

因此,构式化和浮现语法观都坚持以用法为基础的研究范式,重视语境和频率的作用,认为语法是语用法逐渐演化的产物,语言的形式和意义/功能因高频使用而产生或浮现。基于此,本章拟从形式、意义、功能和生成机制四方面探讨"说好的 X 呢"构式的动态建构。

二 "说好的 X 呢"构式形式的动态建构

(一) 构式形式特征的浮现

"说好的 X 呢"在北京大学 CCL 现代汉语语料库中没有用例,然而在当代汉语特别是网络新闻标题、时评标题和微博中却高频使用,逐步定型为一个框式结构,由常项和变项构成。"说好的"是常项,其中"说好"为动结式,意味着言语事实已经成为过去时。一般情况下,时间标记无须出现。只有在说话人有意强化的情况下,才出现时间词语。例如:

(1) 夺命涵洞:当初说好的亡羊补牢呢?(凤凰网,2013 - 09 - 03)

(2) 邢傲伟老婆再提离婚诉讼 网友:曾经说好的一见钟情呢?(新华网,2014 - 03 - 18)

(3) 收完礼金拉黑好友 90 后:那些年说好的伴娘伴郎呢?(中国社会科学网,2015 - 12 - 01)

构式中"的"表达确认语气,吕叔湘 (1942)、李讷等 (1998) 都有论述,袁毓林 (2003) 还认为句尾"的"是传信标记。我们认为,"的"还有完句的作用,因此不能省略。在当代汉语中,"说好的"逐渐成为凝固结构体,中间不再插入别的成分,这促成了构式的定型化。当然,构式的逐渐定型化也会反过来促使"说好的"结构体的进一步固化。

"说好的"开始作为间接引语形式,信源是具体的。即使省略,构式中信源也可以结合上下文语境或历时话语找到。例如:

(4) 成品油价,我们说好的与国际接轨呢?(东方网,2015 - 12 - 16)

(5) 总理的话成了耳旁风,说好的人均 300 呢? (中国网,2015 - 06 - 23)

(6) 高速拟长期收费热议 网友质疑:说好的免费高速路呢?(台海网,2015 - 07 - 21)

(7) "魅力太太"季军状告主办方:"说好的 20 万元奖金呢?"

（泉州网，2015 - 12 - 04）

　　例（4）结合上文得知，信源是"我们"。例（5）结合上文得知，信源是"总理"。例（6）结合新闻正文语句"交通部曾经在 4 年前承诺：'免费高速路 96%'"得知，信源为"交通部"。例（7）结合新闻正文语句得知，信源为"活动主办单位"。此时，"说好的"为言据性标记。

　　高频使用后，信源逐渐抽象化和模糊化，究竟是谁说的，已经无从知道了。例如：

　　（8）宣传标语也"毒舌"，说好的文明呢？（长江网，2015 - 07 - 01）

　　（9）"僵尸肉"还魂，说好的食品安全呢？（网易，2015 - 07 - 02）

　　（10）亲，说好的男女平等呢？（腾讯网，2014 - 06 - 17）

　　例（8）"文明"、例（9）"食品安全"、例（10）"男女平等"这些公共谈论的话题，已经成为社会共识，信源已经湮没在信息的洪流中了。

　　构式中的常项"呢"也不能省略，也不能用别的语气词替换。胡明扬（1981）认为"呢"的语法意义是"提请对方特别注意自己说话内容中的某一点"。邵敬敏（1996：290）认为"呢"的基本作用是"提醒"，在疑问句中的派生作用是"深究"，在是非问句简略式中还兼有"话题"标志作用。这些观点非常符合我们所观察到的语言事实。

　　构式中的 X 为变项。一方面，X 是"说好的"的内容，经过了说话人的转述，是简省式的关键词索引，体现了作者对历时话语的吸收和改编；另一方面，X 也是作者引出的一个话题，希望受话人特别注意并就此回应和互动的。构式具有较强的能产性，X 可以是体词性的，也可以是谓词性的。例如：

　　（11）陈奕迅演唱会秀身材被吐槽　说好的八块腹肌呢？（华龙网，2014 - 06 - 24）

　　（12）《传承者》陈道明现场"坑"范明　网友调侃：说好的儒雅呢？（组图）（东北新闻网，2015 - 12 - 08）

（13）新手奶爸周杰伦打球受伤　网友：说好的换尿片呢？（新华网，2015 - 07 - 17）

例（11）"八块腹肌"是体词性的，例（12）"儒雅"、例（13）"换尿片"是谓词性的。这些都是说话人的联想，意在引出一个话题，并非引用当事人说过的话。

可见，构式再进一步发展，"说好的"不再是一个强调言据性的间接引语标记了，而逐渐发展成为一个话题标记。

（二）从"说好的"的句类分布看构式形式的动态浮现

我们通过百度检索，对网页中含有"说好的"的 506 个新闻标题（剔除了非本文讨论的结构）分布的句类情况逐一进行分析，统计数据如表 8 - 1：

表 8 - 1　　　　"说好的"在网络新闻和时评标题中句类分布情况

句类	出现频次	比例（%）
陈述句	75	14.8
疑问句（语气词"呢"）	349	69.0
疑问句（语气词"吗"）	6	1.2
疑问句（只出现疑问代词）	67	13.2
疑问句（不出现语气词和疑问代词）	7	1.4
感叹句	2	0.4

从表 8 - 1 可以看出，网络新闻和时评标题中"说好的"主要用于疑问句中，总计占总数的 84.8%；陈述句较少，约占总数的 14.8%；感叹句最少，约占总数的 0.4%。而在疑问句中，使用语气词"呢"的情况又占了 69.0%。可见"说好的 X 呢"已经高频使用，构件逐渐定型组合，已独立作为一个整体被表征和处理，正发展成为一种能产性强的网络流行构式。

三　"说好的 X 呢"构式意义的动态建构

意义也是在对话语境中动态建构的，下面我们来动态地提取"说好的 X 呢"的构式意义。

其一，用在反预期语境中，引用历时话语事实，表明当前实际跟当事人历时言说的、现时说话人预期的不符，希望引起受话人的关注和应答。例如：

（14）说好的"苹果"呢？　咋成"板砖"了？（中安在线，2012 – 02 – 28）

（15）苹果为何变卦　说好的 iPhone 蓝宝石屏呢？（腾讯网，2014 – 09 – 11）

（16）时隔两年昔日工地成渔场　说好的"世界第一高楼"呢？（和讯，2015 – 07 – 15）

（17）说好的高温补贴呢？"高烤"中劳动者权益待落实（新华网，2014 – 05 – 30）

其二，用在反预期语境中，主要表明说话人的一个预期，希望引起受话人的关注并应答。例如：

（18）说好的尊重女性呢？广州校园招聘会　女大学生要现场量三围（中国青年网，2015 – 11 – 30）

（19）无德教师暴打学生，说好的师德考核呢？（东北新闻网，2015 – 05 – 13）

（20）《芈月传》和《甄嬛传》简直是同一部剧　说好的不一样呢？（荆楚网，2015 – 12 – 23）

其三，用在反预期语境中，主要表明说话人的一个预期，并以此为话题，希望引起受话人的关注和互动。

（21）说好的轻松大胜呢？（网易体育，2015 – 06 – 17）

（22）狮子竟被野牛赶到树上，说好的森林之王呢？（搜狐，2015 - 05 - 26）

（23）好心让座被偷钱包 网友：说好的好人有好报呢？（大众网，2015 - 12 - 04）

（24）好心让座被偷钱包：偷钱包的竟是让座对象 说好的人与人的信任呢？（中国网，2015 - 12 - 04）

（25）也是醉了！男友居然是老赖 说好的白马王子呢？（《贵阳晚报》，2014 - 11 - 27）

正因为如此，"说好的 X 呢"常用于微博文本议程设置，通过话题设置引导网络舆论。例如：

（26）用户 5195265173：说好的不搞个人崇拜主义呢，说好的言论自由呢，说好的法律面前人人平等呢？假的？骂人的是不是都得丢饭碗么？来个人解释解释呗。（毕福剑视频事件，2015 - 08 - 25）

（27）lila-chen 妖精天堂：说好的好客山东呢？说好的山东孔孟之乡淳朴民风呢？以前一说山东人都觉得倍亲切，好客！山东男人好，山东女人知书达礼！还想以后去青岛定居呢！哎，最后一方净土败给了一只 38 块钱的大虾。（青岛大虾事件，2015 - 10 - 07）

例（26）针对毕福剑视频事件，网友用"说好的 X 呢"构式，抛出了"不搞个人崇拜主义"、"言论自由"和"法律面前人人平等"等话题。例（27）针对青岛天价虾事件，网友用"说好的 X 呢"构式，抛出了"好客山东"、"山东孔孟之乡淳朴民风"等话题。

因此，该构式常用在反预期的对话语境中，用于消极的事件报道或新闻时评中，既表达了说话人期待实现的美好愿望，又巧妙地嵌入了新闻、时评作者对当前事态的态度。

在结合大量语言事实的基础上，我们将"说好的 X 呢"的构式意义概括提炼为："用在反预期语境中，提供一个说话人的预期 X，并以此为话题希望引起受话人的关注和互动。"

四　"说好的 X 呢"的话语功能的动态建构

Biber 和 Finegan（1989）将立场明确定义为"对于信息命题内容的态度、感觉、判断或承诺性的词汇或语法表达"。"说好的 X 呢"构式最主要的话语功能是立场表达功能。立场表达功能的具体体现有质疑、问责、诉求、调侃、揶揄等。例如：

（28）崔健"炮轰"港乐惹质疑　说好的音乐无界限呢？（人民网，2015 - 11 - 29）

（29）福州：开发商被疑虚假宣传广告　业主：说好的人工湖呢？（中国网，2015 - 12 - 18）

（30）说好的优惠呢？"国际学生证"被质疑宣传不实（腾讯网，2015 - 10 - 19）

（31）说好的商业中心呢？南充 294 名业主起诉开发商（百度，2015 - 10 - 22）

（32）网友吐槽：说好的大涨呢？（搜狐，2015 - 02 - 06）

（33）同学聚会无人买单　说好的同窗友谊呢？（川北在线，2015 - 11 - 26）

（34）10 岁娃被嘲笑　网友：说好的同学要相亲相爱呢？（中国社会科学网，2015 - 12 - 04）

（35）周杰伦打球摆造型好身材消失　说好的肌肉呢？（国际在线，2015 - 11 - 04）

目前学界认为疑问本身就是一种立场表达，有两种观点：一种是用疑问表示质疑或挑战，在互动中实现立场一致或立场分离。否定是非疑问句和附加疑问句具有挑战前说话人的功能，体现了话语立场上的互动性。这种挑战行为通过对前话轮中表达的观点或立场表示怀疑而形成，从而表明了这个立场或观点有问题，受话人需要对言论做出解释（Keisanen，2006：89—116；2007：253—281）。另一种观点是疑问句直接表示否定，如刘娅琼、陶红印（2011）提出反问句的主要话语功能是表达说话人的负面事理立场。

我们认为，"说好的 X 呢"构式体现了立场的主观性、互动性和评价性。一是提醒受话人注意，注意的焦点在 X。因为一致性立场与"共同的注意力"（Tomasello，1995：103—130）密切相关；二是对实际情形与人们预期不一致发起质疑或挑战，说话人对当前事态持隐性负面评价立场；三是该构式间接表达了说话者的意图，以此来引发有关方面的回应，彼此磋商，立场动态建构；四是该构式是一个询问性的间接言语行为，以言行事，实现语言的施为功能。这些都表明，构式的功能也是在互动中动态建构的。

五　"说好的 X 呢"构式的生成机制

（一）仿拟类推：从来源于歌曲到流行于网络

"说好的 X 呢"最初来源于周杰伦演唱的一首歌曲《说好的幸福呢》，由周杰伦谱曲，方文山填词，收录在周杰伦 2008 年的音乐专辑《魔杰座》中。歌词中用"说好的幸福呢"句子反复咏唱，被称为是 2008 年最遗憾的情歌。之后，网民竞相仿拟，基于类推机制而掀起全民造句大赛，"说好的 X 呢"逐渐发展成为当代网络流行构式，使用领域开始涉及生活的方方面面。

（二）高频使用：语义泛化、功能扩展和构式化强化

前面已经谈到，构式中引语标记"说好的"有的有确定的信源，在上下文语境中能找到，有的信源隐匿，信源无法确定或无从知道。特别是公共话题，不同的人在不同的场合经常说，信源就更不知道究竟是谁了。一些俗语的引用，信源只能归属于民间了。例如：

（36）八一福建群殴网友：说好的友谊第一比赛第二呢？（图）（新华网，2015 - 12 - 12）

（37）寒心！男子与妻吵架摔女儿　致孩子昏迷不醒　说好的虎毒不食子呢？（中国青年网，2015 - 12 - 04）

（38）男子打架打断女同事门牙　说好的好男不跟女斗呢？（四川新闻网，2015 - 11 - 30）

（39）不孝子鞭打父亲让其下跪喊自己"爹"　网友：说好的养

儿防老呢?(华东在线,2015 - 10 - 30)

(40)女子辞职要份子钱引热议 说好的"君子之交淡如水"呢?(人民网,2015 - 12 - 24)

随着高频使用,动词"说"开始语义泛化,构式的功能也开始扩展,从言据性表达到问责、诉求、调侃和揶揄等。有的也许根本就没说,说的内容只是说话人根据人类的知识系统或社会价值观念联想的。说没说和谁说的并不重要,重要的是引出预期中的话题 X。例如:

(41)温州大妈开包厢吸毒 说好的广场舞呢? (华股财经,2015 - 03 - 31)

(42)陆川与央视主播胡蝶结婚 网友:说好的唐嫣呢?(腾讯网,2015 - 04 - 11)

(43)用狗做实验后遗弃(图)说好的医者仁心呢?(南方网,2015 - 12 - 08)

例(41)是根据"中国大妈热衷于广场舞"这一背景知识引出的话题;例(42)是根据"之前陆川的绯闻对象是唐嫣"这个背景知识引出的话题;例(43)是根据"医生治病救人、救死扶伤"等社会价值观念引出的话题。

此时,"说好的"由原来的言据性标记转化为话题标记,由原来主要表达概念功能转移到主要表达人际功能和语篇功能。而语篇功能和人际功能的加强正是构式化强化的结果。

(三)简省打包:构式中 X 的提取

如果事态的进展符合历史话语的承诺或与现时说话人的心理预期吻合,则只能用陈述句和感叹句表达,不能用"说好的 X 呢"构式表达。例如:

(44)说好的小清新在这里!(图)(网易,2015 - 04 - 15)

(45)说好的雪,真的来了!组图(《贵阳晚报》,2015 - 01 - 27)

(46)说好的专家终于来了!(金羊网,2014 - 04 - 16)

（47）买房故事：说好的幸福终于实现　可以妥妥的安家了！
（搜房网，2014－11－21）

（48）说好的大雪如期而至　省内多条高速部分封闭（东北网，
2015－12－02）

（49）说好的"免费"和"补贴"，中国好家轿启悦都给你！
（爱卡汽车网，2015－07－06）

只有存在事态的进展不符合历史话语的承诺或现时说话人的预期时，
说话人才提出预期中的一个话题，才能用"说好的 X 呢"构式表达。江
蓝生（2007）指出，在语用经济原则驱动下的省略和紧缩是汉语构式语
法化的推力和机制。我们认为，"说好的 X 呢"的句法创新机制是简省
打包。

其一，非构式状态下的"起始句＋后续句"，变换成"说好的 X 呢"
构式表达，需要简省打包处理。例如：

（50）说好4万全包　实际花了6万（图·）（网易，2015－03－09）
（51）说好了青梅竹马，你却早成了孩他妈（网通社，2015－
12－22）
（52）说好直播的，怎么先录了（《合肥晚报》，2010－10－13）
（53）说好的"5日公示"，又犯拖延症（图）（网易，2015－
05－13）
（54）说好的绿化带　入住一年仍未建（图）（网易，2015－
01－12）

例（50）可以说成"说好的4万呢"或"说好的全包呢"；例（51）
可以说成"说好的青梅竹马呢"；例（52）可以说成"说好的直播呢"，
或者说成"说好的先不录呢"；例（53）可以说成"说好的5日公示呢"；
例（54）可以说成"说好的绿化带呢"。非构式表达与构式表达有着不同
的语用价值，非构式表达由"起始句＋后续句"构成，没有后续句，起
始句无法自足，表达的重心在于强化反预期。构式表达则简洁且意义自
足，表达的重点在于凸显预期和话题。

其二，疑问形式的其他句子，变换成"说好的 X 呢"构式表达，需

要提取 X 进行简省打包。例如：

（55）说好的免费停车咋收费了（南都网，2014 - 10 - 15）

（56）说好的信任哪去了 货到兰州运费涨了三倍（网易，2015 - 11 - 20）

（57）说好的免费体验 为啥遭坑了 13800 元（图）（网易，2015 - 01 - 06）

（58）说好的中国房地产崩盘怎么还不来？（凤凰网，2015 - 12 - 22）

（59）承诺期限临近"说好的"资产注入兑现不？ （网易，2015 - 12 - 01）

例（55）可以说成"说好的免费呢"；例（56）可以说成"说好的信任呢"；例（57）可以说成"说好的免费体验呢"；例（58）可以说成"说好的崩盘呢"；例（59）可以说成"说好的资产兑现呢"。同样是疑问形式，上述句子显得咄咄逼人，而构式表达显得温和委婉，诙谐含蓄，有利于结盟和团结一致，构建一致性话语立场。

其三，陈述句，包括否定形式的陈述句，变换成"说好的 X 呢"构式表达，需要提取 X 进行简省打包。例如：

（60）说好的团聚他又食言了（网易，2014 - 10 - 24）

（61）说好的停车场还在纸上（安徽网，2015 - 01 - 09）

（62）说好的免费港澳游结果得自己垫付交通费（网易，2015 - 05 - 28）

（63）昨日"说好的"返程高峰没出现（《深圳晚报》，2015 - 10 - 08）

（64）说好的"降糖"成分全没有（凤凰网，2015 - 03 - 04）

（65）抽油烟机故障，说好的保修不算数（网易，2015 - 02 - 13）

（66）东莞说好的雷雨大风未至 迎来局部阵雨（南方网，2015 - 04 - 21）

例（60）可以说成"说好的团聚呢"；例（61）可以说成"说好的

停车场呢";例(62)可以说成"说好的免费港澳游呢";例(63)可以说成"说好的返程高峰呢";例(64)可以说成"说好的降糖成分呢";例(65)可以说成"说好的保修呢";例(66)可以说成"说好的雷雨大风呢"。陈述句,主观化程度较低,而"说好的 X 呢"构式表达则主观化程度高,凸显了立场表达的三个特点:主观性、互动性和评价性(参见姚双云,2011)。

因此,由于语用动因的驱使,反预期语境中的消极的事件都可以提取一个预期和话题 X,用简省打包的"说好的 X 呢"构式表达。

六 "说好的 X 呢"构式的介入策略

从 Martin 评价理论的介入系统视角来分析"说好的 X 呢"构式,毫无疑问,该构式属于多声介入资源。那么,"说好的 X 呢"构式究竟是多声性收缩还是多声性扩展呢?属于多声介入的哪个子类呢?请看下列例子:

(67)憋催牛逼—布莱恩特:#天津滨海爆炸#这才几天,热搜里就找不到了,事故调查清楚了么?说好的给百姓一个交代呢?给你时间,我们等着你的交代!(天津滨海爆炸事件,2015 - 08 - 25 22:56)

(68)狼狼只求他一切安好:#琅琊榜#私炮坊爆炸这一段。"都是勤勤恳恳的小老百姓,谁知道旁边竟是私炮坊"、"那是活生生的六十九条人命"、"令人心寒的是为君者对这一点毫不在意"脑子里全是#天津滨海爆炸#的事情。说好的结果呢?又是不了了之?怎一个失望可表。(天津滨海爆炸事件,2015 - 10 - 09 07:35)

(69)玥羊_子琢:#天津滨海爆炸#每日打卡。发现阅兵相关的微博我无法评论,也看不到转发。明知道自己做的事不得人心,偏偏要自欺欺人。说好的大爆炸究责呢?就这么冷处理了?那至少瑞海公司得先给灾民赔笔钱,让他们暂时有地方住啊。房子修缮了真能住人?灾民到底怎么安置?还有多少失踪人员没找到啊?(2015 - 08 - 24 21:29)

例(67)、例(68)、例(69)中"说好的"是言据性标记,信源隐匿，体现了微博作者跟历时话语和现时读者的互动。例（67）"说好的给百姓一个交代呢?"、例（68）"说好的结果呢?"、例（69）"说好的大爆炸究责呢?"是间接引语的形式，历时微博文本如下:

（70）头条新闻:#天津滨海爆炸#【李克强:彻查追责 给遇难者家属和历史交代】李克强总理今天在天津部署天津港爆炸救援处置工作。他说，这起事故涉及到的失职渎职和违法行为，一定要彻查追责，公布所有调查结果，给死难者家属一个交代，给天津市民一个交代，给全国人民一个交代，给历史一个交代。http://t.cn/RLr1oIm（天津滨海爆炸事件，2015 - 08 - 16   21:55）

可以看出，例（67）、例（68）、例（69）中"说好的 X 呢"的信源是"李克强总理"，引文是间接引语中某句话，具有权威性和真实性。微博作者用"说好的 X 呢"构式，展开多向度地互动。一是跟李克强总理互动;二是跟政府部门互动;三是跟读者或潜在的读者互动;用疑问句的形式质疑、挑战或邀请回应，实施微博评价的参政议政、网络问责和利益诉求等功能。

我们认为，这样一种复合形式归入介入系统中的某一子类是不合适的。因为从间接引语来说，该构式是对话扩展，属于归属中的承认介入;从反预期来说，该构式是对话收缩，属于否认中的反驳介入。所以说，"说好的 X 呢"构式既收缩对话空间，又扩展对话空间，其扩展是有限地扩展。"说好的 X 呢"构式体现了对话收缩和对话扩展的矛盾统一。

七 小结

"说好的 X 呢"的构式化是在当代汉语开始的，可以说是在共时平面出现的，形式和意义/功能都是在对话语境中动态浮现的。由于当前正处于经济社会转型时期，存在信用危机。一方面，食言、失信、爽约、变卦等情形时有发生，导致出现大量实际情况与历时言说的不相符或有出入的情况;另一方面，言语社团的维权意识也日渐强烈。说话人用语言参与社会实践，构建社团群体，维护社团利益，这是"说好的 X 呢"构式产生的社会语境。

　　说话人用"说好的 X 呢"这种温和委婉、诙谐含蓄的风格表达隐性负面评价，是权力和礼貌原则使然，也是一种话语策略。高频使用中，"说好的"由原来的言据性标记转化为话题标记，由原来主要表达概念功能转移到主要表达人际功能和语篇功能，构式化逐步强化。"说好的 X 呢"最终形成一种形义皆具、形义匹配的网络流行构式。其构式意义可以提炼为"用在反预期语境中，提供一个说话人的预期 X，并以此为话题希望受话人关注和互动"。其基本的话语功能是立场表达，质疑、问责、诉求、调侃、揶揄等功能是其立场表达功能的具体体现。其形成机制是仿拟类推、高频使用和简省打包。

　　从间接引语标记来说，"说好的 X 呢"构式是对话扩展，属于归属中的承认介入；从反预期来说，该构式是对话收缩，属于否认中的反驳介入。该构式体现了对话收缩和对话扩展的矛盾统一，是作者的一种语用策略。

　　近年来，国内关于网络流行构式比较突出的研究成果有卢英顺（2010）、汤玲（2012）、张谊生（2011；2015）等，这些大都是从构式语法视角论证的，本章研究在此基础上增加了互动语言学视角。我们认为，互动语言学强调语用和对话的因素，关注人类语言行为的互动，关注立场的动态建构。将人类心智、社会活动和人类语言行为的互动纳入一个整体框架处理，并寻求合理的解释。这是当前语言研究的新趋势。

第九章

事态评价构式"再不 P
就 q 了"的动态建构

一 引言

"再不 P 就 q 了",如"再不疯狂我们就老了"、"再不下手就没了"、"再不处对象就成阿姨了"等,已逐渐定型而成为当代汉语中的一个流行构式。由两个表意构件构成,前后构件相互依存,彼此呼应,构成基础是假设关系,体现了主观性和交互主观性。其符合构式是"形式和意义的配对"的定义(Goldberg,1995:4—5),也体现了构式化是"形—义"配对(即构式)的发展或创造(Traugott & Trousdale,2013:22),被广泛应用于互动性强的网络新闻标题和微博之中,结构紧凑而富有表现力。

目前汉语学界对"再不 P 就 q 了"构式缺乏必要的讨论。因此,本文拟借鉴当代构式语法和互动语言学理论,对"再不 P 就 q 了"构式进行深入解析。

二 "再不 P 就 q 了"构式形式的动态建构

构式化是一个动态的过程,跟功能主义语言学家霍珀的浮现语法观思想是一致的。两者都重视语境和频率的作用,认为语法是语用法演化的产物。下面我们来考察"再不 P 就 q 了"构式形式的动态建构。

(一)从间隔的有无看构式化的程度

"再不 P"与"就 q 了"之间,有的有间隔,即有音读距离,用逗号或空格键隔开。例如:

（1）<u>再不远行，就老了</u>（网易，2012 - 12 - 23）

（2）<u>再不发泄　就憋坏了</u>（网易，2013 - 07 - 14）

（3）<u>再不玩耍，我们就长大了</u>！（凤凰网，2015 - 06 - 30）

（4）洪秀柱首度为朱立伦站台：<u>再不帮一把，他就跑不动了</u>（凤凰网，2015 - 12 - 06）

有的无间隔，承接停顿消失，前后构件直接凝合。例如：

（5）<u>再不保护就快失传了</u>！重庆方言还分了这么多派系？（新华网，2015 - 07 - 09）

（6）朱丹就"辞职"袒露心声：30 岁，<u>再不走就来不及了</u>（京华网，2015 - 07 - 01）

（7）英超<u>再不努力就完了</u>！联赛积分明年或被意甲超越（网易，2015 - 11 - 27）

有间隔的，是假设复句，语气显得舒缓一些。无间隔的，是表假设关系的紧缩构式，语气显得更加急促。"表达的习语化往往导致信号的缩减与简化"（Hopper & Traugott，2003：89）。因此，无间隔的"再不 P 就 q 了"构式化程度要高。在网络新闻标题或微博之中，无间隔的"再不 P 就 q 了"已经被高频使用，趋于定型。

（二）从"再不 P"的层次分析看构式化程度

"再"是副词，表示同一动作（或一种状态）的重复或继续。多指未实现的或经常性的动作（吕叔湘，1999：351）。需要注意的是，《现代汉语词典》（第 6 版）中"再"有一个义项："表示如果继续下去就会怎样"（2012：1618）。可见，副词"再"可进一步虚化为连词。"不"是否定副词。"再不 P"的层次，按层次分析的原则应该分析为"再/不 P"。副词"再"和"不"是不在同一个层次上的语法单位，例如：

（8）真正的教养在每天的饭桌上，<u>再不教就晚了</u>！！（搜狐，2015 - 07 - 23）

（9）伟星幸福里幸福公寓：年内第四次降息！<u>再不买就悔了</u>（和讯网，2015 - 08 - 28）

例（8）P 为单音节动词"教"，例（9）P 为单音节动词"买"，从韵律上看也验证分析为"再/不 P"合适。

据北大汉语语言学研究中心 CCL 语料库考察，在没虚化之前，"再不 P"前面通常是有连词"如果"充当假设关联标记的。例如：

（10）今年是辛亥革命五十周年，又觉年逾八旬，<u>如果再不写</u>，<u>就来不及了</u>。（《人民日报》，1981 - 06 - 22）

（11）而当熊疤子关箱按锁之际，范阿钟心想，<u>如果再不下手</u>，<u>就没机会了</u>。（《长江日报》，1994 - 06 - 30）

而在构式化过程中，假设关系标记"如果"消失，"再"就顺理成章地承担了连词"如果"的关联功能，"再"由副词进一步虚化为假设连词。由于"再"经常与"不"一起使用，当 P 为双音节或多音节单位时，我们从韵律和语感上认为分析为"再不/P"更合适。例如：

（12）重庆胆战心惊的极限运动，<u>再不疯狂就老了</u>！（搜狐，2015 - 07 - 08）

（13）投资要趁早　<u>再不投资就老了</u>（金融界，2015 - 06 - 26）

（14）股市跳水偶遇央行双降　<u>再不弃股从房就真亏了</u>（腾讯网，2015 - 07 - 08）

根据韵律和谐的原则，由于"再不 P 就 q 了"的高频使用，"再"、"不"会跨层组合，韵律词"再不"逐渐凝固化为关联标记。这是语法演变中的一种常见的方式：结构的重新分析。当"再/不 P"重新分析为"再不/P"时，"再不"已虚化为表假设关系的关系标记，相当于"如果不"，与"就"配套使用。

我们认为，"再不"语法化的环境是相关语句的假设关联标记"如果"的消失，这样"再不"由原来主要表达概念功能转移到主要表达语篇功能和人际功能。而语篇功能和人际功能的加强正是构式化强化的结果。

（三）"再不 P 就 q 了"的构式化动因

1. 仿拟类推，构式风靡网络

李宇春 2012 年 9 月推出专辑《再不疯狂我们就老了》，该专辑获得第 17 届"全球华语音乐榜中榜"最佳专辑，李宇春本人凭借该专辑斩获 2012 年 Music Radio 中国 TOP 排行榜"年度最受欢迎女歌手"、"年度全能艺人"、"年度最佳作词"三项大奖。由于艺人和歌曲的影响力，网民争相仿拟，基于类推机制而掀起全民造句大赛，"再不 P 就 q 了"逐渐风靡网络成为流行构式。

2. 紧缩和省略

江蓝生（2007）指出，语用经济原则驱动下的省略和紧缩是汉语构式语法化的推力和机制。"再不 P 就 q 了"构式由"再不 P"和"就 q 了"两大表意构件构成，前后呼应。前构件"再不 P"表示假设，后构件"就 q 了"表示结果，分句凝合而紧缩，促成了"再不 P 就 q 了"紧缩构式的形成。

由于有情景语境和上下文语境的支持，前后构件的主语也开始省略。例如：

（15）"我不适应官场应酬，再不出来就没机会了"（南方都市报数字报，2015 - 11 - 19）

（16）"大妈催女儿生娃"视频热传：再不生就绝经了（人民网，2015 - 12 - 09）

（17）武汉晚报：【重庆 12 位奶奶为上春晚集体整容：再不疯狂就老了】接近 60 岁的年龄，却有着曼妙的少女身材。从拉起队伍跳广场舞，到全国表演，重庆一群花样奶奶成了舞蹈红人，各大节目争相邀请。昨天上午，12 名花样奶奶来到重庆某整形美容医院，宣布自己要做整形，并且要冲刺 2015 年羊年春晚。（新浪微博，2014 - 10 - 16　19：30）

例（15）前构件和后构件的主语指"我"，属于承前省。例（16）前构件和后构件的主语指"女儿"，属于承前省。动词"生"的宾语是

"娃",也属于承前省。例(17)前构件和后构件的主语指"重庆 12 位奶奶",也是承前省。

该构式是在对话语境中产生的,体现了作者跟读者或潜在的读者、想象的读者的互动,更多情况下信息传播的受众是广大读者而非特定的对象,所以主语通常省隐。

3. 高频使用,使用领域不断拓展

构式高频使用,使用范围涉及生活的方方面面。例如:

(18)新政刺激楼市致量价齐升　<u>再不买房就涨了</u>(新浪,2015 - 06 - 05)

(19)<u>再不染发就老了</u>!赶紧给头发吃颗"彩虹糖"(南方网,2015 - 09 - 17)

(20)这些建筑,<u>再不去看就真的晚了</u>(搜狐,2015 - 09 - 06)

(21)<u>再不保护就晚了</u>!万里长城正在慢慢消失(东方网,2015 - 10 - 17)

(22)心理健康,<u>再不重视就晚了</u>(光明网,2015 - 08 - 13)

构式在房产、财经、环保、反腐、教育、旅游、娱乐、美容、美食、健康等众多领域高频使用,交际中话语的特征决定了构式在交际者大脑中的表征。

三　"再不 P 就 q 了"构式意义的动态建构

(一)构式中变项 P 和 q 的语义特征

"再不 P 就 q 了"构式中,变项 P、q 由谓词性语法单位充当。我们从语义特征角度将构式分类。

1. P 具有 [+ 述人]、[+ 可控] 语义特征,q 具有 [+ 述人]、[+ 变化]、[+ 不利] 语义特征。

P 为动词性语法单位,一般由行为动词或形容词充当,具有 [+ 述人]、[+ 可控] 语义特征。q 具有 [+ 述人]、[+ 变化]、[+ 不利] 语义特征。例如:

（23）重庆胆战心惊的极限运动，<u>再不疯狂就老了</u>！（搜狐，2015 - 07 - 08）

（24）TCL 曲面电视跌破万元　<u>再不出手你就亏了</u>　（《中国经济时报》，2015 - 07 - 07）

（25）"互联网 +" 时代，<u>教师再不学习就 OUT 了</u>　（长江网，2015 - 05 - 22）

（26）最强致癌食品黑名单出炉　<u>再不远离你就没命了</u>！（科教网，2015 - 07 - 14）

（27）央妈霸气降准降息　<u>再不买房就亏大了</u>（组图）（新浪，2015 - 06 - 30）

（28）自测五脏六腑集毒程度，<u>再不打扫就完了</u>（光明网，2015 - 07 - 12）

（29）街访：市民无法接受国足惨败　称"<u>再不加油就完蛋了</u>"（凤凰网，2013 - 06 - 17）

上述例子 P "疯狂" 为形容词，"出手"、"打扫"、"加油" 为动词，"远离" 为状中短语，"买房" 为动宾短语，都是指行为事件，具有［＋述人］、［＋可控］语义特征。q "老"、"OUT"、"完"、"完蛋" 为形容词，"亏" 为动词，"没命" 为动宾短语，"亏大" 为中补短语，具有［＋述人］、［＋变化］、［＋不利］语义特征。

2. P 具有［＋述人］、［＋可控］语义特征，q 具有［＋述物］、［＋变化］、［＋不利］语义特征。

P 为动词性语法单位，一般由行为动词或形容词充当，具有［＋述人］、［＋可控］语义特征。q 具有［＋述物］、［＋变化］、［＋不利］语义特征。例如：

（30）浙江十大最美徒步路线　<u>再不徒步天就热了</u>（新浪，2015 - 07 - 09）

（31）每分钟就有 2 人选择 "平安福" <u>再不抓紧就没了</u>（网易，2015 - 06 - 24）

（32）smart 宣布进军收藏品市场，<u>再不下手就晚了</u>（搜狐，2015 - 06 - 26）

（33）中医专家：<u>再不重视中医我们的绝活就失传了</u>（《中国日报》，2016－03－03）

上述例子 P"徒步"、"抓紧"、"下手"、"重视"等动词，具有［＋述人］、［＋可控］语义特征。q 形容词"热"陈述的是"天气"、动词"没"陈述的是"平安福"、形容词"晚"陈述的是"时间"、"失传"陈述的是"我们的绝活"，q 具有［＋述物］、［＋变化］、［＋不利］语义特征。

第一类与第二类属于同一构式的下位类型，尽管第一类和第二类 q 存在［＋述人］和［＋述物］的区别性特征，但无论 q 是［＋述人］还是［＋述物］，针对价值主体来说，事态变化的［＋不利］特征是共同的。

（二）"再不 P 就 q 了"的构式义

构式语法认为，句法结构与反映人类经验场景的语义结构相联系。陆俭明（2009）提出"构式是人的认知域所形成的意象图式在语言中的投射，构式义就来源于人的认知域里所形成的意象图式"。罗耀华、周晨磊、万莹（2012）也指出，构式义的浮现源于人脑中产生的意象图式以及构式构件的特征。互动语言学理论认为，"话语参与者协作互动产生语言结构和语义"（罗桂花，2012）。"再不 P 就 q 了"体现了说话人与受话人的互动，表述了两类经验场景：

1. 客观世界存在再不 P 就 q 了，及时 P 就不 q 的经验场景。例如：

（34）美媒：中国在南海出手神速 <u>美再不行动就迟了</u>（搜狐，2015－05－29）

（35）"白色污染"乡村蔓延 <u>再不重视就晚了</u>（中国新闻网，2015－06－02）

（36）湖南高院 40 岁女法官辞职当律师：<u>再不做就来不及了</u>（法制网，2015－07－01）

（37）TCL 曲面电视跌破万元 <u>再不出手你就亏了</u>（和讯网，2015－07－07）

（38）外国投资者拥抱中国牛市 英报：<u>再不来就落后了</u>（新浪，2015－05－14）

2. 客观世界存在再不 P 就 q 了，q 了则不能再 P 的经验场景。例如：

（39）一张裸体图告诉你身体的秘密，<u>再不看就被删了</u>！（搜狐，2015－05－12）

（40）<u>再不自拍就老了</u>（网易，2015－06－30）

（41）女大学生露肉拍毕业照　大尺度称<u>再不疯狂就老了</u>（环球网，2015－06－27）

（42）牛莉晒咬唇卖萌自拍照　网友：<u>再不任性就老了</u>（网易，2015－05－13）

上述两类经验场景有着共同的意象图式："假设—结果"。构式形式因高频使用而得到表征和固化，构式意义因反复与情景语境契合而动态浮现。

综上所述，结合大量的语言事实，我们将"再不 P 就 q 了"的构式义提炼为："表达说话人对当前情势进行事态评价，凸显紧迫性。"

四　"再不 P 就 q 了"构式的话语功能

吴为善（2012）指出，"构式语法理论立足于说话人对情境的识解，因此话语功能的分析尤为重要"。根据语料考察，"再不 P 就 q"构式被广泛用于新闻标题和微博之中，作者与读者或潜在的读者、想象的读者之间进行对话，意图影响读者的观点和行为。该构式最基本的话语功能是评价功能，在此基础上又衍生出规劝、威胁、催促和调侃等语用功能。

（一）评价功能

姚双云（2012）指出，在自然口语中，假设句确实具有评价功能，即说话人向受话人阐明自己对某事的观点、态度或定位。我们认为，"再不 P 就 q 了"作为表假设关系的紧缩构式，最基本的话语功能是说话人对相关话题的事态做出评价。例如：

（43）<u>再不吃就没了</u>　盘点 7 种即将灭绝的全球美食（新浪，2014－07－17）

（44）秀发<u>再不防晒就变"枯草"了</u>（凤凰网，2015 - 07 - 23）

（45）美股评论：欧央行<u>再不印钞就晚了</u>（新浪，2014 - 06 - 27）

（46）任志强：年底房价肯定涨　<u>再不买房就晚了</u>（中金在线，2015 - 06 - 17）

评价与主观性密切相关。由于种种原因，价值客体的变化，将会给价值主体带来负价值。说话人对当前事态做出评估或预测，不仅表达了说话人的认知态度、立场和观点，还表达了说话人对受话人这一言语事件参与者利益的关注，体现了语言的主观性和交互主观性。

许多句子末尾用感叹号，显示该构式常用于感叹句。例如：

（47）为啥明星夫妻再办二次婚礼？<u>再不浪漫我们就老了</u>！（搜狐，2015 - 09 - 08）

（48）最强致癌食品黑名单出炉　<u>再不远离你就没命了</u>！（科教网，2015 - 07 - 14）

（49）陪孩子做作业就是抓习惯，<u>父母再不明白就晚了</u>！（搜狐，2015 - 12 - 26）

杨才英（2012）认为感叹句有四个功能语义特征：态度的赋予性、评价的主观性、经验的逆向性和程度的强烈性。"再不 P 就 q 了"这种运用虚拟语气表达的感叹句也一样，其基本功能是评价功能。当然，评价功能包括态度定位、关系调节、施为导向和语篇建构等功能（陈景元、高佳，2012），在网络热点事件文本中具体体现为信息传播、情感宣泄、立场建构、网络问责、网络问政、利益诉求和语篇建构等功能。

（二）规劝功能

言明事态发展的后果，劝说受话人不要不采取某种行为或行动，这是"再不 P 就 q"构式的规劝功能。运用虚拟的假设构式，规劝对方立即采取行为，这是说话人的言语策略。较之祈使句，假设构式遵循了礼貌原则，顾全了受话人的面子，又替受话人利益着想，更容易让受话人接受。例如：

（50）一张人体图告诉你的秘密，<u>再不看就被删了</u>！（搜狐，2015 - 09 - 04）

（51）微关注：上班族，这些恶习<u>你再不改就晚了</u>！（北方网，2015 - 06 - 09）

（52）"环球大马戏"，<u>再不看就 OUT 了</u>（天津网，2015 - 06 - 11）

（53）土豪金妆闪瞎眼　岁末<u>再不出招就输了</u>（人民网，2013 - 12 - 25）

人类具有"趋利避害"的本能，"再不 P 就 q"这种以受话人利益为中心的规劝言语行为，体现了语言的交互主观性，更能引起受话人情感的共鸣，更能联盟读者或潜在的读者，更能达到以言行事的目的。

（三）威胁功能

塞尔将威胁言语行为归属于承诺类（Searle，1965：221—239）。如果将威胁言语行为分为条件性威胁言语行为和绝对性威胁言语行为，那么"再不 P 就 q 了"构式属于条件性威胁言语行为，采用的是"假设条件 + 结果"的模式。例如：

（54）维尔通亨不满热刺动作太慢　<u>再不签我就去枪手了</u>（21CN，2012 - 05 - 30）

（55）中俄战机升空合力驱逐美日：<u>再不滚开就动真格了</u>（搜狐，2015 - 08 - 28）

（56）<u>再不下来就告诉老师了</u>（新浪，2015 - 06 - 12）

"再不 P 就 q"构式威胁功能的特点是，言明说话人如果不按说话人意图行事，说话人将采取某种行动，受话人将承受某种后果和代价。例（54）以跳槽相威胁，例（55）以诉诸武力相威胁，例（56）以告知老师、寻求老师干预相威胁。

因此，这是对受话人行为的操控，是一种强制受话人服从的话语策略。

（四）催促功能

催促较之威胁，语力要轻许多。主要特征在于说话人希望受话人在行事的速度上"求快"。例如：

  （57）过年伤不起的被催族：<u>再不找对象就别回家了</u>（张家界在线，2013 - 02 - 14）

  （58）"就剩十几天了，<u>再不办就来不及了</u>！"（腾讯，2009 - 12 - 14）

  （59）言承旭林志玲否认秘密结婚　网友着急催"<u>再不嫁就 40 了</u>"（网易，2012 - 07 - 30）

  （60）35 岁高圆圆被催生子　网友：<u>再不生就成高龄产妇了</u>（中国新闻网，2014 - 10 - 08）

说话人言明受话人行动缓慢的后果，促使受话人赶快行动，避免事态朝对受话人不利的方向发展，这就是"再不 P 就 q 了"构式的催促功能。

（五）调侃功能

调侃即用语言开玩笑，嘲弄他人或自我嘲解。"再不 P 就 q 了"构式调侃功能隐藏在字面意义之中，违反了会话合作原则。例如：

  （61）李冰冰与任泉亲密合照卖萌　网友：<u>再不结婚我就报警了</u>（中新网，2015 - 09 - 05）

  （62）高温生活费暴涨　网友调侃<u>高温再不退就破产了</u>（凤凰网，2013 - 08 - 17）

  （63）翻跟头亲亲流行到爆　网友调侃：<u>再不疯狂我们就老了</u>（南方网，2014 - 04 - 18）

以上调侃例子，具有特定的会话含义，或诙谐、或夸张、或揶揄等。

总之，"再不 P 就 q 了"构式服务于对话需要，从客观情势所逼到主观情势劝导，目的都是建构读者，体现了立场建构的主体间性。例如：

（64）美国利率<u>再不正常化也许就晚了</u>（东方财富网，2015 - 08 - 27）

（65）警惕：<u>再不去或许就看不到了</u>　全球正在消逝的圣地（长白山文化网，2015 - 07 - 27）

（66）这些建筑，<u>再不去看就真的晚了</u>（搜狐，2015 - 09 - 06）

例（64）用情态词语"也许"，例（65）用情态词语"或许"，采用低量值的情态介入，说话人或作者给读者或听话人预留话语空间。例（66）用情态词语"真"，传递了作者或说话人对言说命题的确定性。这些都是为了拉拢读者，引导读者接受其观点和立场。

五　"再不 P 就 q 了"构式的介入策略

从 Martin 评价理论的介入系统视角来分析"再不 P 就 q 了"构式，该构式是扩展性多声，属于接纳资源。运用假设句形式，作者承认在有关问题上可能有不同意见，作者跟这些有不同意见的读者磋商对话，企图把这些有潜在不同意见的读者拉拢过来。例如：

（67）1·20 预测：大盘就此反弹？<u>再不抄底就晚了！</u>（搜狐，2016 - 01 - 19）

（68）<u>再不行动就晚了</u>　宽手镯已经席卷全球（新华网，2016 - 01 - 18）

（69）成都十大最有情怀的老地方　<u>再不去就晚了</u>（四川在线，2016 - 01 - 15）

（70）房价至少涨到 2019 年　<u>再不买房就来不及了</u>（百度，2015 - 12 - 15）

因为承认有不同意见，作者跟这些不同意见的读者之间可能建立一种一致关系，因此用假设构式与读者进行协商对话，用以受话人利益为中心的策略，容易把这些潜在意见的读者拉拢过来，协商一致，有利于语篇建构和读者建构。

六 小结

"再不 P 就 q 了"是当代汉语的一个流行构式，由两大表意构件构成，使用频率高，使用范围广，涉及房产、财经、健康、环保、反腐、教育、旅游、娱乐、美食等众多领域。作者（说话人）运用该构式，与读者（受话人）之间进行对话，意图影响读者（受话人）的观点和行为，实现评价的施为功能。

我们将其置身于社会/互动矩阵之中，关注其"形式和意义/功能配对"的动态浮现。研究发现：该构式的构成基础是假设关系，体现了作者或说话人以读者或听话人利益为中心的话语策略，易于建构读者，引导读者积极采取一种顺从阅读立场，这体现了语言的主观性和交互主观性。其基本构式是"表达说话人对当前情势的事态评价，凸显紧迫性"。该构式最基本的话语功能是评价功能，在评价功能的基础上又衍生出规劝、威胁、催促、调侃等多种语用功能。

第十章

网络热点事件文本中评价的修辞分析

修辞策略、话语结构、话语权力和意识形态之间有着深层的规约与驱动，运用修辞格也是网络热点事件文本中实现评价的重要手段。因此，文本的细读分析，还必须借助修辞学的理论，分析辞格在评价体系中的作用。

本章拟对微博文本进行修辞分析，主要考察修辞格与评价的态度系统、级差系统和介入系统的关系。

一　修辞格与态度系统

网民用修辞来表达评价意义，建立和维护社团，修辞在微博文本态度意义的建构中发挥着重要的作用。

（一）比喻

比喻就是打比方。利用甲乙两种本质上不同的事物之间的相似关系，将甲事物比作乙事物，以取得形象、生动、传神的表达效果。概念隐喻通过"携带评价源域事物的方式，并传递所选择的映射"而实现评价（Lakoff & Turner，1989：65）。Fauconnier（1997：32）认为，概念合成理论是"两输入空间有选择性地投射部分元素进入合成空间"。隐喻不仅产生了隐性评价意义，隐喻还是级差系统中量化和强化的手段。例如：

（1）兵70：中消协就是骡子的屄！（青岛大虾事件，2015 - 10 - 08　17：00）

（2）大李哥VV：记者就是这个社会的搅屎棍！（姚贝娜事件，2015 - 01 - 17　21：35）

（3）Bright_XHL：腐败就是绞索。（天津滨海爆炸事件，
2015－08－27　21：06）

（4）人民日报：【你好，明天】天津爆炸发生15天后，11名官
员被立案侦查，职务覆盖规划、国土、交通、安监、海关等多个政府
部门。它们本都是安全生产的有力保障，而如今却可能在某个甚至多
个环节上出了问题。链条虽长，断了一环就会失效；木桶虽大，短了
一板就会流失。问题出在哪里，让我们拭目以待！（天津滨海爆炸事
件，2015－08－27　23：31）

（5）凡辰_XP：本来要把权力关在制度牢笼里，结果发现牢笼
的钥匙在权力手中，牢笼成了权力的豪华套间！（天津滨海爆炸事
件，2015－08－28　00：04）

（6）at雪狼：回复@时间是安慰我的烂好人：毕福剑是披着羊
皮的大狼。（毕福剑视频事件，2015－08－31　14：30）

上述例子用比喻来评价，丰富了评价的内涵。可以说，比喻是评价意
义的一种激发手段，是一种间接评价的策略，评价意义来自于目的域与源
域的互动映射。在网络热点事件文本中，比喻主要用来表达判断（judge-
ment）和鉴赏（appreciation）等态度意义。比喻的评价意义服务于其说服
功能，一方面阐明作者立场；另一方面拉拢读者，企图影响读者的意识形
态，从而共同建构一致性话语立场。

（二）比拟

陈望道（2001：119）指出，"将人拟物（就是以物比人）和将物拟
人（就是以人比物）都是比拟。"在网络热点事件文本中，通常是拟物，
属于隐性评价。例如：

（7）行者无疆要幸福—20863：回复@小昂子是不是很厉害：如
果你觉得这样狂吠开心，你就继续狂吠，大不了明天我去打个狂犬疫
苗。（青岛大虾事件，2015－10－11　20：45）

（8）shifeichengbaizhuantoukong：回复@山东望健康：没事，疯
也咬不到别人，有链子系着呢。（毕福剑视频事件，2015－08－
25　13：52）

例（7）"狂吠"是狗的动作行为，用于写人，运用了拟物修辞格。例（8）将人当作动物来写，赋予了人以动物的动作、行为，运用的是拟物修辞格。拟物的具体意义需结合社会文化语境来理解。在汉民族，通常是骂人的话，因此，例（7）、例（8）属于负面评价，用来挑战对方言辞，与互动者建构分歧型话语立场。

（三）借代

陈望道（2001：82）"所说事物纵然同其他事物没有类似点，假使中间还有不可分离的关系时，作者也可借那关系事物的名称，来代替所说的事物。如此借代的，名叫借代辞"。借代属于隐性评价的资源。例如：

（9）艾碧希帝依弗基：一查都是王宝森。（天津滨海爆炸事件，2015 - 08 - 28　00：35）

（10）胡须猫梦见猫胡须：十五岁就这样，再大点还不成药家鑫啦！［怒］［怒］［怒］（李双江儿子打人事件，2011 - 09 - 08　08：51）

（11）深爱尤文：水浒里，高俅搅得天下大乱，当下也是妖孽横生，坐等陈胜吴广。//@ 燕垒生：什么东西！一个优伶之辈也嚣张如此。（李双江儿子打人事件，2011 - 09 - 08　09：18）

例（9）"王宝森"借代"贪官"，属于隐性负面评价。例（10）"药家鑫"借代故意杀人犯，属于隐性评价。例（11）"陈胜吴广"借代"起义者"，属于隐性评价。借代修辞大大丰富了评价的内涵。

（四）双关

陈望道（2001：97）指出，"双关是用了一个词语同时关顾着两种不同事物的修辞方式"。例如：

（12）土豆侬个马铃薯：［哀］虾忽悠……//@ 段子百科排行榜：一只虾毁掉一座城！活该！（青岛大虾事件，2015 - 10 - 09　11：30）

（13）头条新闻：#天津滨海爆炸#【政治局常委会：不论涉及到谁都要一查到底】中央政治局常委会上午开会，专题听取天津爆炸事故情况汇报，要求查清原因，查明性质和责任，不放过一丝疑点，不论涉及谁都一查到底，依法严肃追责，对涉及玩忽职守、失职渎职、违法违规的决不姑息，给社会一个负责任的交代。（天津滨海爆炸事件，2015-08-20 15：47）

蒙眼睛看星星：交代，是胶带还差不多吧。呵呵。第一句话就不相信。（天津滨海爆炸事件，2015-08-20 15：58）

（14）朝雨夕晴乎：2015年1月16日，一群妓者焦躁地等在姚贝娜病房外，他们有一个共同的心声：为了我的头条新闻，你快死去吧！2015年1月16日，第一场大雪尚未消融，这个冬末，让人感到格外寒冷，冷得让人从心底里发抖！[怒][怒][怒][怒]我分享了｜记者们在病房外，焦急地等待着她的死亡（姚贝娜事件，2015-01-18 02：38）

（15）阿披陀_Iup：德艺双馨的人民艺术家"二"代（李双江儿子打人事件，2011-09-08 08：59）

例（12）"虾忽悠"是"瞎忽悠"的谐音，属于谐音双关。明指"虾忽悠"，暗指"瞎忽悠"，负面评价青岛奸商的宰客行为，运用双关，作者"土豆侬个马铃薯"与"段子百科排行榜"共同建构了一致性立场。

例（13）"胶带"是"交代"的谐音。"胶带"本义是用塑料制成的磁带。在这里有比喻意义"封嘴，不许人说话"的意思，构成了语义双关，表达了网民对政府表态的质疑，对政府持负面评价立场。这样，立场主体"蒙眼睛看星星"与立场主体"政治局常委会"建构了分歧型话语立场。

例（14）"妓者"是"记者"的谐音，是谐音双关。"让人感到格外寒冷，冷得让人从心底里发抖"，既指温度低，又指记者行为令人心寒，是语义双关。两处双关都是对记者行为的负面评价。

例（15）是语义双关，巧妙地利用词语"二"的多义性，既指数词"二"，又指形容词"二"，形容人很傻。负面评价了李双江儿子李天一。

因此，在热点事件文本中，作者运用双关辞格，表达负面评价。一方面，语言幽默，饶有风趣；另一方面，表达含蓄曲折、生动活泼，具有讽刺、嘲弄的意味。双关修辞满足了网民娱乐化的表达需要。

（五）仿拟

陈望道（2001：109）指出，"为了讽刺嘲弄而故意仿拟特种既成形式的，名叫仿拟格。"例如：

（16）孤独的筑路者：回复@用爱发电呆湾人：果然是熬笔"爱国青年"，你们这样能爱你麻痹的国啊。碍国还差不多。（文登事件，2015 - 07 - 24　19：54）

（17）战略兵王Ⅴ：【"一查到顶"才牛B】#天津滨海爆炸#市长黄兴国说：对于涉事公司，不管他是什么人，不管他有什么样的关系，都要"一查到底"，依法依规严肃处理，绝不袒护、绝不姑息。我想说的是，"一查到底"抓几个小混混交差算个毛，你敢"一查到顶"才叫牛B！（天津滨海爆炸事件，2015 - 08 - 19　21：29）

（18）拾壹的世界你不明白：然并软（青岛大虾事件，2015 - 10 - 08　17：02）

（19）guangzihao［陕西省西安市雁塔区 — 联通网友］：纵子行凶，从重惩处！对那些仗权、仗钱、仗势欺人的混蛋富二代们一定要从严管教，否则今天的社会怕是没得救了……满街都有了"高衙内"、"张衙内"、"李衙内"、"王衙内"横行霸道，欺压良善……（李双江儿子打人事件，2011 - 09 - 10　18：23）

例（16）由"爱国"，仿造出"碍国"，临时与"爱国"构成相反相对的关系。贬斥性语词"碍国"，表达了立场主体"孤独的筑路者"对侯聚森"爱国青年"这一评价的不认同，与互动者共同建构了分歧型立场。例（17）由"一查到底"，仿造出"一查到顶"。立场主体"战略兵王Ⅴ"挑战立场主体"市长黄兴国"，共同建构了分歧型立场。例（18）由"然并卵"，仿造出"然并软"，嘲讽政府部门无能无用，属于负面评价。例（19）"高衙内"的性格特征是"仗势欺人、为非作歹、恃强凌弱"，作者由"高衙内"，仿造出"张衙内"、"李衙内"、"王衙内"，负面评价了社会问题的严重性。

总之，仿句内容意趣的滑稽性与原句内容意趣的严肃性形成强烈的反差，仿拟体产生了或幽默诙谐或讽刺嘲弄的效果，符合语言的得体性原则，凸显了网民的语言智慧，也满足了网络言论娱乐化的需要。

（六）反语

反语是指故意使用与本来意思相反的词语或句子去表达本意，也叫"反话"。反语的特点是字面意义与说话人或作者所表达的真实的语用意义不吻合。例如：

（20）呃乜春：万能的有关部门（青岛大虾事件，2015 - 10 - 08　18：19）

（21）吃货的逗比：青岛人民，威武！（青岛大虾事件，2015 - 10 - 09　16：41）

（22）shepherd_ 2011：约架约到了自己家门口，为文登警方的创意点赞。（文登事件，2015 - 07 - 24　18：18）

（23）用户5669489351：恭喜威海公知安全局文登公知安全分局荣获：2015年统战工作先进单位；感动轮子先进集体；公知点赞最多权力机关；汉奸贴心人；死磕推墙能手；吃饭砸锅专家；吃里爬外标兵；特别能和爱国青年战斗的组织；纳粹友好合作单位；社会动乱的有力推动者；践踏宪法先锋；目无党纪典范；爱国主义摧毁者。（文登事件，2015 - 08 - 15　09：17）

（24）庄生夜梦：回复@宿毛湾提督雪雪风：靠骂人约架爱国，你真了不起！（文登事件，2015 - 07 - 24　19：16）

例（20）"万能"是褒义词，在这里是反语，修饰不定指短语"有关部门"。嘲讽了政府部门不作为、遇事互相推诿。例（21）运用褒义语词"威武"，表达负面评价，是反语，有嘲笑讽刺的意味。例（22）"创意"是褒义词，表达负面评价。讽刺了文登警方将事件定性为"约架"，处理不当。例（23）表面褒扬，实则贬斥，是负面评价。运用反语修辞，讽刺和嘲笑了威海和文登安全局。例（24）"了不起"是褒义词，表达负面评价，运用反语修辞格，嘲讽了当事人侯聚森。反语寓庄于谐，将话语狂欢，娱乐至死的精神发挥到极致。

在网络热点事件文本中，通常是以正当反，用正面的语句去表达反面的意思。在表面赞扬的掩饰下提出批评或嘲弄讽刺，话语的真正意义来自语境。因为反语违背了语言的质真原则，也可以看成是隐性评价。

（七）对比

对比是把两种不同事物或者同一事物的两个方面，放在一起相互比较的一种辞格。从语言形式看，对比辞格可以通过词语、句子或段落的语义对立，形成对照。网络热点事件文本中，对比辞格的实现主要是通过评价意义相反的词语形成语义对比。例如：

（25）唐前言：青岛，一个去了就再也不敢去的地方；成都，一个来了就不想离开的地方！（青岛大虾事件，2015 - 10 - 09　09：53）

（26）福大蝈蝈：打110，人不来；打物价局，说国庆后上班；打工商局说，不归他们管；店主打110说有人吃霸王餐，警察就屁颠屁颠的来了……（青岛大虾事件，2015 - 10 - 08　17：00）

（27）落影映霜：台上清清白白，台下肮脏龌龊。开会一片光明正大，散会上桌先罚茅台三杯，中间不允吃菜哟（天津滨海爆炸事件，2015 - 08 - 20　16：44）

（28）魏桀生：一群疯狗，一边高喊着"为人民服务"，一边却大肆搜刮民脂民膏；一边道貌岸然，一边却强奸民权！（文登事件，2015 - 08 - 06　13：20）

（29）啾咪麻麻：#天津滨海爆炸#农民焚烧秸秆他们不让，说监测到环境重度污染；过年燃放鞭炮他们不让，说监测到环境重度污染；就连马路边烧烤他们都不让，说污染环境，麻痹的，来了一个百年不遇的化学有害物大爆炸到处监测都他妈逼正常，我就纳了闷了，你他妈炸的是空气清新剂呀！！（天津滨海爆炸事件，2015 - 08 - 17　15：28）

例（25）属于两体对比，微博作者用"去了就再也不敢去"对青岛负面评价，用"来了就不想离开"对成都正面评价，是正面评价和负面评价意义之间的对比。例（26）属于两体对比，政府部门对待消费者的态度和对待店主的态度截然不同，对比鲜明。负面评价了政府部门的不作为和互相推诿，为奸商提供保护伞。例（27）属于一体两面对比，政府官员台上台下表现截然不同，深刻揭露了政府官员的丑恶嘴脸，属于负面评价。例（28）属于一体两面对比，负面评价了政府官员的虚伪性。例（29）属于一体两面对比，负面评价了检测部门对天津滨海大爆炸的环境检测结果的不可信。因此，对比修辞能强化态度意义。

（八）对偶

陈望道（2001：206）指出，"说话中凡是用字数相等，句法相似的两句，成双作对排列成功的，都叫作对偶辞"。

（30）宿命伊人：上联：李刚李阳李双江。下联：车祸家暴冲锋枪。横批：李家牛逼（李双江儿子打人事件，2011 - 09 - 08　19：22）

（31）南下湘葱：官二代，富二代，名二代，一代不如一代。你张狂，我张狂，他张狂，张狂更加张狂。子不教，父之过。（李双江儿子打人事件，2011 - 09 - 08　09：08）

（32）初学者_ 58176：依法治国使汉奸美狗闻风丧胆　追逃追赃让腐败分子无处遁形（毕福剑视频事件，2015 - 05 - 20　11：45）

例（30）运用对偶辞格，将"我爸是李刚"事件、"李阳家暴事件"和"李双江儿子打人事件"三个热点事件铺排呈现。除对偶外，兼用了列锦辞格。谭永祥（1996：203）指出，"把具有关键性的名词或以名词为中心的定名词组，组合成一种多列项的特殊的非主谓句，用来写景抒情，叙事述怀，这种修辞方法叫列锦"。对偶和列锦辞格的融合，上下联都是三个名词并列在一起，谓词隐匿，"语不接而意接"，形散神凝，这种蒙太奇技法使得分镜头组合，产生了奇特的艺术魅力，凸显了对李家的负面评价。

例（31）运用对偶辞格，贴上"X 二代"的标签，负面评价了李天一飞扬跋扈的气焰。

例（32）运用对偶辞格，评论时事，歌颂了当前的反腐行动，也负面评价了汉奸美狗和腐败分子。这些对偶辞格实现了评价形式和内容的完美统一。

（九）反讽

谯进华、高会芹（1999）指出，反讽是"通过语义或情节隐藏、掩饰、不调和的表层状态与实际状态之间的距离，来间接隐晦地对对象的真实情况进行暴露的一种修辞方法"。曾衍桃（2006：13）认为反讽是一种逆期待性、不匹配、评议性或评价性。例如：

（33）荣庆江：［呵呵］［呵呵］//@似我非我 V：上次李天一犯事，李双江成功地把儿子车里的枪支鉴定成为"塑料玩具"。这次李天一又犯事，你李双江要是能把你儿裤裆里的枪还鉴定成"塑料玩具"，全国人民都服你！上次李天一打人，他爹李双江哭着说：恨不得伤者把他自己打一顿。这次是轮奸，李双江你摊上好事啦［哈哈］（李双江儿子打人事件，2013 - 11 - 19　11：23）

（34）杜芝富：#天津滨海爆炸#天津市环境监测中心今天下午 17 时 30 分，针对网友反映在海河大闸附近出现死鱼现象，对该河段水质进行了采样分析，未检出氰化物。微评：我就说嘛，这鱼不是淹死的就是被气死的……O 网页链接（天津滨海爆炸事件，2015 - 08 - 20　21：09）

（35）喻瀚湫：哪吒在海边不小心失手打死了龙王三太子和一些虾兵蟹将，龙王知道后到陈塘关要哪吒偿命。太守李靖向龙王求饶说："只要饶过我儿一命，赔多少钱都没问题。"龙王冷笑一声，说："赔？你知道那些虾兵吗？"李靖："咋了？"龙王："青岛的。"李靖吐血卒。（青岛大虾事件，2015 - 10 - 09　18：53）

（36）VictorTam 谈头：青岛的虾老板今天去交 9 万罚款，到工商局才知道，原来是一只虾罚款 9 万！他当场昏迷，送至医院抢救，醒来后发现正在挂点滴，问护士要多少钱，护士说 5 元，心想才要 5 元挺便宜，护士又说，每滴 5 元，瞬间毙命。（青岛大虾事件，2015 - 10 - 11　18：31）

（37）J 寒诺 Y：自从青岛大虾事件后，做事也比较谨慎了。今天去理发，谨慎地看了一下价格表，确定是 18 元。然后找来了理发师和店长，再次确认理发一次一共 18 元而不是每根头发 18 元。录音拍照后开理！这年头搞不好理一次发就会倾家荡产。挣钱不容易，花钱别大意！（青岛大虾事件，2015 - 10 - 09　17：09）

（38）雷神冯嘉华：王先生到青岛想去吃 38 元一只海捕大虾，饭店爆满，王先生点了盘 8 元瓜子。谁知轮到王先生就餐时，店员却要他先交 6 万，原来该店的瓜子是 8 元一个！王先生非常后悔。后面排队的李先生当场吓尿，手里紧紧握着小票：米饭 3 元，突然听到"咣当"一声，一位开宝马戴金链的土豪应声倒下，吃到一半的芝麻糊撒了一地。（青岛大虾事件，2015 - 10 - 09　09：50）

（39）猩球崛起1016：女：有三室两厅吗？男：没有！女：有路虎，奥迪吗？男：没有！女：有 7 位数存款吗？男：没有！女：那你有啥？男：我……女转身就走。突然男的说：我家有几斤青岛大虾。女立刻回头抱住男的腰，满脸崇拜地说道：死鬼，你不早说，这么贫乏的环境下，你家还有金大虾，这就够了!!!　（青岛大虾事件，2015 - 10 - 09　21：24）

（40）史上第一最给力：现在去青岛要喝青岛啤酒，再点一盘花生米，完了买单，边数瓶子边起身，"老板，几瓶啤酒多少钱?"老板答："我们青岛人好客，啤酒不要钱白送，我们来数一下花生米。"（青岛大虾事件，2015 - 10 - 13　18：08）

反讽是幽默的重要手段之一。反讽能传递说话人讽刺、戏谑、诙谐、嘲弄或幽默等态度，体现了网民的娱乐诉求。反讽表达的态度是贬抑的而不是褒扬或肯定的，其目的是揭露、批评和讽刺，属于负面评价。通过反讽，全民参与段子化，与夸张修辞格综合运用，青岛大虾事件被恶搞渲染放大，青岛形象遭毁灭性的打击，青岛被牢牢地钉上了"宰客"的标签。

（十）婉曲

婉曲也叫婉言，其委婉含蓄的话语形式和缓和轻松的语气，在负面性评价表达中可以降低评价的力度。微博文本的读者面广泛，从评价对象和读者的接受心理需要看，婉曲这一修辞格更适用于一些消极或难言之隐方面的评价。例如：

（41）Mcdonlang：无证驾驶撞人，还要给机会？好吧，给你一个重新投胎的机会吧！（李双江儿子打人事件，2011 - 09 - 08　08：52）

例（41）"重新投胎的机会"，这是"死刑"的婉曲表达，属于负面评价。

有些婉言是出于避讳的需要，与避讳二者之间存在交叉。陈望道

（2001：140）谈道，"说话时遇有犯忌触讳的事物，便不直说该事物，却用旁的话来回避掩盖或者装饰美化的，叫作避讳辞格"。例如：

（42）观音耍流氓：草泥马。这种人不拉去枪毙。竟然还用有关部门出来打掩护。狼狈为奸！一群败类。（青岛大虾事件，2015 - 10 - 09　17：28）

（43）Yoko_魏：同问，十五岁小屁孩有驾照么？无照驾驶？艹。（李双江儿子打人事件，2011 - 09 - 08　08：53）

（44）霸气总裁刘东强：大清乙烷（文登事件，2015 - 07 - 24　18：20）

（45）北楚倦客：山东人"厚道"啊，不为舆论所屈。大青果药丸啊…@步军都虞侯（文登事件，2015 - 07 - 24　20：19）

例（42）"草泥马"是"操你妈"的谐音，是网络詈骂语，属于谐音避讳。例（43）用"艹"代替"肏"字，是非文明用语的避讳。例（44）"乙烷"是"已完"的谐音，例（45）"大青果药丸"是"大清国要完"的谐音，属于谐音避讳。

网络热点事件文本中，婉曲和避讳属于隐性的负面评价。评价意义是通过婉曲和避讳来曲折或隐晦地表达的。一方面避免被删帖；另一方面增强了修辞情趣。

（十一）留白

留白本是艺术上的表现手法。谭永祥借用来为修辞设格，"留白是留出艺术空白让听者、读者自己去填补"（1996：107）。这种表达方式，能收到言有尽而意无穷的表达功效。微博文本中，一般采用省略号的形式。例如：

（46）走向远方的路人甲：去青岛别吃饭，别剪头发啊。不然……（青岛大虾事件，2015 - 10 - 09　10：22）

（47）大好青年兔：自带干粮，帐篷，折叠单车，360度记录仪……（青岛大虾事件，2015 - 10 - 09　09：58）

（48）群众露馅：上回书说道：马云怒闯善德活，点了一份芝麻千层饼……（青岛大虾事件，2015 - 10 - 09　21：41）

（49）黄江先森：歉可以道，但是钱……（青岛大虾事件，2015 - 10 - 09　15：17）

（50）Kamels：深圳某晚报……（姚贝娜事件，2015 - 01 - 18　00：33）

也有用延音符号或干脆省略的，例如：

（51）YanYanYanYanYan：社会啊～～～。（李双江儿子打人事件，2011 - 09 - 08　08：48）

（52）了一佳：戏子的儿子都这么牛啊，这世道（李双江儿子打人事件，2011 - 09 - 08　08：50）

谭学纯等（1992：78）指出："省略表达，不是为了压缩或舍弃表达者的'意'，而是为了扩大'意'的蕴涵。扩大了的蕴涵，就需要接受者破译。要从压缩了的语言代码，甚至'不著一字'的语言空白中，解读出文外之旨，象外之象。"这种留出艺术空间让读者去"再创造"的修辞手法，利用的是网民的格式塔心理，"残缺"胜于"完整"，是隐性评价的一种表达手段。郑娟曼（2012）指出："连接简省式和贬抑义之间关系的桥梁便是礼貌原则。"负面评价、责怪、驳斥等一般会带来人际的紧张，需要模糊处理，是一种减小面子威胁的言语策略。所以在网络热点事件文本中，留白修辞通常表达负面评价，能调节人际关系，消解语言冲突，起到含蓄蕴藉、"此时无声胜有声"的表达效果。

（十二）别解

别解是运用词汇、语法或修辞手段，临时赋予一个词语以原来不曾有的新义（谭永祥，1996：194）。例如：

（53）一路飘铃：好客山东！原来是好宰客山东的缩写啊！好样的！应该继续发扬！下次有好的店铺出租兄弟我也去山东卖烧烤！专卖大虾！哈哈［思考］（青岛大虾事件，2015 - 10 - 22　06：59）

例（53）"好客山东"别解为"好宰客山东"，采用的是"增字别解"的方式，变正面评价为负面评价，产生了幽默、风趣的讽刺效果。

此外，还有必要探讨一下微博文本中的谐音修辞，虽然有些谐音修辞在谈仿词和双关辞格时已经有所论述。谐音本质上是一种同音替代的关系，网络语言通过谐音代替原词，有时能提高输入效率，有时故意为之取得幽默、讽刺、谩骂的效果。

在毕福剑视频事件中，网民利用谐音修辞恶搞和谩骂毕福剑。例如：

（54）Duang_ 29：毕福贱，你这个畜生不死，天理不容。你自尽吧，畜生毕福贱。（毕福剑视频事件，2015 - 08 - 29　01：40）

（55）用户7922364457：B福剑被严打了，你们威海这群叛徒还能撑多久？（文登事件，2015 - 08 - 10　00：45）

例（54）本体是"毕福剑"，谐音体是"毕福贱"，采用中文谐音。例（55）本体是毕福剑，谐音体是"B福剑"，采用字母谐音。网友们抱着娱乐至死的心态恶搞当事人的名字，用谩骂的方式宣泄情感，是用指称形式表达负面评价。

在姚贝娜事件中，网民恶搞记者和媒体，表达对记者和媒体违背新闻伦理道德的强烈不满。例如：

（56）Teeth 向前冲：傻逼妓者！　（姚贝娜事件，2015 - 01 - 22　09：37）

（57）Gt 特派员：傻逼娱妓（姚贝娜事件，2015 - 01 - 18　05：42）

（58）珍爱上海：狗屁！被娱乐指责了才出来道歉的！那两个霉体记者呢？拉出来遛遛！（姚贝娜事件，2015 - 01 - 18　10：45）

（59）droplet：不见棺材不落泪的"霉体"和"妓者"，那个医生呢？还在当死鸭子？！（姚贝娜事件，2015 - 01 - 18　11：45）

例（56）本体是"记者"，谐音体是"妓者"；例（57）本体是"娱记"，谐音体是"娱妓"；例（58）本体是"媒体"，谐音体是"霉体"；例（59）本体是"媒体"、"记者"，谐音体是"霉体"、"妓者"。这种谐音修辞是一种谩骂、揶揄、调侃的方式，是用恶搞表达负面评价。

其他的诸如用本体是"强烈同意"，谐音体是"墙裂同意"；本体是

"无耻",谐音体是"无齿",等等,莫不令人忍俊不禁,大大增强了修辞的情趣。

综上所述,在网络热点事件文本中,辞格对于态度意义的建构起着重要的作用,或者隐性表达态度意义,或者娱乐化表达态度意义,极大地增强了评价的表达效果。

二　修辞格与级差系统

修辞与评价的级差系统密切相关。吴礼权(2013:77)指出,"人们为了表达思想感情而运用语言进行某些修辞文本模式的建构,很多时候与修辞者意欲强化接受者的注意、提高修辞文本的表达效应是分不开的"。在网络热点事件文本中,修辞格是一种吸引读者注意,强化评价意义,从而调节评价力度的语言策略。好的修辞能成功劝服读者,对读者的意识形态进行有效的操控。

(一)夸张

陈望道(2001:130)指出,"说话上张皇夸大过于客观的事实处,名叫夸张辞"。诚如东汉王充的《论衡·艺增篇》所言,"故誉人不增其美,则闻着不快其意;毁人不益其恶,则听者不惬于心"。网络热点事件文本多采用扩大夸张,是一种强化评价意义的语言策略。例如:

(60)sunweijikongjian:青岛政府相关部门的严重不作为,导致了一只虾毁掉一座城!活该!抵制青岛。(青岛大虾事件,2015 - 10 - 09　11:41)

(61)2个N:马云去了,估计就剩条裤衩回来[火华社长美男子](青岛大虾事件,2015 - 10 - 09　10:39)

(62)九筒哥:请问青岛,泡方便面的开水怎么收费?(青岛大虾事件,2015 - 10 - 09　09:47)

BBotasky:回复@九筒哥:请您放心这个我们绝不会按滴收费的,我们按水分子收费。(青岛大虾事件,2015 - 10 - 09　09:48)

(63)周蓬安【青岛旅游局微博引疯狂吐槽:马云王健林餐后破产】青岛市旅游局发了一条微博,"吃在青岛:鲁菜馆子,口味蛮地道，捞拌鸟贝，烤羊肉，海鲜荟，烧杂鱼，小豆腐，大爱芝麻烧饼"，引发网友疯狂吐槽：马云王健林青岛会面共商发展大计，餐后双双资产清零意外破产……微评：笑破肚皮了，值得点大图看看。（青岛大虾事件，2015 - 10 - 08　14：29）

例（60）运用扩大夸张"一只虾毁掉一座城"，负面评价了事件的严重性和破坏性，提高了评价力度。例（61）没有明显褒贬意义的词语，运用夸张凸显了青岛大虾的天价，提高了评价力度。例（62）没有明显褒贬意义的词语，"按水分子收费"，故意夸大其词，强化了青岛商家宰客的评价意义。例（63）运用夸张，用餐后，首富马云和王健林资产清零意外破产来渲染青岛大虾的天价和宰客行为的严重。这些例子，对青岛大虾事件有意放大，破坏了青岛城市的形象，属于典型的地域黑。

（二）排比

陈望道（2001：207）指出，"同范围同性质的事象用了组织相似的句法逐一表出的，名叫排比"。排比修辞形式齐整，有宋朝陈骙《文则》所言的"广文义，壮文势"的表达效果。例如：

（64）出门在外635485849：我这一生是不会去青岛了，也不会同青岛人做任何生意，也不会结交青岛籍的人。青岛永别了！（青岛大虾事件，2015 - 10 - 09　22：55）

（65）这个ID也被注册了：感谢肖先生，感谢网络，感谢新浪微博，感谢键盘侠们［拜拜］［拜拜］［拜拜］［拜拜］（青岛大虾事件，2015 - 10 - 09　22：20）

（66）用户5195265173：说好的不搞个人崇拜主义呢，说好的言论自由呢，说好的法律面前人人平等呢？假的？骂人的是不是都得丢饭碗么？来个人解释解释呗。（毕福剑视频事件，2015 - 08 - 25　06：13）

（67）物理博士看天下：文登警方的处理践踏了法律，践踏了正义，践踏了社会主义价值观。（文登事件，2015 - 07 - 25　18：16）

例（64）用三个分句并列，增强了评价的语势，强化了青岛大虾事件对消费者的影响。例（65）四个分句构成排比，增强了评价的语势，表达了微博作者的感谢。例（66）三个"说好的 X 呢"句式构成排比，吸引读者注意，增加了评价的语势，质疑和挑战对方立场。例（67）运用三个分句构成排比，强化评价语势，显性评价了文登警方处理产生的负面影响。

因此，排比是评价级差表达的一种修辞策略。不仅形式齐整，语气一致，气势不凡，而且表意充足酣畅，渲染淋漓尽致。

（三）反复

陈望道（2001：203）指出："用同一的语句，一再表现强烈的情思的，名叫反复辞。"例如：

（68）平城风：呸，呸，呸，重要的话要说三次［崩溃］（文登事件，2015 - 07 - 24 20：16）

（69）爱我带我去看电影：严惩不贷！！严惩不贷！！严惩不贷！！严惩不贷！！（李双江儿子打人事件，2011 - 09 - 08 08：57）

（70）WO 要玩转地球：#极速互联随我行#小小年纪无证驾驶，违法！套牌，违法！打人，违法！如果纵容，迟早是社会败类！不可宽恕！（李双江儿子打人事件，2011 - 09 - 08 08：51）

例（68）连用三个"呸"，构成连续反复。表达了立场主体"平城风"对"文登警方"微博强烈的不认同和否定。例（69）连用四个"严惩不贷！！"，构成连续反复，态度强烈，实施了评价的参政议政功能。例（70）用了三个"违法"，构成间隔反复，实施评价的网络监督功能。

因此，连续反复，节奏感强，在网络热点事件文本中，是一种重要的强化手段。反复修辞表达了作者强烈的情感态度，加深了读者的印象，引发读者思想感情共鸣，最大限度地拉拢读者，建构话语联盟。反复是增强评价量级的一种重要的强化策略。

（四）层递

陈望道（2001：210）指出，"层递是将语言排成从浅到深，从低到高，从小到大，从轻到重，层层递进的顺序的一种辞格"。这种递升或递降的方式有利于表达级差评价。例如：

（71）上台演戏：神棍自问自答：一个字，装。两个字，装逼。三个字，装逼犯。（姚贝娜事件，2015 - 01 - 18　09：07）

例（71）综合运用层递和设问辞格，从"装"到"装逼"，再到"装逼犯"，言简意赅，语义层层递进，又引人注意，强化了评价意义。

（五）映衬

陈望道（2001：94）将映衬定义为："这是揭出互相反对的事物来相映相衬的辞格。"映衬有烘托和反衬两类表达形式，其修辞功用就是更加鲜明地凸显主体或增添某种情味色彩。在微博文本中，映衬的这一强化功能能有效地突出表达主体对评价对象的评价力度。例如：

（72）雅杰露水：一边家属悲痛欲绝，一边乔装潜入拍摄尸体，我想一个记者要多无耻卑鄙才会如此下作。现在记者总喜欢站在道德大树上，嘲讽普罗大众，似乎自己就是一尘不染的圣者。殊不知，那千万像素的相机能影像出人世百态，也能浅射出拍摄者的灵魂。深圳晚报记者，用自己特定曝光方式，折射出中国媒体最丑陋的面具！（姚贝娜事件，2015 - 01 - 17　21：28）

例（72）用"一边家属悲痛欲绝"，"一边乔装潜入拍摄尸体"，建构映衬辞格文本模式，深刻地揭露了新闻记者为了强拍新闻违背伦理道德的行为，强化了负面评价的力度。

（六）设问

陈望道（2001：143）指出，"胸中早有定见，话中故意设问的，名叫设问"。例如：

（73）秋天的提琴：释放出什么信号？出大事了找几只替罪羊糊弄糊弄百姓，然后高高举起轻轻放下最后不了了之，权势集团依旧为所欲为前腐后继该干吗干吗……（天津爆炸事件，2015 - 08 - 28　00：49）

设问是无疑而问、明知故问或自问自答的修辞方法。表达作者强烈的情感，希望引起读者的注意，与自己产生强烈的情感共鸣。因此，设问强化读者注意和增强评价语势，旨在引导读者进入作者的话语立场，是联盟读者的一种修辞策略。

（七）反问

反问只问不答，答在问中。反问的修辞功用是加强语气，增加话语表达的情感色彩，并且反问所表达的情感力度远高于一般的肯定句或否定句。在微博文本中，反问在表达质疑、嘲讽、揶揄、呼吁等消极情绪方面有明显的倾向性，是加强评价语势的一种常见手段。例如：

（74）初学者＿58176：回复：@ shifeichengbaizhuantoukong：三天的豆芽子你还伸嘴了，你算那盘子菜？（天津滨海爆炸事件，2015－08－25　13：30）

（75）天浪 Tim：机会你妹！！难道中国没法律了吗？只要依法办事就行，我们也不敢奢求什么严惩。（李双江儿子打人事件，2011－09－08　08：50）

用反问修辞质疑、挑战对方立场，语气更强烈。

（八）换算

刘凤玲、邱冬梅（2010：348）指出："把比较抽象的或需要特别强调的数字加以具体化、形象化，这种修辞手法叫作换算。"在网络热点事件文本中，换算是提高评价强度的一种修辞方式。例如：

（76）中国经营报：【"青岛大虾"成新计量单位　每平方米"188 只"售房广告引吐槽】2015 年 10 月 16 日，重庆，一住宅促销广告牌写着"188 只青岛大虾/㎡起"，不禁令众多购房者咋舌。如今，"青岛大虾"俨然成为一种新的"货币计量单位"，该住宅起价7144 元/㎡被换算为 188 只"青岛大虾"。http：//t. cn/RydSyIk（青岛大虾事件，2015－10－18　16：30）

换算修辞的目的是使抽象的数字具体化、形象化。例（75）换算修辞既达到了吸引眼球的宣传效果，又与"青岛大虾事件"照应，运用隐性评价方式，从侧面强化了青岛大虾的天价。

（九）同字

黄民裕（1984：135）指出："为了把话说得和谐悦耳，顺口易记，把相同的字放在三个以上的词（或句）的开头（或末尾），这样的修辞手法，叫同字。"同字能强化读者注意，是提高评价力度的手段。例如：

（77）评论员海豚：青岛大虾就是贵点至少没要命，看看去了香港小命都没了［太阳］香港，买，挨宰；不买，挨揍。香港，购物者天堂；但不购物，送你上天堂。去了香港才知道，没有买卖，也会有杀害。去香港购物讲粤语打八折，讲英语打六折，讲普通话打骨折［太阳］（青岛大虾事件，2015 - 10 - 23　09：06）

（78）媒体人七叔：中国土豪的最新四大标志：敢扶大爷大妈，敢拍马云涂鸦，敢买路边切糕，敢点青岛大虾！（青岛大虾事件，2015 - 10 - 08　02：32）

例（77）中"去香港购物讲粤语打八折"、"讲英语打六折"、"讲普通话打骨折"，三个分句末尾同一"折"字，属于同字修辞格。同时，运用了对比修辞，对比鲜明，凸显了香港商家对待不同语言顾客不同的态度。

例（78）综合运用了同字和排比修辞格。四个分句开头同一个"敢"字，串联几个网络热点事件，非常贴切和风趣，念起来顺口，听起来顺耳，妙趣横生，给人以深刻印象。属于评价意义表达的强化手段。

此外，网络热点事件微博文本中还经常使用辞趣。陈望道（2001：234）指出，辞趣"就是语言文字本身的情趣的利用"，"便是如何利用语言文字的意义上、声音上、形体上附着的风致，来增强话语文章的情韵问题"。辞趣涵盖了音趣、形趣和意趣。谭永祥（1992：477）认为，"辞趣是富有表现力的亚辞格的言语现象及有助于提高表达效果的词语的音调或字形字符、书写款式所体现出来的情趣"。例如：

（79）stein1207：回复@ lilycat0612：哼～（李双江儿子打人事件，2011 - 09 - 08　09：40）

（80）xinlang 冬瓜先生：如你所言，但是然！并！卵！［哈哈］（青岛大虾事件，2015 - 10 - 08　18：25）

（81）Bearbearbear—：不！敢！去！去！不！起！（青岛大虾事件，2015 - 10 - 09　09：47）

（82）石印青：大陆地区这些积压已久的问题终于爆发了。几句歌词概括商家："吃的是良心，拉的是思想。"为什么中国企业和商家总是很难做到摸着良心赚钱。永远就是宰，骗，坑。这种情况没人能管吗？拉倒吧，大部分官员都是一群土鳖，道德缺失的人做了官，告诉我，我，该，凭，什，么，去，拥，抱，我，的，祖，国？（青岛大虾事件，2015 - 10 - 09　10：46）

例（79）微博作者用鼻化音"哼"，还加一个延音符号，这种附着在语言上由鼻腔发出的一种声音，与"文字的内里相顺应"，属于音趣，增添和强化了对李双江儿子打人行为不满、鄙视和嘲讽等评价意义。

例（80）"然！并！卵！"是"然并卵"的顿音形式，例（81）"不！敢！去！去！不！起！"是"不敢去！"和"去不起！"的顿音形式，强烈地表达了作者不愿去青岛旅游的原因和态度。例（82）"我，该，凭，什，么，去，拥，抱，我，的，祖，国？"是"我该凭什么去拥抱我的祖国？"的顿音形式，属于音趣，强烈地表达了网友对中国失望的情感态度。

刘凤玲、邱冬梅（2010：379）指出，顿音是"表达者有意借用语音的停顿来增添语言的波澜，以构成情趣"。此外，形式上也增添了情趣，兼有形趣。这些标点符号在网络热点事件的微博文本中可以打破常规，变异使用，表达一种特殊的情感。通过逗号、感叹号顿音，加重了声音的分量，形式上也新颖别致，强化了信息和情感，既吸引读者注意，又更有情趣，达到了特殊的表达效果。因此，辞趣也是吸引读者注意，强化评价意义的一种手段。

三　修辞格与介入系统

刘悦明（2012）指出，"如果说态度和级差系统解析的是作者的遣词造句问题，那么介入系统则是谋篇布局的问题，也就是语篇修辞问题"。介入系统分析指的是分析作者当下话语怎样对其他作者的话语、其他业已存在的观点进行磋商结合的，包括声援、赞同、反对和中立（Martin & White，2005：97—98）。在网络热点事件的微博文本中，引用（包括用典）、仿拟、双关、反问等修辞格与介入系统有密切关系。

（一）引用

引用属于多声介入，实现的是扩展性多声。一般是中性引述，属于归属中的承认资源。引用当事人话语，增强真实性和生动性。引用权威声音，增强挑战的难度，有利于建构一致性话语立场。陈望道（2001：104）指出，"文中夹插先前的成语或故事的部分，名叫引用辞"。引用有明引法和暗用法。明引法注明出处，暗用法不说明出处。用典也是一种引用，是一种对历史故事或书籍的引用。用典使语境重构意义再现，一方面，体现了作者与历时话语的互动；另一方面，含蓄而又巧妙地讽刺现实，建构读者。这种"据事以类义，援古以证今"的方式，是实现对话扩展的一种话语策略。例如：

（83）鲶鱼仙儿：树倒猴狲散，墙倒众人推。（青岛大虾事件，2015 - 10 - 09　11：44）

（84）战呼局金科长：庆父不死，鲁难未已。混蛋警方！（文登事件，2015 - 09 - 14　09：30）

（85）巅峰倦客：自干五们还是洗洗睡吧，赵太爷的家事儿不是尔等该说的，再说了，尔等也配姓赵吗？配姓赵吗？［笑 cry］［笑 cry］［笑 cry］（文登事件，2015 - 07 - 24　19：24）

（86）没风放飞：国家乱了，警察最先受冲击，他们不管，我们操哪门子的心？我们都不配姓赵。（文登事件，2015 - 07 - 24　19：20）

例（83）"树倒猴狲散"出自宋代庞元英《谈数·曹咏妻》，比喻为首的人垮下来，随从的人无所依附也就随之而散（含贬义），微博作者采用暗用法，没注明出处。"墙倒众人推"亦然。例（84）典故出自《左传·闵公元年》："不去庆父，鲁难未已。"意思是不杀掉庆父，鲁国的灾难不会停止。比喻不清除制造内乱的罪魁祸首，就得不到安宁。也是采用暗用法，为负面评价文登警方提供支撑。例（85）"赵太爷的家事儿"、"配姓赵吗"，例（86）"不配姓赵"，典故出自《阿Q正传》，戏谑和嘲讽自干五不配和五毛攀亲，对自干五持反对立场。

在网络热点事件文本中，作者或说话人阐述自己的观点、看法的过程中，往往引用或转述他人的看法和观点，语篇中就有了多种声音。一般援引他人的观点和看法是为建构作者或说话人的观点看法和立场服务。从作者或说话人引述的方式上看，有直接引语和间接引语之分。例如：

（87）青草颜竹：总理说了，英雄没有编外！（天津滨海爆炸事件，2015 - 08 - 18　09：47）

（88）陆子野：弱弱地感叹一句，李家真是名爹辈出。顺便引用一句狄更斯的话，这是一个最好的时代，也是一个最坏的时代，这是一个拼爹的时代，也是一个坑爹的时代。（李双江儿子打人事件，2011 - 09 - 08　09：45）

（89）头条新闻：#热点#【青岛大虾事件，中消协回应】中消协表示，希望政府有关部门对不法经营者采取零容忍态度，依法严厉处罚。同时，中消协提醒广大消费者，在消费中坚持自主消费、依法维权，对于损害消费者合法权益行为要积极主张自身权益，及时寻求政府有关部门、消费者组织和新闻媒体的帮助。（青岛大虾事件，2015 - 10 - 08　16：54）

Sasha_ Yang：对于如此恶劣的价格欺诈事件，如果消协的反应仅限于不痛不痒的"希望"，那这个组织存在的意义又在哪里？（青岛大虾事件，2015 - 10 - 08　18：17）

（90）天天家的宝贝轩：想起了当年赵丽蓉拍的一个小品。（青岛大虾事件，2015 - 10 - 09　22：29）

（91）初学者_ 58176：全面建成小康社会，全面深化改革，全面依法治国，全面从严治党。（毕福剑视频事件，2015 - 08 - 26　09：45）

例（87）运用直接引语，信源是李克强总理，具有权威性，引文是"英雄没有编外"，旨在建构一致性话语立场，没有引号，是因为网络语言标点符号的随意性。例（88）引用作家狄更斯的话，是翻译过来的，所以是间接引语，属于承认介入，旨在开启对话空间。例（89）立场主体"头条新闻"微博引用中消协的话，是间接引语，属于承认介入，旨在打开对话空间。而立场主体"Sasha_ Yang"与立场主体"头条新闻"和"中消协"互动，略语取意引用"希望"两字，也是间接引语，属于疏远介入，共同建构了分歧型话语立场。例（90）引用历史文本"赵丽蓉拍的一个小品"，是间接引语，属于承认介入，旨在开启对话空间。例（91）引用习近平的"四个全面"，是间接引语，属于承认介入，旨在实现对话扩展。

　　总之，引用介入属于扩展性多声，体现了文本的互文性。信源是权威人士或权威机构，能凸显权威性和真实性，容易得到读者的认可。一方面显示客观、真实、生动；另一方面也渗透了作者的态度。因此，引用是作者借他人之口发自己之声的介入策略。

（二）仿拟

　　仿拟可以看成是对历史话语的互动、吸收和改编，体现了微博文本的互文性，是评价态度的介入方式。例如：

　　（92）NicolasPang：一朝被虾咬，十年怕青岛。（青岛大虾事件，2015 - 10 - 13　17：46）

　　（93）艾碧希帝依弗基：洛阳亲友如相问，我在青岛吃大虾。（青岛大虾事件，2015 - 10 - 08　17：54）

　　（94）Provenc_ e：好坑山东欢迎您。［挖鼻］（青岛大虾事件，2015 - 10 - 09　19：50）

　　（95）贾爱军2012：花巨资打造的"好客山东"，一夜之间让一盘大虾毁了，变成了"好坑山东"！（青岛大虾事件，2015 - 10 - 09　12：26）

　　（96）共你万人拥吻：好坑山东欢迎您！　（青岛大虾事件，2015 - 10 - 09　15：59）

　　（97）煎饼夹哈哈果：黑客山东欢迎你！黑岛市欢迎你！！（青岛大虾事件，2015 - 10 - 09　12：28）

　　（98）weidforever：吃大虾，来青岛！宰客山东欢迎你！（青岛大虾事件，2015 - 10 - 09　21：57）

例（92）本体是"一朝被蛇咬，十年怕井绳"，仿拟体是"一朝被虾咬，十年怕青岛"。例（93）本体是"洛阳亲友如相问，一片冰心在玉壶。"，仿拟体是"洛阳亲友如相问，我在青岛吃大虾"。例（94）、例（95）、例（96）本体是"好客山东"，仿拟体是"好坑山东"。例（97）本体是"好客山东"，仿拟体是"黑客山东"，本体是"青岛市"，仿拟体是"黑岛市"。例（98）本体是"好客山东"，仿拟体是"宰客山东"。这是网络热点事件中的恶搞和戏仿，目的是地域黑（黑青岛），实施评价的信息传递、情感宣泄、参政议政和施为导向等话语功能。微博作者运用引用和仿拟介入自己态度，通过全民恶搞和戏仿，"天价虾"成为旅游地宰客的代名词，青岛形象遭到严重损害。

仿拟建立在本体被大范围传播和认知的基础上，仿体的表达效果依赖于人们对本体的熟知。网络热点事件不是孤立的，微博作者由此及彼，通过对历史话语的仿拟，介入作者态度。若从接收的角度看，仿拟的使用，也可以使受众更容易推导和理解微博作者的立场态度。因为，"就仿拟现象而言，其语用推理往往表现为一种'短路推理'，即接受者常常并不需要经过复杂的分析思考就能获得该语言对象的语用意义"（徐国珍，2003：96）。例如：

> （99）杨小健就叫杨小健：新版本啊，"我爸是李双江"。（李双江儿子打人事件，2011 - 09 - 08　08：49）

例（99）河北大学交通肇事案发生后，"我爸是李刚"成为网络流行语。李双江儿子打人事件后，网民通过类比思维仿拟"我爸是李刚"造出"我爸李双江"，这一仿拟形式的运用直接彰显了网民对李天一的立场态度，李天一与李刚之子极其相似的飞扬跋扈形象也不言自明了。

本体和仿体形成明显的互文关系，网络舆论场中的仿拟，一般通过历时台词、成语、诗歌、列传等其他语篇的互文指涉来实现，蕴含幽默、娱乐、反讽等表达效果，开启了协商对话的空间。

（三）双关

谐音双关也可以说是历史话语的吸收和改造，体现了微博文本的互文性，是作者评价态度的介入的方式之一。例如：

（100）有时很神经：红星"罩"儿去战斗［嘻嘻］（李双江儿子打人事件，2011－09－08　09：39）

（101）伴客：我爱五指扇，我爱万拳吓（he）。革命的钢枪成功交给了下一代！（李双江儿子打人事件，2011－09－08　08：54）

例（100）"罩"是"照"的谐音，运用双关修辞，一方面，关照李双江演唱的歌曲《红星照我去战斗》；另一方面，关照李双江儿子打人事件。这是与历史文本的互动，是对历史话语的吸收和改编。"罩"有"出了事情我保护你"的意思，讽刺了李双江纵子行凶，表达了作者对李双江儿子持负面评价立场。

例（101）"五指扇"是"五指山"的谐音，"万拳吓"是"万泉河"的谐音，运用双关辞格，一方面，关照了歌曲《我爱五指山我爱万泉河》；另一方面，关照李双江儿子打人事件。嘲讽、恶搞李天一打人，巧妙地表达作者对李氏父子的负面评价。

上述例子通过谐音让本无联系的两个词语联系起来，新词与原词形成了明显的互文关系，实现了扩展性多声介入。

（四）反问

用反问辞格，属于介入系统中的收缩性多声：否定介入。例如：

（102）小静晶：都特么的影响到大港油田了，周围同事朋友哪个不是喊嗓子疼？没毒身体能不舒服吗？死砖家！！！（天津滨海爆炸事件，2015－09－18　00：03）

（103）思念逝去的青春：既然不影响健康，尼玛还穿什么防护服，这不是自打嘴巴吗？（天津滨海爆炸事件，2015－08－28　20：59）

例（102）、例（103）用反问辞格，否定了天津环保局"爆炸周边区域臭味不影响健康"的观点，与官方构建分歧型话语立场。属于收缩性多声资源，压制了与受众协商对话的空间。

因此，从修辞视角考察评价的介入方式，能发现文本建构者如何利用修辞格将自己的立场观点巧妙地植入外部声音之中以达到诱导读者进入自己的立场体系，即如何借助外部声音嵌入评价态度实现立场共建和立场分离。

四　小结

修辞分广义修辞和狭义修辞。限于篇幅，本章只探讨了狭义修辞，主要考察了修辞格与评价的态度系统、级差系统和介入系统的关系，论述了修辞格在评价系统中的作用。

修辞与态度系统密切相关，修辞格在态度意义的建构中发挥重要的作用。在网络热点事件文本中，修辞格主要用来表达隐性评价和负面评价，提高语言的表达效果和接受效果。

修辞格与级差系统密切相关，这不仅基于排比、反问、层递、映衬等修辞格自身的表意或语势强化功能，而且从接受的角度看，这些修辞格可以强化读者的注意，提高评价强度，共同建构一致性立场。立场具有主观性、互动性和评价性，一致性立场与"共同的注意力"（Tomasello，1995：103—130）密切相关。因此，网络热点事件文本中，修辞格的运用一般是为了强化评价强度，为建构一致性话语立场服务。

修辞与介入系统也有密切关系，特别是引用、仿拟、双关、反问等修辞格，充分体现了网络热点事件文本的强烈互文性。通过介入系统的修辞格考察，可以帮助我们了解微博文本是怎样在互动中争取团结一致实现话语联盟的。

因此，围绕网络热点事件，网民运用各种修辞格，充分发挥语言智慧，全民参与话语运动，用幽默、诙谐，嘲讽、挪揄、娱乐、恶搞的语言形式，搞笑中带着心酸，心酸中又夹杂着力量，共同实现文本的信息传播、情感宣泄、立场建构、参政议政、网络问责、利益诉求和语篇建构等多种功能。

第十一章

网络热点事件文本中评价的
功能及其实现

一 语言的功能观

所谓语言的功能，即我们用语言来谈论事情或事件，用语言来促使某件事情的发生。塞尔就曾经指出，"评价语句的言语行为目的是表达情感态度，表扬或指责、奉承或侮辱、推荐或建议、命令或指挥等，向受话人实施影响的一种行为"（Searle，1968：187）。语言作为人类最重要的交际工具，负载着各种各样的功能，这已经成为语言学家们的共识。

德国心理学家、语言学家比勒（Karl Buhler）提出了语言的表现功能（expressive）、呼吁功能（conative）和描述功能（representational）。布拉格学派穆卡洛夫斯基（Mukarovsky）在比勒三功能说的基础上补充了美学功能（aesthetic function）。雅各布森（1960）在其著名论文中《语言学与诗学》中扩充到六功能说，即指称功能、诗歌功能、表情功能、呼吁功能、寒暄功能和元语功能。而最具影响的当数系统功能语言学派韩礼德提出的语言三大元功能。

韩礼德将语言的纯功能分为三种：概念功能、人际功能和语篇功能。概念功能包括经验功能和逻辑功能，经验功能是指语言对人们在现实世界（包括内心世界）中的各种经历的表达，逻辑功能指的是语言对两个或两个以上的意义单位之间逻辑关系的表达。

人际功能，就是指语言除具有表达讲话者的亲身经历和内心活动的功能外，还具有表达讲话者的身份、地位、态度、动机和他对事物的推断、判断和评价等功能。"所谓人际功能，指的是语言除了传递信息之外还具有表达讲话者的身份、地位、态度、动机等功能。"（李战子，2002：10）

语篇功能，就是指在语义层中，把语言成分组织成为语篇的功能。语篇功能通过主位结构、信息结构和衔接等方式来体现。

需要说明的是，语言的三种功能不是彼此独立、界限分明的，而是一个统一体，在文本中是同时实现的。实现概念意义、人际意义和语篇意义的语言资源可以区分但又互相交错。人们用语言来表征内部外部世界的概念，促进人际互动，把语言组织成语篇。我们将系统功能语言学应用于意识形态文本的研究，研究作者如何用语言参与社会实践，如何用语言影响和控制读者的思想、态度和立场，巩固既有的意识形态和确立新的意识形态等。因此，我们研究评价语言重点关注人际功能，这是由认知、评价和互动等语义手段来实现的。

二　评价的互动审视

（一）对话理论、互文性理论的启示

苏联文艺理论家巴赫金的对话理论认为，"语言只能存在于使用者之间的对话交际之中。对话交际才是语言的生命真正所在之处。语言的整个生命，不论是哪一个运用领域里（日常生活、公事交往、科学、文艺等等）无不渗透着对话关系"（巴赫金，1998a：242）。对话突出"对"，"对"的丰富内涵是"双向"以至"多向"交流。语言是交际中的语言，对话只存在于人与人之间在用语言表达思想、情感、立场时发生的关系之中，这是巴赫金语言思想的基本观点。在巴赫金看来，一切表述都是对话性的。"每一个表述首先应视为对该领域中此前表述的应答（我们这里对'应答'一词作最广义的理解）：它或反驳此前的表述，或肯定它，或补充它，或依靠它，或以它为已知的前提，或以某种方式考虑它。"（巴赫金，1998b：177）

对话性可以分为外在对话性和内在对话性，外在对话性表现为交际者你来我往的话轮，内在对话性是指某个人的一席话或写的文章包含了他人声音、他人话语而在自身内部产生了对话关系。话语中存在两个或两个以上相互作用的声音，形成同意与反对、肯定和否定、保留和发挥、判定和补充、问和答等言语关系。

在巴赫金对话理论的基础上，当代法国文艺理论家茱莉娅·克里斯蒂娃在《符号学：符义解析研究》一书中首次提出了"互文性"这一概念：

"任何文本都是由引语的镶嵌品构成的，任何文本都是对另一文本的吸收和改编（Kristeva，1986：37）。"这里的"另一文本"，也就是我们通常所说的"互文本"，可用来指历时层面上的前人或后人的文学作品，也可指共时层面上的社会历史文本。而"吸收"和"改编"则可以在文本中通过戏拟、引用、拼贴等互文写作手法来加以确立，也构建作者和读者共享的意识形态。

费尔克兰福将互文性定义为"文本的一种基本属性，即包含其他文本的片段，而这些文本片段可能在一个文本中被清晰地划分或糅合，这个文本也可能对这些片段进行反驳、甚至嘲弄等"（Fairclough，1992：104）。费尔克兰福借鉴法国话语分析学派使用的术语，将语篇互文性区分为"语篇表层的互文性"（manifest intertextuality）和"语篇深层的互文性"（constitutiveint ertextuality）（Fairclough，1992：104）。表层互文性在语言层面中有清晰可见其他语篇的痕迹特征。而深层互文性的语言特征则是隐含模糊的。语篇表层的互文性可以包含 5 个范畴，即话语引述、预设、否定、超话语和反语（Fairclough，1992：119）。

萨莫瓦约指出，共时层面上一个文本对另一个文本的"吸收"和"改编"，可以在文本中通过引用和粘贴等互文写作手法来加以完成。这种互文手法可以具体分为：合并和粘贴。在合并手段中又可细分为：引用、准确参考、简单参考、暗示、暗含和抄袭等（萨莫瓦约，2003：138）。

程锡麟（1996）认为，"互文性的引文从来就不是单纯的或直接的，而总是按某种方式加以改造、扭曲、错位、浓缩或编辑，以适合讲话主体的价值系统"。辛斌（2008）也指出，互文材料很少只是被简单地嵌入某一语篇，而是根据该语篇内部的逻辑关系和语义结构被重新加以利用。武建国（2012）进一步将篇际互文性分为融合型篇际互文性、镶嵌型篇际互文性、转换型篇际互文性和链接型篇际互文性。

我们认为，巴赫金的对话理论和克里斯蒂娃、费尔克兰福等人的互文性理论，从本质上都可以理解为一种言语的互动。沃罗诺夫认为，言语互动是语言的一个基本事实，对话可以从一个更广的意义上来理解，既包括面对面的实际言语交际，也包括任何类型交际中的言语表现，其中书面话语也可以被认为是在更高层面上关于思想意识的商谈（Volonov，1995：139）。

这些文艺理论家的语言学思想，为我们研究语言提供了新的视角，具有语言学上的普遍意义。诚然，语言中无不包含着互动性。任何言辞都是交际中的言辞，任何言辞都是互动的言辞。任何文本之间是互相参照、彼此关联的。不存在任何单一的、与世隔绝的元文本。互文性理论拓展了文本的阐释空间，也使其他文本得到再阐释。网络热点事件文本的对话性和互文性非常明显，既有表层的互文性，也有深层的互文性。互文性理论为我们进行微博文本的评价分析，提供了一种新的研究视角。

（二）网络热点事件相关话题微博文本的互动模式

社会热点事件是多信源、多中心、多传手的环状相互嵌套的随机传播模式（李彪，2011：90—99）。微博文本具有很强的互动性，呈现多层次、多向度的互动。微博文本是一种典型的多模态文本，文字、表情、图片、音频、视频和链接等多媒体形式都能整合在一条微博之中，具有即时性和交互性。微博用户都期待更多的听众关注并积极互动。关注越多，粉丝越多，微博用户的影响力越大。互动包括网民与网民之间、网民与其他文本创作者之间的显性互动，如相邻、融合、镶嵌、转换或链接等，也包括微博作者与读者或潜在读者（想象读者）之间的隐性互动。其传播机制是"网状—链式"及循环嵌套的传播。

根据微博用户划分，"文登7·22事件"微博文本的互动模式可以分为官方微博与官方微博之间的互动、微博用户与官方微博之间的互动、意见领袖和意见领袖之间的互动、普通草根用户与意见领袖之间的互动、普通草根用户与普通草根用户之间的互动等。

1. 官方微博与官方微博之间的互动

文登7·22事件，文登公安局官方微博"文登警方在线"发布长微博如下：

（1）文登警方在线：【公安机关依法对"7·22"涉案人员做出处理】7月24日，威海市公安局文登分局对"7·22"治安案件事实进行了查证：2013年以来，侯某某与梁某某、陈某某等人经常在网上发表不同言论，进而形成纷争、谩骂，并经常在网上互称要和对方见面"理论"。案发前，梁某某、陈某某、张某某、张某某4人来到文登，梁某某同时准备了甩棍等作案工具。案发当日上午，陈某某数次通过QQ约侯某某见面"理论"，侯某某均做出见面"理论"的回应；13时40分许，侯某某同孙某（男，20岁，系侯某某同学）等人员从文登师范学校校内走到校门口，侯某某先与陈某某互殴，后梁某某、张某某、张某某、孙某等参与斗殴，致侯某某、张某某轻微伤。

根据查明的事实，依据《中华人民共和国治安管理处罚法》第二十六条第（一）项，威海市公安局文登分局对涉案双方人员做出行政处罚决定：对陈某某、梁某某分别处以行政拘留十五日，对侯某、张某某、张某某处以行政拘留十日，对孙某处以行政拘留七日。其中，梁某某、侯某某、张某某因年龄已满16周岁不满18周岁、初次违反治安管理，依据《中华人民共和国治安管理处罚法》第二十一条第（二）项，行政拘留不执行。（文登事件，2015 - 07 - 24　17：58）

官方微博"威海警方在线"互动微博如下：

（2）威海警方在线：【7·22案：得到依法处理】事实清楚，定性准确，处罚得当……7·22案，是一起普普通通的治安案件，已经处理完了。@文登警方在线（文登事件，2015 - 07 - 26　08：41）

例（2）威海市公安局官方微博与"文登警方在线"互动，支持下属单位，对文登警方给予正面评价。

（3）公安部刑侦局：【清除网上黑恶势力事关国家安全】类似于"纳吧"的网上黑恶势力的实质是教唆青少年成为西方反华势力颜色革命的马前卒。意识形态领域的网络颠覆活动绝非一般性治安事件，社会各界要高度警惕，以必胜的信心与其进行长期性斗争，将依法治国落实到深层次和方方面面。O网页链接@共青团中央（文登事件，2015 - 08 - 03　16：29）

例（3）公安部刑事侦查局官方微博与"文登警方在线"和"威海警方在线"以及"共青团中央"互动。网页链接援引了中青网评论员刘腾岳的评论文章《清除网上黑恶势力事关国家安全》，是微博与其他媒体文本的互动。对事件予以定性："绝非一般性治安事件"，对"纳吧"网上黑恶势力予以负面评价，实际上是对文登警方办案予以否定。

2. 微博用户与官方微博之间的互动

微博用户与官方微博之间进行互动，例如：

（4）强国老吴：根据调查所得种种事实，文登打人案是确凿无疑的黑恶势力案件，官方对此点现已基本达成一致。所以文登事件不能算完。我认为，爱国网友应发扬"将革命进行到底"的精神，不获全胜决不收兵。应施加压力要求当地警方更正错案，对涉案的黑恶势力进行严厉打击，同时对受害人小侯赔礼道歉。@文登警方在线（文登事件，2015 - 08 - 10 16：16）

（5）格桑梅朵汝奇：严厉打击网上黑恶势力！［赞］［给力］［给力］@西藏共青团：【网络暴力受害者控诉施暴者的五种残害手段】随着山东文登"7·22"事件舆论的持续发酵，网络暴力这个词再次进入公众的视野，与以往出现网络暴力情形有所不同，这次一些青年遭受谩骂、攻击、污蔑、人肉搜索甚至线下人身攻击、追踪围剿，原因是他们在互联网上发表爱国言论。http：//t. cn/RLjzfVP@中国青年网（文登事件，2015 - 08 - 04 12：23）

例（4）微博用户"强国老吴"与官方微博"文登警方在线"互动，要求文登警方更正错案，与文登警方建构分歧型话语立场。例（5）微博用户与官方微博"西藏共青团"互动，与西藏共青团建构一致性话语立场。

3. 意见领袖与意见领袖之间的互动

意见领袖拥有众多粉丝，是微博传播的重要节点。意见领袖与意见领袖之间的互动，例如：

（6）点子正：你若爱国，我必相随。［话筒］//@平民王小石：正因预见到文登案不公处理可能引发重大风险，清醒的媒体与自干五们顶住重重压力坚定地追寻公平正义，一边质疑文登警方按照普通治安事件处理的草率与不公正，同时齐心协力帮助警方搜集整理"纳吧"团伙的犯罪证据与线索。（文登事件，2015 - 08 - 04 21：17）

（7）司马南：单仁平的文章写得很用心，或是关于文登事件报纸评论中最见功力的一篇。文章大部分观点都说得过去，但对"文登警方偏袒持械寻衅者"态度不够鲜明，对警方在其微博中"约架团央"的批评，话说得也过分含混。须知，这不是一起普通治安事件，公知蹦极跳即是证明。http：//t. cn/RLKTm8h。（文登事件，2015 - 07 - 28　11：57）

（8）司马南：一案三问，不平则鸣。//@平民王小石：①警察若只看现场，不追查缘由也不论是非，那么法律上还会有正当防卫吗？岂不一律是互殴。②警察办案首先向双方讯问案情，怎会不知缘由和是非？③即便只看现场，有备持械殴打是治安案件？@山东公安（文登事件，2015 - 08 - 18　13：34）

例（6）"点子正"与"平民王小石"互动。例（7）司马南微博链接《环球时报》评论员单仁平的评论《文登事件不会挫伤爱国主义》，与单仁平互动。例（8）"司马南"与"平民王小石"互动。这些都是属于意见领袖与意见领袖之间的互动。

意见领袖与意见领袖之间的互动模式，面向的是所有粉丝用户，本质上也是多对多的传播方式。

4. 普通草根用户与意见领袖之间的互动

普通草根用户队伍庞大，接力式参与意见领袖微博的转发和评论，或赞成、或补充、或磋商、或反对。例如：

（9）魔都独行者：山东方面正在不惜动用一切手段和资源，开动各种宣传工具，发动各类五毛，为其在文登事件中的不作为乱作为洗地。公正，任重道远！//@平民王小石：就一个文登案，国人若团结质问，何愁不得公正？（文登事件，2015 - 08 - 08　18：51）

（10）一帘媚阳：文登青年信息的泄露，直接造成后面的约架事件，往严重里说是"警逼民反"，往轻里说就是"我们爱国，但是警察叔叔用实际行动告诉我们不可以爱国"。（文登事件，2015 - 08 - 03　21：49）

例（9）"魔都独行者"与"平民王小石"互动，属于草根用户与意

见领袖之间的互动。例（10）"一帘媚阳"的微博中网页链接了意见领袖
周小平的微博文章《严重关注"7·22 文登治安案件"公民信息被违法泄
露一案!》，属于普通草根用户与意见领袖之间的互动。

还有许多草根用户只转发微博，不发表言论。例如：

（11）悠野 V：//@ 大尸凶的漫画：客观公正，秉公执法。不为
周围言论左右，为你们点赞。所谓的"爱国"不是法律的挡箭牌
［good］（文登事件，2015 - 07 - 24　19：00）

例（11）悠野 V 转发了意见领袖"大尸凶的漫画"微博。转发是声
音的复制，这可以看成与意见领袖持一致性话语立场。

5. 普通草根用户与普通草根用户之间的互动

微博用户绝大多数是普通草根用户，他们在微博平台上发声，自由表
达各种观点和立场。微博舆论场中普通草根用户与普通草根用户之间的互
动频繁，他们围绕"文登事件"相关话题进行转发和评论。各种声音同
声相和，异声相杂，形成一个"众声喧哗"的巨大声场，表达着各自的
政治倾向和利益诉求。例如：

（12）shishi1963 - 2：//@ 华夏绝世傲视：打黑除恶，刻不容
缓! //@ 不沉默的大多数：［赞］//@ 平安中条：如果任由意在颠覆
中国的网上黑恶势力发展下去，我们将犯下无可挽回的历史性错误。
（文登事件，2015 - 08 - 12　01：18）
（13）中国地形：葫芦僧判定葫芦案的现实版。［笑 cry］//@ 华
夏麻辣烫：回复@ XP 波记：山东警方给全国公安机关带了个好头!
［怒］［弱］［吐］//@ XP 波记：真的很失落，听到这个消息//@ 华
夏麻辣烫：［弱］［弱］［弱］（文登事件，2015 - 07 - 24　18：54）

例（12）"不沉默的大多数"与"平安中条"互动，"华夏绝世傲
视"与"不沉默的大多数"互动，"shishi1963 - 2"转发微博互动。例
（13）"XP 波记"与"华夏麻辣烫"互动，"华夏麻辣烫"与"XP 波记"
互动，"中国地形"与"华夏麻辣烫"互动，可以看出集体围观。这些都
是普通草根用户与普通草根用户之间的互动，形成链状套叠结构。

总之，网民与网民之间通过微博展开对话与交锋，观点之间互相投射，互相浸淫，互相校正和调节。微博文本中各种声音浮出水面，其中官方微博和意见领袖发挥了议程设置功能，奠定着话语的基调，引导着微博舆论的走向。当然，也有普通微博用户以多取胜控制话语权的，如"青岛大虾事件"。

三　网络热点事件文本中评价的主要功能

Thompson 谈到，评价是"所有语篇意义的核心问题，任何对语篇中有关人际功能的分析必然涉及评价……评价是指说话者对事物（如人、事件、行为……观点等）的看法，通常有好坏之分，也有强弱之别"（Thompson，1996：65）。Martin 等对评价理论的解释是，"评价理论是关于评价的，即语篇中所协商的各种态度、所涉及的情感的强度以及表明价值和联盟读者的各种方式"（Martin & Rose，2003：23）。

Thompson 和 Hunston（2000：6）指出，评价的功能在于：1. 表达作者或发话人的观点，反映其所在社会、地区的价值观念系统；2. 建立并保持交际双方的关系；3. 建构语篇。实际上，这三个功能是韩礼德语言功能观的具体化，其中表达说话者立场和价值观的功能属于概念元功能范畴，即识解人类经验的功能，建立与维系人际间关系的功能属于人际元功能范畴，构建语篇的功能属于语篇元功能范畴。

综上所述，我们结合网络热点事件文本具体来谈，发现微博文本中评价具有信息传播、情感宣泄、立场建构、施为导向和语篇建构等功能。

（一）信息传播功能

政务微博、媒体官方微博、网络大 V 以及普通微博用户，及时地爆料、追踪报道事态发展，揭露真相，参与评论，发挥着评价的信息传播功能。例如：

（14）头条新闻：#知政#【杨栋梁被指属典型带病提拔】国家安监局长杨栋梁近日被查。有媒体援引天津纪检系统人士的话称，杨这个人私心很重，在当天津市副市长的时候，就有很多人举报他，不乏天津的一些老领导老同志，"典型的带病提拔"。对杨的秘密调查已

有半年之久,爆炸这个事只是契机。(天津滨海爆炸事件,2015 -
08 - 20 14:44)

(15)头条新闻:#天津滨海爆炸#【军方化武专家组:"现场检
出神经性毒气"说法属重大误判】昨晚有媒体报道,天津港爆炸现
场检出神经性毒气,指标达到最高值。军事医学科学院化武专家组指
出,爆炸现场根本不可能产生神经性毒气,此说法属重大误判,"只
要具备专业常识,就知道这绝不可能"。http://t.cn/RLeN20O(天
津滨海爆炸事件,2015 - 08 - 19 15:46)

(16)头条新闻:#天津滨海爆炸#【"无人负责"的安全距离】
海港城是距离事发的天津瑞海公司危化品仓库最近的小区,相距仅
600米左右。而在瑞海周围1公里范围内,还分布着多个居民小区,
另有高速公路、轻轨等重要设施。危化品仓库与居民楼距离低于
"千米红线"却获批,专家称规划及安监均难辞其咎。http://t.cn/
RLeyDX5(天津滨海爆炸事件,2015 - 08 - 19 08:16)

(17)新浪视频客户端:【谎称父亲死亡骗捐"95后"女孩被刑
拘】女子自称父亲在天津港爆炸事故中死亡,引发众多爱心网民向
其捐款。经查,该网友家住广西,父母不仅健在,而且均没有去过天
津。目前,该网友因涉嫌诈骗已被刑事拘留。(天津滨海爆炸事件,
2015 - 08 - 16 10:33)

例(14)"典型带病提拔"、"私心很重"等属于判断评价,是对杨
栋梁的负面评价。例(15)"重大误判"属于鉴赏评价,是负面评价。
"根本不可能"、"绝不可能"属于元语言评价,评价其可能性。例(16)
"无人负责"、"难辞其咎"等是判断评价,是对规划和安监的负面评价。
"重要"是鉴赏评价,是对设施的正面评价。例(16)"无人负责"、"难
辞其咎"属于判断评价,是对规划和安监的负面评价。例(17)"谎称"、
"骗捐"、"诈骗"等属于判断评价,是对女子的负面评价。这些评价资
源,向读者传播了信息。

从微博文本信息内容来看,大体可分为事故信息类、信息辟谣类、安
全提示类、网络正能量类、问责问因类等类型。这些带有态度倾向性的信
息传播,更能够受到社会的广泛关注。

（二）情感宣泄功能

网络是网民宣泄情感的地方。在改革的转型时期，网民对社会和现实的不满，产生了仇富、仇官、仇社会的心理，需要与人分享自己的情感、观点，于是通过互联网宣泄自己的情感。例如：

（18）aries_ jo：恶心至极！一个未成年人的户籍信息是谁泄露的敢不敢说？以后网上看谁不顺眼就先人肉把他祖宗八辈亲戚朋友都查出来骚扰侮辱各种挑衅然后带着凶器上门群殴？！反正也没多大事儿是吧？？？？草泥马的！（文登事件，2015 - 07 - 24　18：15）

（19）华夏—95 式自动步枪：大青果药丸，对不起，我真的很失望。（文登事件，2015 - 07 - 24　18：18）

（20）w3693693 ［江苏省苏州市—电信网友］：垃圾，猪狗不如的全家人。（李双江儿子打人事件，2011 - 09 - 10　18：42）

（21）Sugeeha：活该，祸从口出。（毕福剑视频事件，2015 - 08 - 09　16：40）

（22）陈能 1986：我真他妈想喷这些不要脸的！带病还提拔，提拔了还要找契机才处理，调查还要调查半年！（天津滨海爆炸事件，2015 - 08 - 20　16：00）

例（18）"恶心"是情感评价，负面评价。"泄露"、"骚扰"、"侮辱"、"挑衅"、"群殴"等是判断评价，负面评价。"草泥马"是詈骂语，也是负面评价。例（19）"大青果药丸"是"大清国要完"的谐音，表达了网友绝望和愤怒的情绪。"失望"是情感评价，都是负面评价。例（20）"垃圾"通过指称表达负面判断评价，"猪狗不如"是也负面判断评价。例（21）"活该"、"祸从口出"是负面判断评价。例（22）"不要脸"、"带病"是负面判断评价。网民用这些负面的态度资源，宣泄情绪。

张谊生（2010）指出詈骂语的主观功用，"一是表达发话者的主观情感和态度，包括泄愤、不满、埋怨和感慨；二是具体体现发话者的身份和习惯"。用詈骂语和诅咒语以及负面评价宣泄情感，可以说是负面舆论场语言的基本特征之一。"网络暴力"中谩骂当事人的行为，是网民的一种情感宣泄，是出于对社会的不满或对弱势一方的同情。

（三）立场建构功能

评价语言体现了网友的观点倾向和立场站位，网络热点事件微博属于负面舆论场，或者呈现"一边倒"，或者呈现两大阵营，彼此磋商，各自结盟（拉近或疏远）。一般来说，拉拢和疏远是交替出现的两股力量。

评价的立场站位功能，是指我们从评价中可以看出交际双方对言谈的人或事物的立场、情感和态度。交际双方从各自的价值观念系统出发，对评价对象或表示赞成，或表示反对，或采取中立的态度，在互动磋商中参与立场建构。例如：

（23）深秋3622629：<u>我就说嘛</u>，<u>无风不起浪</u>，<u>一个巴掌拍不响</u>。人家为啥千里迢迢过来打你，看来你侯聚森是打群架打输了。然后<u>冒充</u>爱国青年<u>装可怜</u>！真够<u>不要脸</u>的！　（文登事件，2015 - 07 - 24　18：07）

（24）头条新闻：#天津滨海爆炸#【天津市副市长：不应简单臆测消防<u>第一时间</u>处置<u>不当</u>】何树山：事故发生后天津港公安局消防支队<u>第一时间</u>到达，目前确认23死56失联。对于这些官兵火情就是命令。由于大部分官兵<u>牺牲</u>，又没有录像，目前无法掌握当时救灾情况，不应<u>简单臆测</u>其是否采取不当措施。滚动报道：O网页链接（天津滨海爆炸事件，2015 - 08 - 18　　10：39）

例（23）"我就说嘛"是扩展性多声介入，凸显作者个人立场。"无风不起浪"、"一个巴掌拍不响"隐性负面评价侯聚森有过错，"冒充"、"装可怜"、"不要脸"属于判断评价，也是对侯聚森的负面评价。微博作者对侯聚森持负面评价立场。

例（24）"第一时间"属于判断评价，正面评价消防队及时。"牺牲"属于判断评价，正面评价消防官兵。"简单臆测"属于判断评价，负面评价网民。"不当"属于判断评价，负面评价消防官兵。可以看出，天津市副市长针对部分网友质疑消防官兵的情况，给予回应和驳斥。一方面对消防官兵予以肯定，持正面评价立场，与部分网友建构了分歧型立场；另一方面，试图拉拢网民，使与自己立场保持一致，从而建构一致性立场。

我们再来看"李双江儿子打人事件"新闻跟帖中网民与网民的对话。例如：

（25）老李也算是<u>德艺双馨</u>了，怎么还有个 15 岁的儿子呢？还长成这样？（凤凰网浙江省杭州市网友：凤兮东南飞）

跟帖：

（26）德艺双馨？弃糟糠吃嫩草，就知道他德在哪里……（凤凰网山东省东营市网友：日月升华）

（27）你怎么知道老李也算是德艺双馨呢?！老李的艺不错，德就不要说了，他小时候，哼（凤凰网湖南省长沙市网友 mycello2002）

（28）他也叫德艺双馨，我呸……就是一老死鬼。（凤凰网湖南省长沙市网友：joy_ liu0000）

（29）什么德艺双馨，就是流氓，只不过你不知道罢了!!（凤凰网安徽省蚌埠市网友：sky640510）

（30）哈哈，还德艺双馨!!!（凤凰网广东省广州市网友：凤凰网友）

（31）德艺双馨??看看他跟梦鸽的年龄差，就知道他馨在哪了。那叫"得意双腥"！（凤凰网河北省唐山市网友 xianrenbuhuo）

（32）你在侮辱"德艺双馨"一词。（凤凰网湖北省网友：深山足音）

（33）一老流氓。还双馨，呸，不要脸的东西。（凤凰网湖北省十堰市网友：wawjh88）

（34）不仅仅是"德艺双馨"，前不久还被评为"中华脊梁"呢，"中华脊梁"的父亲当然养了个"中华脊梁"的儿子！（凤凰网江苏省盐城市网友：chzhw0207）

例（25）"凤兮东南飞"用"德艺双馨"正面评价李双江。例（26）用设问句，对"德艺双馨"质疑和驳斥。例（27）用反诘问，肯定"艺"而否定"德"，末尾用叹词"哼"表达了强烈的不认同。例（28）用叹词"呸"、詈骂语"老死鬼"否定。例（29）用"什么"表达不以为然，用"流氓"负面评价。例（30）用"哈哈"嘲笑，用"还德艺双馨"表达不认同。例（31）用设问句驳斥，用谐音双关"得意双腥"嘲讽。例（32）"侮辱"表达作者不认同。例（33）用"老流氓"、"呸"、"不要脸"、"东西"等语汇表达负面评价。例（34）"中华脊梁"是用反语辞格嘲讽。可见，众多网民对"凤兮东南飞"群起而攻之，与之建构分歧型立场，用负面评价声音压倒了正面评价的声音。在新闻跟帖中，我们能清晰地看到立场的动态建构。

（四）施为导向功能

网络舆情是社会舆情在互联网空间的映射，互联网是政府治国理政、了解社情民意的新平台。评价言语行为对互动者的情感、态度产生影响，甚至产生言外之力，言后之果。网络热点事件文本的施为导向功能包括参政议政、网络问责和利益诉求等功能。

1. 参政议政

网民或媒体微博有社会参与的诉求，在微博平台上自由表达意见、参政议政，企图通过评价影响政府决策，这就是评价的参政议政功能。例如：

（35）头条新闻：#天津滨海爆炸#【头七祭，七大焦点仍待追问】在哀悼逝者点蜡烛悼念的同时，诸多焦点问题仍需追问：爆炸原因是什么？涉事企业有无违法违规？天津港集团为何"失声"？700吨氰化钠是否收集处理完毕？环境有无受到污染？受灾民众如何救治、善后？如何防止悲剧重演？我们仍在等答案：O天津港爆炸事故头七祭（天津滨海爆炸事件，2015-08-18 07：58）

（36）小胖大嫂：#天津滨海爆炸#说起中国的当官的就是黑，都是在位的以职谋权，以权谋利，官官相护，一人得道鸡犬升天，缺少真正的透明公开的制度，做事就太过形式化，权利这东西，在位的是个清官，一方官造福一方人，在位的要是个贪官，真正是会黑一片天！真的希望媒体多为百姓说话，报道真实信息，引导舆论正能量！（天津滨海爆炸事件，2015-08-17 13：39）

（37）I米线II：带着凶器找上门来是"约架"还是暴力威胁？文登警方表面的各打五十大板透出的是十足昏庸。（文登事件，

2015 - 07 - 24   18：27）

（38）g1630804209：是时候该完善各种法律法规了。对这种情况应该有一套完整的应对方案。（天津滨海爆炸事件，2015 - 08 - 17   16：54）

例（35）"哀悼"属于情感评价，"违法违规"、"失声"属于判断评价，"污染"、"悲剧"属于鉴赏评价，都是负面评价。例（36）微博作者用"黑"、"以职谋权"、"以权谋利"、"官官相护"、"一人得道鸡犬升天"、"形式化"、"贪官"等对中国当官的做出判断评价，是负面评价。"缺少真正的透明公开的制度"是对社会的鉴赏评价，是负面评价。用"清官"、"造福"对清官的判断评价，是正面评价。例（37）"带着凶器"、"暴力"、"威胁"属于判断评价，负面评价打人者。"各打五十大板"、"昏庸"属于判断评价，负面评价文登警方。例（38）"完善"、"完整"属于鉴赏评价，表达了网友的期待。属于期望的评价，是未然的，所以是用正面评价词语表达了隐性负面评价。

上述评价发挥了参政议政功能。

2. 网络问责

网络问责是指网民通过评价言语行为，问责于政府和相关责任人。例如：

（39）百姓在呼唤：这样的人一定要从严从重处理才是，自以为是了不起，目无他人，如果对李双江之子这样的人不从重处罚，今后就会再出现李三江，李四江甚至有更多的什么江的儿子在社会上横行霸道。百姓就会遭殃。（李双江儿子打人事件，2011 - 09 - 10   20：05）

（40）孔祥译：一查到顶，谁的女婿，谁的子孙，谁行贿受贿违规批的？（天津滨海爆炸事件，2015 - 08 - 20   15：54）

（41）玉凌峰：这么多生命无辜受难，这么多财产突遭损失，坚决支持查清事件背后的罪魁祸首，严惩相关责任人！（天津滨海爆炸事件，2015 - 08 - 20   15：52）

（42）老牛7788：这种恶少坚决不能轻饶。假以时日，非成一方恶霸不可！（李双江儿子打人事件，2011 - 09 - 08   05：48）

（43）李昌磊：子不教，父之过（李双江儿子打人事件，2011 -

09－08　22：09）

（44）纵子行凶，从重惩处！对那些仗权、仗钱、仗势欺人的混蛋富二代们一定要从严管教，否则今天的社会怕是没得救了……满街都有了"高衙内"、"张衙内"、"李衙内"、"王衙内"横行霸道，欺压良善……（李双江儿子打人事件，2011－09－10　18：23）

例（39）"自以为是了不起"、"目无他人"、"横行霸道"、"遭殃"属于判断评价，通过负面评价而问责。例（40）"行贿"、"受贿"、"违规"是判断评价，通过负面评价而问责。例（41）"无辜"、"受难"、"罪魁祸首"、"严惩"等属于判断评价，"损失"属于鉴赏评价，通过负面评价而问责。例（42）"恶少"、"恶霸"属于判断评价，通过负面评价而问责。例（43）"父之过"属于判断评价，通过负面评价而问责。例（44）"纵子行凶"、"仗权"、"仗钱"、"仗势欺人"、"混蛋"、"高衙内"、"张衙内"、"李衙内"、"王衙内"、"横行霸道"、"欺压"等属于判断评价，通过负面评价而问责。

网民通过网络问责伸张正义，对弱者同情，对社会假丑恶进行谴责。

3. 利益诉求

网民基于经济利益诉求进行表达。利益诉求有个体利益诉求和群体利益诉求，网络热点事件利益诉求一般为群体利益诉求。例如：

（45）政以_ Li：政府对危化品监管不力造成损失，让万科当冤大头，我万科股票跌了谁来管？（天津滨海爆炸事件，2015－08－23　00：12）

（46）白少磊：这是"灾难事故"，更是"责任事故"，不是洪水无情那种天灾。为什么要募捐？（天津滨海爆炸事件，2015－08－19　08：52）

（47）woaigcd：明明是政府责任，却逼开发商赔，要点脸不？（天津滨海爆炸事件，2015－08－22　21：16）

例（45）"不力"、"损失"是对政府的负面评价。例（46）"灾难事故"、"责任事故"是对政府的负面评价。例（47）"责任"、"逼"、"要点脸不"是对政府的负面评价。

以上通过负面评价政府，为开发商开脱责任，表达了群体利益诉求。

值得注意的是，在青岛大虾事件中，网民面对地方旅游消费环境恶劣，相关部门的推诿和不作为，采取全民参与段子化的"舆论维权"方式。例如：

(48) 喻瀚湫："哪吒在海边不小心失手打死了龙王三太子和一些虾兵蟹将，龙王知道后到陈塘关要哪吒偿命。"太守李靖向龙王求饶说："只要饶过我儿一命，赔多少钱都没问题。"龙王冷笑一声，说："赔？你知道那些虾兵吗？"李靖："咋了？"龙王："青岛的。"李靖吐血卒。（青岛大虾事件，2015 - 10 - 09　18：53）

(49) 人伍人陆：这社会，找一份专业对口的工作实在太难了，所以那些皮球踢得好的，都去做公务员了！那些流氓当得好的，都去青岛卖大虾了……（青岛大虾事件，2015 - 10 - 08　10：54）

(50) 宁波晚报：#下班分享#看到一段子：自从青岛大虾事件后，做事也比较谨慎了。今天去理发，谨慎地看了一下价格表，确定是 18 元。然后找来了理发师和店长，再次确认理发一次一共 18 元而不是每根头发 18 元。录音拍照后开理！这年头搞不好理一次发就会倾家荡产。挣钱不容易，花钱别大意！（青岛大虾事件，2015 - 10 - 09　17：40）

网络段子体现了网民的娱乐诉求，在网络空间寻求一种狂欢的感受，也是一种另类的网络维权，网民面对现实的无奈，以幽默、诙谐、嘲讽、挪揄、娱乐、恶搞的形式鞭挞假丑恶。

（五）语篇建构功能

评价理论关注"如何用语篇来构建言语社团共享的感情和价值观"（Martin & White，2005：35）评价在表达情感态度时，可以衔接上下文或历史文本话语，形成评价性连贯。巴赫金对话理论的基础之一，就是人际之间彼此独立又相互需要，一个人的意识不足以产生文本（话语），文本（话语）必须依托别人并在对话中才能产生。Thompson 和 Zhou（2001）认为评论附加语实现人际功能的同时，实现让步、期望、假设—真实等衔接关系，是有效的组篇机制。朱永生、严世清（2001：47）指出词汇衔接手段可分为重述和搭配。Halliday 和 Hasan（1976/2001：278）对重述界定为词汇衔接的一种形式，包括词项的重复，泛指词、同义词、近同义词的使用。张蕾、苗兴伟（2010）指出，"评价意义在宏观结构上有助于语言使用者启动、展开和结束语篇，在微观层次上形成句际之间的语法衔接，而且评价词汇还可以在语篇中形成语义纽带"。房红梅（2012）指出，微观方面，评价具有照应、重复、同义、反义、连接、"设定—真实"等语篇功能；宏观方面，评价形成"情景—评论—依据"结构、渗透型结构以及加强型结构等语篇结构。

微博文本作为碎片化的文本，文本与文本之间围绕网络热点事件互动对接，既有语篇与语篇之间的衔接，也有语篇内部的衔接。语篇内外部的衔接方式大致相同，是以词汇、语法、逻辑关系等有形标志为表现特征的。下面我们以"文登 7·22 事件"的文登警方微博为例，考察与之互动的微博文本的衔接方式。

1. 评价语汇链

评价语汇链分为正面评价语汇链和负面评价语汇链。针对文登警方，形成的正面评价语汇链，例如：

（51）威海警方在线：【7·22 案：得到依法处理】事实清楚，定性准确，处罚得当……7·22 案，是一起普普通通的治安案件，已经处理完了。@文登警方在线（文登事件，2015-07-26　08：41）

（52）醉寻江岸：赞一下威海文登警方，依法对双方进行公正处理，没有受脑残团影响！［笑 cry］（文登事件，2015-07-24　18：23）

例（52）微博与例（51）微博互动，重述"依法"，将抽象评价具体化，与"清楚"、"准确"、"得当"等褒义词，形成了对文登警方的正面评价词汇链。例（52）"赞"、"依法"、"公正"、"没有受脑残团影响"形成对文登警方的正面评价语汇链，与例（51）"依法"呼应。例（51）、例（52）单个文本呈现积极语义韵。

针对文登警方，形成的负面评价语汇链，例如：

（53）世界男性权益保护组织：该案已经满足寻衅滋事罪或者故意伤害罪的构成要件，而且满 16 周岁都在这两种罪的处罚范围之内，警方完全是和稀泥，建议当事人行政诉讼，查出内鬼和逼迫做出决定的警界败类。（文登事件，2015 - 07 - 24   18：11）

　　（54）BirdFrank：和稀泥，淘浆糊。（文登事件，2015 - 07 - 24   18：43）

　　例（53）、例（54）挑战和驳斥了例（51）评价词语"依法"，例（53）"和稀泥"、"内鬼"、"逼迫"、"败类"形成了对文登警方的负面评价语汇链，例（54）"和稀泥"、"淘浆糊"形成了对文登警方的负面评价语汇链。例（53）、例（54）单个文本呈现消极语义韵。

　　因此，针对文登警方的评价，围绕是否"依法办案"，既有由正面评价语汇营造的积极语义韵文本，又有由负面评价语汇链营造的消极语义韵文本，整个微博舆论场逐渐形成支持和反对两大阵营。

　　2. 话题设置

　　话题是网友关注的焦点，也是评价的起点。微博作者围绕网络热点事件，会设置出许多话题，拓展讨论的空间。文登事件开始公众关注的焦点是"定性为约架是否妥当"，后来转移到"泄露户籍信息的警方内鬼"、"侯聚森是否为爱国青年"、"打人团伙为什么专找爱国言论的人进行碰瓷而千里迢迢线下寻仇"、"网友贴出的打人报酬是否真的存在？"等等。

　　针对侯聚森个人信息泄露问题，网民将注意力转移到"内鬼"身上，于是"内鬼"成了评价的话题。例如：

　　（55）树尖上的猫先生：侯聚森的个人信息是你们公安内部谁泄露出来的，能不能给个交代？（文登事件，2015 - 07 - 24   18：01）

　　（56）bbear88：sb 公安局，内鬼呢？为啥不抓？ （文登事件，2015 - 07 - 24   18：00）

　　针对侯聚森的"爱国青年"话题，网友展开争论，于是"爱国"成了评价的话题。例如：

　　（57）石头的家 ch：爱国有罪，小心警察！（文登事件，2015 - 07 - 24   19：40）

　　（58）圆排骨来了：司马南说了：你们这样对待爱国青年，我儿

子不敢从美国回来。（文登事件，2015 - 07 - 24 19：41）

（59）laoli877：支持正义文登警方惩戒所谓的"爱国者"，约架 7 打 4 被反揍就用爱国来要挟警方。不过在证据面前一切恶人都无所遁形！法律不是"爱国"流氓的庇护所，一小撮别有用心的炒作者是不会干扰到正义警方的判罚的！！！ （文登事件，2015 - 07 - 24 19：07）

（60）无溪无心：［挖鼻］一群流氓约架，还 TM 上升到爱国了，跟 TM 爱国有个毛的关系，支持警察的处理！（文登事件，2015 - 07 - 24 19：24）

例（57）、例（58）认同侯聚森是爱国青年，对侯聚森正面评价。例（59）、例（60）否认侯聚森是爱国青年，对侯聚森负面评价。

官方微博和意见领袖发挥微博的议程设置功能，主动设置议题，引导舆论走向。

3. 话语标记

话语标记，可以被看作构建宏观语篇的重要形式要素，是微博文本之间衔接的方式之一。例如：

（61）只评不发：不错，公正，顶住了口才派的压力，必须赞。（文登事件，2015 - 07 - 24 19：52）

（62）T 给力 V：好！（文登事件，2015 - 07 - 24 19：57）

（63）苦笑小怪兽：支持（文登事件，2015 - 07 - 24 19：55）

（64）布兰诗歌罗曼史：鄙视！（文登事件，2015 - 07 - 24 20：03）

（65）我要改个好听点昵称：呸，你也配姓赵？ （文登事件，2015 - 07 - 24 19：52）

（66）tthhqq：无语（文登事件，2015 - 07 - 24 19：46）

例（61）"不错"、例（62）"好"、例（63）"支持"，这些是认同标记。例（64）"鄙视"、例（65）"呸"、例（66）"无语"是反对标记。都是通过评价性话语标记衔接语篇。

4. 逻辑连接词

逻辑连接词，表示评价意义起承转合的衔接过渡和逻辑语义关系，是表征互动性强弱的重要参数之一。例如：

（67）西门大灌人：表面上是个治安事件，实际上是个政治事
件。//@林治波：打人事件并不鲜见，但因爱国言论而被打，性质就
严重了。//@林治波：我是文登人。家乡作为革命老区，居然发生青
年因爱国而被殴打的恶性事件，令人痛心和愤慨！莫非文登沦陷为白
区了？望公安局尽快查清真相，依法依规惩处凶手！（文登事件，
2015 - 07 - 23　10：15）

（68）牧键：某些媒体、公知把大家对爱国主义的支持偷换成对
不文明言行的支持，其实一直在煽动采取非文明的人恰恰是那些此次
为威海文登警方点赞的人。（文登事件，2015 - 07 - 27　12：50）

（69）司马平邦：文登的侯聚森事件之最大问题，其实不是纳吧梁
某某等4人拿钱后跨省对侯聚森行凶，而是拥有执法权的文登警方违
法执法，本人曾公开对庆安警方处理袭警事件表示过支持，但此次文
登警方的作为令人怒不可遏。（文登事件，2015 - 07 - 25　23：38）

例（67）"实际上"、"但"、"居然"，例（68）"其实"，例（69）
"其实"、"不是……，而是……"、"但"等逻辑连接词语，表转折或反
预期，标示评价意义的重点，与其他微博观点互动，属于反驳介入资源。
因此，逻辑连词越多，与读者或潜在的读者、想象的读者的互动性越强，
磋商对话的空间越大。互动性越强，话题转换的方向就显得不可预测。

5. 归属介入

归属即将声音归属于什么人。归属是微博文本重要的组篇机制。
例如：

（70）头条新闻：#天津滨海爆炸#【清理修缮工作开始　部分业
主遭窃】天津爆炸事故发生已有半月，周边小区清理修缮工作逐步
开展。日前，有多位小区业主称，自己留在家中的财物在清理过程中
被盗，他们表示，多名业主家门被撬开，而施工队在开工之前并没有
征得他们的同意，他们甚至不知道施工队入屋。http：//t. cn/RyP-
DzNn（天津滨海爆炸事件，2015 - 08 - 27　16：42）

例（70）头条新闻微博，其中用了"有多位小区业主称"、"他们表示"，将声音归属于外部声音。链接网址：http：//t. cn/RyPDzNn，与另一文本衔接，引导读者进入《南方都市报》报道的《天津爆炸开始清理修缮工作　部分业主财物遭窃》一文的深度阅读，这些归属介入手段，既有篇内衔接，又有篇际衔接。微博作者既减轻、推卸了话语责任，又拓展了对话空间。

四　评价功能的实现

评价是以功能为指向的，评价功能的最终实现取决于听话人或读者与说话人或作者之间的互动。所有的言辞都是面向他人的言辞，我们用评价回应着对方，也期待着对方的回应。交际双方正是在这种你来我往的互动中实现评价功能，实现语篇意义的建构。

评价的信息传播功能是在互动中实现的。网友接力式地参与互动，传播新信息。相互质疑，相互支持，相互补充，发挥微博的"无影灯效应"，在互动中真相得以揭露，谣言得以澄清。

评价的情感宣泄功能是在互动中实现的。网民不是自言自语或内心独白的，总有一个现实的或潜在的情感发泄对象，总是渴望发泄对象出来回应，也希望与读者分享情感反应。

评价的立场建构功能是在互动中实现的。Martin 提出读解立场的三种模式：顺从式（compliant）、抵抗式（resistant）、策略式（tactical）（参看王振华，2010：186—189）。顺从式的网友支持作者立场，顺应作者对读者的操纵。抵抗式的网友反对作者立场，用批评的眼光进行反控制。策略式的网友对作者立场有所保留（即部分支持，部分反对）。在网络热点事件文本中，网友观点众声喧哗，相互激荡，网友互为作者和读者，在互联网上形成了支持、反对、中立三大阵营，或呈"一边倒"之势，实际上体现了作者不同的价值主体站位。

评价的参政议政、网络问责、利益诉求等施为导向功能是在互动中实现的，网友通过具有观点倾向性的评价语言，指出事件责任的归属，形成社会舆论压力，导致事件各方及时地应对和妥善地处理，从而实现参政议政、网络问责、利益诉求等多种功能。

评价的语篇建构功能也是在互动中实现的，没有网民与事件各方、网民与新闻记者、网民与官方、网民与网民之间的互动，微博或新闻跟帖数量就会减少，新闻就没有热度，语篇就不能拓展和建构，网络热点事件也就无法产生。

五　小结

本章从对话理论和互文性理论得到启示，从互动视角探讨了网络热点事件文本中的评价语言。在事件文本中，评价语言互动呈现多层次、多向度的局面。互动过程带来磋商，或配合默契，或言语冲突。正是这种发话人和受话人之间的显性互动或潜在互动，共同完成了语篇意义的建构。

网络热点事件文本互文性特征显著，文本意义是在互文性过程中动态建构的。历时文本、现实文本与潜在文本交错在一起，构成了一个彼此关联的、开放的动态网络文本体系。互文性贯穿热点事件的整个过程，贯穿语篇内外。同声相应，异声相杂。互动过程带来磋商，或配合默契，或言语冲突。在语言方面上的声音或态度上的一致性，决定了是否属于同一社团或群体，决定了是否结成话语联盟。互文性增强，关注越多，转发和评论越多，信息的热度增加。互文性减少，传播衰减，信息开始冷却，这是传播的规律。代表不同阶层和群体利益的网民基于不同立场和视角在网络平台上展开激烈交锋，众声喧哗，话语狂欢，通过反复地转载和评论，产生互动循环的整体效应，发挥着文本的信息传播、情感宣泄、立场建构、参政议政、网络问责、利益诉求和语篇建构等多种功能。

将对话理论和互文性理论运用于网络热点事件文本分析实践，我们不仅能清晰地看到一致性立场和分歧型立场的互动浮现，看到文本中各种信息渠道、各种立场观点（正面、负面或中立态度的介入）以及网络舆论场中话语权和影响力的争夺，而且能洞察微博作者的表达意图。这对于及时、准确地研判舆论的基本态势，自觉地加强网络舆论场的引导，具有十分重要的意义和作用。

附录

本书语料的符号

本书语料的符号：

1. "# #"表示话题，两个#号中间包含话题关键词语，便于同一话题微博的关注和搜索。

2. 【 】表示其内是微博的中心内容。

3. @ 代表 at，其后是微博人名，表示对这个微博用户说话或者引起该微博用户的注意。

4. //表示这个微博是经过哪几个人转发而来的，主要起分割针对同一微博的多人多次评论的作用。//间隔连用，表示微博排队围观，众说纷纭。

5. ［ ］表示微博表情符号的中文或英文含义。

6. O 表示网页链接。

7. V 是加在微博用户昵称后面，表示该微博用户是通过新浪身份认证的用户。

参考文献

［俄］巴赫金：《诗学与访谈》，河北教育出版社 1998 年版。

［俄］巴赫金：《对话、文本与人文》，河北教育出版社 1998 年版。

曹秀玲：《现代汉语量限研究》，延边大学出版社 2005 年版。

陈光：《现代汉语量级范畴研究》，上海人民出版社 2010 年版。

陈景元、高佳：《现代汉语副词的评价视角分析》，《河北师范大学学报》
2012 年第 6 期。

陈景元、周国光：《主位型评价结构"X 的是"及其评价功能》，《社会科
学论坛》（学术研究卷）2009 年第 12 期。

陈景元、周国光：《时空域管控的现代汉语评价》，《求索》2010 年第
1 期。

陈景元、刘银姣：《微博文本中"曼德拉逝世"相关话题的互文性解读》，
《吉首大学学报》2014 年第 3 期。

陈景元：《现代汉语评价表达论》，博士学位论文，华南师范大学，
2010 年。

陈景元：《现代汉语评价的跨域表达》，《北方论丛》2010 年第 6 期。

陈景元：《主观推介与隐性评价——"不/没 + VP$_1$ + 等于 + 没/没有 +
VP$_2$"构式探析》，《重庆邮电大学学报》2011 年第 2 期。

陈景元：《网络热点事件文本中评价的功能及其实现》，《武陵学刊》2012
年第 5 期。

陈景元：《表迅疾紧接的构式"即 A 即 B"》，《北方论丛》2013 年第
5 期。

陈望道：《修辞学发凡》，上海教育出版社 2001 年版。

陈小荷：《主观量问题初探——兼谈副词"就"、"才"、"都"》，《世界汉

语教学》1994 年第 4 期。

陈瑜敏、黄国文:《话语多声互动的多模态构建方式解析——以语言教材话语为例》,《外语电化教学》2009 年第 11 期。

陈振宇、杜克华:《意外范畴:关于感叹、疑问、否定之间的语用迁移的研究》,《当代语言学》2015 年第 5 期。

程锡麟:《互文性理论概述》,《外国文学》1996 年第 1 期。

成文、田海龙:《多模式话语的社会实践性》,《南京社会科学》2006 年第 8 期。

［法］蒂费纳·萨莫瓦约:《互文性研究》,天津人民出版社 2003 年版。

董为光:《汉语副词的数量主观评价》,《语言研究》2000 年第 1 期。

邓川林:《语用量级与句尾"了"的成句条件》,《语言科学》2015 年第 2 期。

邓川林:《"总"字句的量级让步用法》,《世界汉语教学》2012 年第 1 期。

方清明:《论现代汉语"XP 的是,Y"有标格式》,《语言教学与研究》2012 年第 1 期。

冯平:《评价论》,东方出版社 1995 年版。

高一虹:《社会语言学研究:作为知识增长点的"整合"》,《学术探索》2009 年第 5 期。

管志斌:《表责备的反预期构式"早不 VP,晚不 VP"》,《理论界》2011 年第 7 期。

郭锐:《衍推和否定》,《世界汉语教学》2006 年第 2 期。

郝瑜鑫、刘汉武、邢红兵:《"就是……也/都……"的量级标示功能》,《汉语学习》2013 年第 5 期。

何中清:《评价理论中的"级差"范畴:发展与理论来源》,《北京第二外国语学院学报》2011 年第 6 期。

胡德明:《话语标记"谁知"的共时与历时考察》,《语言教学与研究》2011 年第 3 期。

胡明扬:《北京话的语气助词和叹词》,《中国语文》1981 年第 6 期。

胡清国:《"依 X 看"与"在 X 看来"》,《汉语学报》2011 年第 3 期。

胡清国:《汉语评价构式"一群 NP"探析》,《汉语学习》2013 年第 1 期。

胡壮麟：《语篇的评价研究》，《外语教学》2009 年第 1 期。

黄国文：《语篇分析概要》，湖南教育出版社 1988 年版。

黄民裕：《辞格汇编》，湖南人民出版社 1984 年版。

江蓝生：《同谓双小句的省略与句法创新》，《中国语文》2007 年第 6 期。

姜炜、石毓智：《"什么"的否定功用》，《语言科学》2008 年第 3 期。

鞠玉梅：《通过"辞屏"概念透视伯克的语言哲学观》，《现代外语》
　　2010 年第 1 期。

［英］克罗夫特：《认知语言学》，北京大学出版社 2006 年版。

雷冬平：《"好 +（X）个 NP"的构成及语法化研究》，《语言教学与研
　　究》2012 年第 2 期。

李彪：《网络时间传播空间结构及其特征研究——以近年来 40 个热点事
　　件为例》，《新闻与传播研究》2011 年第 3 期。

李成团：《指示语选择的视点定位与身份构建》，《外语教学》2010 年第
　　5 期。

李基安：《情态与介入》，《外国语》2008 年第 4 期。

李劲荣：《ABB 式状态形容词的量级表现及其成因》，《宁夏大学学报》
　　2006 年第 4 期。

李连科：《价值哲学引论》，商务印书馆 1999 年版。

李讷、安珊笛、张伯江：《从话语角度论证语气词"的"》，《中国语文》
　　1998 年第 2 期。

李茹：《在语言选择中构建社会身份》，《山西农业大学学报》2008 年第
　　1 期。

李小军：《表负面评价的语用省略——以构式"（X）真是（的）"和
　　"这/那个 + 人名"为例》，《当代修辞学》2011 年第 4 期。

李小军：《构式"好你个 + X"的负面评价功能及成因》，《北方论丛》
　　2014 年 2 期。

李宇明：《论形容词的级次》，《语法研究与探索》（第八辑），商务印书
　　馆 1994 年版。

李宇明：《主观量的成因》，《汉语学习》1997 年第 5 期。

李宇明：《数量词语与主观量》，《华中师范大学学报》1999 年第 6 期。

李宇明：《汉语量范畴研究》，华中师范大学出版社 2000 年版。

李战子：《话语的人际意义研究》，上海外语教育出版社 2002 年版。

李战子：《评价理论：在话语分析中的应用和问题》，《外语研究》2004年第 5 期。

李战子：《身份理论和应用语言学研究》，《外国语言文字》2005 年第 4 期。

李宗江：《表达负面评价的语用标记"问题是"》，《中国语文》2008 年第 5 期。

梁蕾：《汉语评价言语行为及其策略研究》，硕士学位论文，暨南大学，2007 年。

林娟：《程度副词修饰无性状量级动词性成分》，《深圳大学学报》2012 年第 1 期。

刘丹：《英汉论辩体裁介入系统跨文化对比研究》，《外语学刊》2013 年第 3 期。

刘丹青：《作为典型构式句的非典型"连"字句》，《语言教学与研究》2005 年第 4 期。

刘凤玲、邱冬梅：《修辞学与语文教学》，暨南大学出版社 2010 年版。

刘慧：《现代汉语评价系统研究》，博士学位论文，暨南大学，2009 年。

刘静敏：《"放着 + NP + 不 + VP"构式研究》，《山东师范大学学报》2013 年第 5 期。

刘世铸：《基于语料库的情感评价意义构型研究》，《外语教学》2009 年第 2 期。

刘世铸：《评价理论在中国的发展》，《外语与外语教学》2010 年第 5 期。

刘焱、黄丹丹：《反预期话语标记"怎么"》，《语言科学》2015 年第 3 期。

刘娅琼、陶红印：《汉语谈话中否定反问句的事理立场功能及类型》，《中国语文》2011 年第 2 期。

刘永涛：《语言、身份建构和美国对外政策话语中的"邪恶论"》，《国际观察》2005 年第 5 期。

刘毅：《网络舆情研究概论》，天津人民出版社 2007 年版。

刘悦明：《作为语篇修辞手段的评价理论——介入系统的分析》，《东华理工大学学报》2012 年第 3 期。

卢芸蓉、朱军：《从客观列举到主观评述：汉语"名 + 数量"格式的两种构式义》，《汉语学报》2014 年第 3 期。

陆俭明：《构式与意象图式》，《北京大学学报》2009 年第 3 期。

陆俭明：《八十年代中国语法研究》，商务印书馆 1993 年版。

陆学艺：《社会学》，知识出版社 1996 年版。

罗桂花：《互动语言学：语言产生于互动　互动塑造语言》，《中国社会科学报》2012 年 10 月 8 日。

罗桂花：《立场概念及其研究模式的发展》，《当代修辞学》2014 年第 1 期。

罗晖：《论"连"字句的梯级逻辑》，《修辞学习》2007 年第 1 期。

罗耀华、周晨磊、万莹：《构式"小 OV 着"的构式义、话语功能及其理据探究》，《语言科学》2012 年第 4 期。

吕叔湘：《中国文法要略》，商务印书馆 1942 年版。

吕叔湘：《现代汉语八百词》（增订本），商务印书馆 1999 年版。

马伟林：《语篇衔接手段的评价意义》，《当代修辞学》2011 年第 4 期。

马伟林：《评价意义的语境依赖性和动态性》，《外语研究》2014 年第 6 期。

房红梅：《评价的语篇功能》，《当代外语研究》2012 年第 9 期。

彭飞：《汉语对话中"别"类否定祈使句的话语功能研究》，《广东外语外贸大学学报》2012 年第 3 期。

彭宣维：《现代汉语词语的评价语义系统》，见北京外国语学院语言研究所主编《语言学研究》（第 3 辑），高等教育出版社 2004 年版。

谯进华、高会芹：《传奇戏剧中的反讽修辞》，《修辞学习》1999 年第 3 期。

任育新、魏晓莉：《言语交际中身份研究的多视角及其整合》，《广州大学学报》2013 年第 1 期。

邵敬敏、王宜广：《"不是 A，而是 B"句式假性否定的功能价值》，《世界汉语教学》2010 年第 3 期。

邵敬敏、赵秀凤：《"什么"非疑问用法研究》，《语言教学与研究》1989 年第 1 期。

邵敬敏：《现代汉语疑问句研究》，华东师范大学出版社 1996 年版。

沈家煊：《不对称和标记论》，江西教育出版社 1999 年版。

沈家煊：《汉语语法研究的新探索》（代序），见沈家煊主编《现代汉语语法的功能、语用、认知研究》，商务印书馆 2005 年版。

石毓智：《现代汉语的肯定性形容词》，《中国语文》1991 年第 3 期。

石毓智：《肯定和否定的对称与不对称》，北京语言文化大学出版社 2001
年版。

石毓智：《形容词的数量特征及其对句法行为的影响》，《世界汉语教学》
2003 年第 2 期。

束定芳：《认知语义学》，上海外语教育出版社 2008 年版。

谭永祥：《汉语修辞美学》，北京语言学院出版社 1992 年版。

谭永祥：《修辞新格》（增订本），暨南大学出版社 1996 年版。

谭学纯、唐跃、朱玲：《接受修辞学》，上海教育出版社 1992 年版。

唐青叶、俞益雯：《现代汉语"程度副词＋名词"构式的评价功能分析》，
《北京第二外国语学院学报》2012 年第 10 期。

唐贤清、罗主宾：《构式"哪里是 A，简直是 B"的主观性分析》，《语言
科学》2014 年第 4 期。

唐雪凝、张金圈：《表感叹性评价的"这 NV 的"构式分析》，《语言科
学》2011 年第 2 期。

田然：《语篇中"A 不 A"格式评价功能浮现研究》，《当代修辞学》2015
年第 3 期。

涂纪亮：《当代美国哲学》，上海人民出版社 1987 年版。

王长武：《试析表主观评价的"一个 X，Y"构式》，《汉语学习》2015 年
第 3 期。

王洁：《"至少"的"量级模型"考察》，《宁夏大学学报》2007 年第
3 期。

王洁：《表量级递推的"N 中的 N"》，《广西社会科学》2007 年第 5 期。

王来华：《舆情研究概论》，天津社会科学院出版社 2003 年版。

王力：《中国现代语法》，商务印书馆 2000 年版。

王立刚：《评价意义的类型及其相互关系》，《解放军外国语学院学报》
2004 年第 2 期。

王天华：《新闻语篇的隐性评价与动态读者定位》，黑龙江大学出版社
2010 年版。

王天华：《新闻语篇隐性评价意义的语篇发生研究》，《外语学刊》2012
年第 1 期。

王天华：《评价理论的新视角——〈媒体语篇中的评价：基于报纸语料库

的分析〉评介》,《山东外语教学》2008 年第 1 期。

王伟:《并列结构中名词性成分的语义量级类型》,《周口师范学院学报》
　　2004 年第 3 期。

王晓辉、池昌海:《程度评价构式"X 就不用说了"研究》,《世界汉语教
　　学》2014 年第 2 期。

王雪玉:《庭审交际中机构身份的话语建构》,《沈阳大学学报》2012 年
　　第 3 期。

王玉梁:《价值哲学新探》,陕西人民教育出版社 1993 年版。

王寅:《认知语言学》,上海外语教育出版社 2006 年版。

王振华、路洋:《"介入系统"嬗变》,《外语学刊》2010 年第 3 期。

王振华:《评价系统及其运作——系统功能语言学的发展》,《外国语》
　　2001 年第 6 期。

王振华:《语篇语义研究》,上海交通大学出版社 2010 年版。

王振华、马玉蕾:《评价理论:魅力与困惑》,《外语教学》2007 年第
　　6 期。

王治敏、朱学锋、俞士汶:《基于现代汉语语法信息词典的词语情感评价
　　研究》,*Computational Linguistics and Chinese Language Processing* 2005 年
　　第 4 期。

温锁林、武玉芳:《现代汉语形容词的量性特征》,见《语言研究集刊》
　　(第三辑),上海辞书出版社 2006 年版。

温锁林:《一种特殊的语用否定:隐喻式否定》,《当代修辞学》2010 年
　　第 3 期。

武建国:《篇际互文性研究述评》,《外语与外语教学》2012 年第 2 期。

吴礼权:《修辞心理学》(修订本),暨南大学出版社 2013 年版。

吴为善:《"V 起来"构式的多义性及其话语功能——兼论英语中动句的
　　构式特征》,《汉语学习》2012 年第 4 期。

吴春相:《现代汉语"数 + 量 + 形"结构的机制和动因——从语法构式到
　　修辞构式》,《当代修辞学》2015 年第 1 期。

夏丹、廖美珍:《民事审判话语中人称指示语的变异与身份建构》,《华中
　　师范大学学报》2012 年第 2 期。

项德生:《舆论与信息》,河南人民出版社 1992 年版。

项蕴华:《身份建构研究综述》,《社会科学研究》2009 年第 5 期。

辛斌：《语篇研究中的互文性分析》，《外语与外语教学》2008 年第 1 期。

邢福义：《"最"义级层的多个体涵量》，《中国语文》2000 年第 1 期。

邢福义：《现代汉语语法研究的两个"三角"》，《云梦学刊》1990 年第
　1 期。

徐国珍：《仿拟研究》，江西人民出版社 2003 年版。

徐静：《模态间的身份构建》，《西安外国语大学学报》2011 年第 3 期。

言靖：《网络事件舆论形成模式及媒体特异性研究》，《郑州大学学报》
　2009 年第 6 期。

杨才英：《论感叹句的功能语义特征——对感叹句形式逻辑分析的质疑》，
　《外语与外语教学》2012 年第 2 期。

杨荣华：《"狂"类词新兴用法中的程度量级差异考察》，《修辞学习》
　2007 年第 5 期。

杨信彰：《元话语与语言功能》，《外语与外语教学》2007 年第 12 期。

姚尧：《"所 V""可 V"类评价性话语标记的话语功能与历时发展——兼
　论古汉语话语标记的两种来源》，《苏州大学学报》2015 年第 3 期。

姚双云：《〈话语中的立场表达：主观性、评价与互动〉评介》，《外语教
　学与研究》2011 年第 1 期。

姚双云：《自然口语中的关联标记研究》，中国社会科学出版社 2012
　年版。

姚占龙：《同根 ABB 式状态形容词及其量级考察》，《世界汉语教学》
　2006 年第 3 期。

尤泽顺：《话语、身份建构与中国东盟关系：〈人民日报〉新闻标题分
　析》，《东南学术》2011 年第 5 期。

殷何辉：《焦点敏感算子"只"的量级用法和非量级用法》，《语言教学与
　研究》2009 年第 1 期。

袁毓林：《从焦点理论看句尾"的"的句法语义功能》，《中国语文》
　2003 年第 1 期。

袁毓林：《汉语语法研究的认知视野》，商务印书馆 2004 年版。

袁毓林：《反预期、递进关系和语用尺度的类型——"甚至"和"反而"
　的语义功能比较》，《当代语言学》2008 年第 2 期。

袁周敏、方宗祥：《言语交际中的身份建构及其理据研究》，《南京邮电大
　学学报》2008 年第 3 期。

袁周敏：《称呼语的身份标记功能的元语用考察》，《东北大学学报》2011
年第 3 期。

袁周敏：《自称语的语用身份建构：作为语用行为的顺应》，《外语教学》
2012 年第 5 期。

袁周敏：《身份建构的应用研究述评》，《山东外语教学》2013 年第 2 期。

岳颖：《评价理论中"级差"的语篇功能研究概述》，《外语学刊》2012
年第 1 期。

詹卫东译：《框架语义学》，见《语言学论丛》（第二十七辑），商务印书
馆 2003 年版。

张大群：《评价的组篇功能研究：历史与现状》，《外语教学》2010 年第
4 期。

张德禄、刘世铸：《形式与意义的范畴化——兼评〈评价语言——英语的
评价系统〉》，《外语教学》2006 年第 6 期。

张德禄：《语篇分析理论的发展及应用》，外语教学与研究出版社 2012
年版。

张国宪：《形容词的记量》，《世界汉语教学》1996 年第 4 期。

张国宪：《现代汉语形容词功能与认知研究》，商务印书馆 2006 年版。

张蕾、苗兴伟：《评价意义的语篇建构功能》，《西安外国语大学学报》
2010 年第 3 期。

张璐：《"问题是"的话语标记化》，《语言研究》2015 年第 2 期。

张明学：《网络"热点事件"的传播与舆论引导》，《红旗文稿》2010 年
第 22 期。

张韧、王欣春：《词汇的评价潜势和语境》，《中国矿业大学学报》2008
年第 2 期。

张旺熹：《"连"字句的序位框架及其对条件成分的映现》，《汉语学习》
2005 年第 2 期。

张晓涛：《疑问和否定的相通性及构式整合研究》，中国社会科学出版社
2011 年版。

张滟：《学术话语中的级差范畴化及其修辞劝说构建》，《外国语》2008
年第 6 期。

张怡春：《"前置受事 + VA 了"格式的语义配置和语义特征》，《汉语学
习》2014 年第 3 期。

张谊生:《现代汉语副词分析》,上海三联书店 2010 年版。

张谊生:《现代汉语副词研究》,学林出版社 2000 年版。

张治:《汉语中性格式的语义偏移》,《汉语学习》2008 年第 3 期。

中国社会科学院语言研究所词典编辑室编:《现代汉语词典》(第 6 版),
  商务印书馆 2012 年版。

中央编译局编:《马克思恩格斯选集》,人民出版社 1997 年版。

周国光、张林林:《现代汉语语法理论与方法》,广东高等教育出版社
  2003 年版。

周淑萍:《语境研究——传统与创新》,厦门大学出版社 2011 年版。

郑娟曼、邵敬敏:《"责怪"义标记格式"都是 + NP"》,《汉语学习》
  2008 年第 5 期。

郑娟曼:《"还 NP 呢"构式分析》,《语言教学与研究》2009 年第 2 期。

郑娟曼:《从贬抑性习语构式看构式化的机制——以"真是的"与"整个
  一个 X"为例》,《世界汉语教学》2012 年第 4 期。

朱德熙:《语法讲义》,商务印书馆 1982 年版。

朱德熙:《语法答问》,商务印书馆 1985 年版。

朱永生、严世清:《系统功能语言学多维思考》,上海外语教育出版社
  2001 年版。

朱永生:《概念意义中的隐性评价》,《外语教学》2009 年第 4 期。

朱跃:《语义论》,北京大学出版社 2006 年版。

曾衍桃:《反讽论》,中国社会科学出版社 2006 年版。

甄珍:《现代汉语主观极量构式"要多 A 有多 A"研究》,《汉语学习》
  2015 年第 1 期。

左思民:《级差序列及其分类和语用价值》,《长江学术》2008 年第 4 期。

Adendorff, R. The principal's book: Discursively reconstructing a culture of
  teaching and learning in an Umlazi high school. //L. Young and
  C. Harrison. Systemic Functional Linguistics and critical Discourse Analysis
  Studies in social change. London/New York: Continuum, 2004, pp. 202 –
  216.

Bednarek, M. "Corpus linguistics and systemic functional linguistics: Inter-
  personal meaning, identity and bonding culture", In M. Bednarek and J. R.
  Martin (eds.) New Discourse on Language: Functional Perspectives on Mul-

timodality, Identity and Affiliation. London: Continnum, 2010, pp. 237 – 266.

Bethan Benwell and Elizabeth Stokoe. Discourse and Identity. Edinburgh: Edinburgh University Press, 2006.

Biber, D. and E. Finegan. "Adverbial stance types in English". Discourse Processes, Vol. 11, n. 1, 1988, pp. 1 – 34.

Biber, D. and E. Finegan. "Styles of stance in English: Lexical and grammatical marking of evidentiality and affect". Text, Vol. 9, n. 1, 1989, pp. 93 – 124.

Biber, D. , S. Johansson, G. Leech, S. Conrad and Finegan, E. The Longman Grammar of Spoken and Written English. London: longman, 1999.

Berman, R. A. "Introduction: Developing discourse stance in different text types and languages". Journal of Pragmatics, Vol. 37, n. 2, 2005, pp. 105 – 124.

Brown G. and Yule G. Discourse Analysis. Cambridge: Cambridge University Press, 1983.

Bucholtz M. and Hall k. Identity and interaction: A soci-ocultural linguistic approach. Discourse Studies, 2005 (7), pp. 585 – 614.

Conrad, S. and D. Biber. "Adverbial marking of stance in speech and writing", In S. Hunston and G. Thompson (eds.) Evaluation in Text: Authorial Stance and the Construction of Discourse. Oxford: Oxford University Press, 2000, pp. 56 – 73.

Coffin, C. and O'Halloran, K. The Role of Appraisal and Corpora in Detecting Covert Evaluation. Functions of Language, 2006 (13) .

de Beaugrande, R. & W. Dressler. Introduction to text linguistics. London: Longman, 1981.

Du Bois, J. W. "The stance triangle", In R. Englebretson (eds.) Stancetaking in Discourse: Subjectivity, Evaluation, Interaction. Amsterdam/Philadelphia: John Benjamins Publishing Company, 2007, pp. 139 – 182.

Englebretson, R. Stancetaking in Discourse: Subjectivity, Evaluation, Interaction. Amsterdam/Philadelphia: John Benjamins Publishing Company, 2007.

Fauconnier, G. Mappings in Thought and Language. Cambridge: Cambridge

University Press, 1997.

Fairclough N. Discourse and Social Change. Cambridge: Polity, 1992, pp. 104 – 119.

Firth, J. R. The technique of semantics. Transactions of the philological society, 1935, pp. 36 – 72.

Givón, Talmy. "Isomorphism in the grammatical code-cognitive and biological considerations", In Raffaele Simone (ed.), Iconicity in Language. Amsterdam: John Benjamins Publishing Company, 1994.

Goldberg, Adele E. Constructions: A Construction Grammar Approach to Argument Structure. Chicago: University of Chicago Press, 1995, pp. 4 – 6.

Gumperz, J. Discourse Strategies. Cambridge: Cambridge University Press, 1982.

Halliday, M. A. K. and Hasan, R. Cohesion in English. London: Longman. / Beijing: Foreign Language Teaching and Research Press, 1976/2001.

Halliday, M. A. K. & R. Hasan. "Context of situation". In Halliday, M. A. K. and R. Hasan (eds.). Language, Context and Text: Aspects of Language in a Social Semiotic Perspective. Victoria: Deakin Universtity Press, 1985, pp. 3 – 14.

Halliday, M. A. K. and R. Hasan. Language, Context and Text: Aspects of Language in a Social-semiotic Perspective. Victoria: Deakin University, 1985.

Halliday, M. A. K. The Essential Halliday. London: Continuum, 2009.

Halliday, M. An Introduction to Functional Grammar. London: Arnold, 1994/2004.

Hopper, Paul J. and Elizabeth C. Traugott. Grammaticalization. 2nd edn. Cambridge: Cambridge University Press, 2003, p. 89.

Hoey M. "Signalling in Discourse: a Functional Analysis of a Common Discourse Pattern in Written and Spoken English", Coulthard, M. (ed.) Advances in Written Text Analysis. London: Routledge, 1994.

Hunston, S. and G. Thompson. Evaluation in Text: Authorial Stance and the Construction of Discourse. Oxford University Press, 2000.

Julia Kristeva. "Word, Dialogue and Novel", in The Kristeva Reader , Toril moi ed. Oxford: Blackwell Publisher Ltd, 1986, p. 36.

Keisanen, T. Patterns of Stance Taking: Negative yes/no interrogatives and tag questions in American English Conversation. Oulu: Oulu University Press, 2006, pp. 89 – 116.

Keisanen, T. "Stancetaking as an interactional activity: Challenging the prior speaker", in P. Englebretson, (eds.) Stancetaking in discourse: Subjectivity, evaluation, interaction. Amsterdam: John Benjamins, 2007, pp. 253 – 281.

Kress, G. and van Leeuwen, T. Multimodal Discourse: The Models and Media of Contemporary Communication. London: Arnold, 2001.

Kristeva, J. The Kristeva Reader. In T. Moi (ed.). Oxford: Blackwell, 1986, p. 37.

Lakoff, G. And M. Turner. More Than Cool Reason: A Field Guide to Poetic Metaphor. Chicago: University of Chicago Press, 1989.

Leech, Geoffrey N. principles of politeness. London: Longman, 1983.

Lemke, J. L. "Resources for attitudinal meaning: Evaluative orientations in text semantics". Functions of Language 5, 1998.

Macken-Horarik, M. Envoi: Intractable issues in appraisal analysis. Text 23 (2), 2003, pp. 313 – 319.

Martin, J. and Rose, D. Working with discourse: meaning beyond the clause. London& New York: Continuum, 2003.

Martin, J. R. and P. R. R. White. The Language of Evaluation: Appraisal in English. Basingstoke: Palgrave Macmillan, 2005.

Martin, J. R. "Beyond Exchange: Appraisal Systems in English", In Hunston, S. and G. Thompson (eds.) Evaluation in Text: Authorial Stance and the Construction of Discourse. Oxford: Oxford University Press, 2000, pp. 142 – 175.

Seale, J. R. Speech Acts: An Essay in the Philosophy of Language. Cambridge: Cambridge University Press, 1969.

Searle, J. R. "What is a speech act?", In Black, M. (ed). Philosophy in America. Ithaca, NY: Comell University Press, 1965, pp. 221 – 239.

Sperber, D and D. Wilson. Relevance: Communication and Cognition. Oxford:

Blackwell, 1986/1995.

Thompson G. and S. Hunston. "Evaluation: An introduction", in S. Hunston, and G. Thompson (eds.) Text: Authorial Stance and the Construction of Discourse. New York: Oxford University Press, 2000, p. 5.

Thompson, G. and J. Zhou. "Evaluation and organization in text: The structuring role of evaluative disjuncts ", In S. Hunston and G. Thompson (eds.) Evaluation in Text: Authorial Stance and the Construction of Discourses. New York: Oxford University Press, 2001, pp. 55 – 85.

Thompson, G. Introducing Functional Grammar. London: Arnold, 1996, p. 65.

Tomaselo, M. "Joint attentions as social cognition", in C. Moore, and P. J. Dunham (eds.) Joint attemtion: its origins and role in development. Hillsdale, NJ: Erlbaum, 1995, pp. 103 – 130.

Traugott, E. C. and Trousdale, G. Constructionalization and Constructional Changes. Oxford: Oxford University Press, 2013, p. 22.

Verschueren, J. Understanding Pragmatics. Edward Arnold (Publishers) Ltd. 1999. Beijing: Foreign Language teaching and Research Press, 2000.

Volonov, V. N. Marxism and the Philosophy of Language (trans. L. Matjka and I. R. Titunik) . London: Routledge, 1995, p. 139.

White, P. R. R. "Evaluative semantics and ideological positioning in journalistic discourse: A new framework for analysis ", In I. Lassen, J. Strunck and T. Vestergaard, Mediating ideology in text and image: Ten critical studies. Amsterdam: John Benjamins, 2006.

Yus, F. On Reaching the Intended Ironic Interpretation. International Journal of Communication, 2000, p. 10 (1 – 2) .

后　记

　　虽说是跌跌爬爬，但终于是写完了。搁笔那一刻我顿时感到一种久违的快乐和轻松，然而，紧接着就像一个经过长途跋涉终于抵达目的地的旅人，万千感慨涌上心头！

　　2012年，我有幸申请到一个教育部社科基金项目"基于网络热点事件的汉语评价研究"，我开始关注新媒体时代下的新型语篇样式：微博，与评价研究结下了不解之缘。曾经因学科的跨域、课题的前沿、样本的选择、语料的搜索等而几度迷茫，得到了许多良师益友的点拨和帮助，得到了单位领导的支持和关照，本课题才得以顺利完成。在本书即将付梓之际，我要向所有关心和帮助我的人表示衷心的感谢。

　　我要感谢我的家人。因为自己对学术的痴迷，十多年来，工作，学习，再工作，再学习，这样反复折腾耽误了许多与家人在一起的宝贵时光。是家人的包容、鼓励和支持，用爱支撑我一步一步前行，才有本书的问世。特别是我的妻子刘银姣，还参与了课题的研究。

　　我要感谢我的硕士生导师罗昕如教授。罗老师是我学术上的引路人，对学生如慈母般的关爱，对学术犹如圣徒朝拜圣迹。她现在已经过了退休年龄，还在带博士和硕士，对我的影响至深至远。

　　我要感谢我的博士生导师周国光教授。读博期间，师生之间的每一次长谈，都会带给我绝妙的享受和悠长的启迪。周老师那思辨雄健的滔滔语言，不时地闪烁着创新的思想和智慧的火花，使我领略到学术的气魄。"写出汉语的特色，烙上陈氏的印记"这话时刻鞭策着我严格要求自己。

　　感谢上海交通大学王振华教授。王教授首介评价理论于中国，主编《马丁文集》共8卷，现为马丁适用语言学研究中心执行主任。能请到这么一位顶尖级的权威专家作序，是拙著和我本人的荣幸。王教授提出了不少宝贵意见，大部分我已经认真吸纳。作为一名致力于功能语言学研究的汉语学者，我向王教授致以深深的谢意和敬意！

感谢上海师范大学张谊生教授。张老师鼓励我多参加学术交流，叮嘱我要注意情态研究和元语言评价研究，并热情地邀请我参加上海师范大学主办的副词研究学术研讨会。张老师对后学的提携和关心，我心中充满了感激。

感谢华中师范大学姚双云教授。双云是我在湖南师大读研时的同学，我们同住一间宿舍，是我治学的榜样。他在华中师大工作后，我们经常联系。他不时给我发来电子英文原著，给我寄来学术专著，使我接触到前沿的学术动态。

感谢高佳博士、李薛妃博士、刘保博士、邱冬梅博士和张仕海博士。学术上的朋友是至真至纯的，只要我有什么困难和问题求助求教，他们总是热心而又及时地帮助我。

感谢单位领导邓国军教授、翁礼明教授和刘云生教授一直以来对我的支持和关照，使我能克服困难，全力投入到教学和科研之中，在自由、宽松、创新、互助的学术氛围中潜心写作。没有领导的支持，要顺利完成本书的写作是不可能的。

感谢教育部人文社科基金青年项目和内江师范学院学术出版资金的资助，感谢中国社会科学出版社的大力支持以及编审付出的辛勤劳动。

以上是我挂一漏万的谢忱，生命中还有许许多多的贵人，值得我终生铭记！进入猴年马月，我决定将本书出版。这只是一个阶段性的总结，前面还有巨大的山头等着我去攀登。

陈景元

2016 年 1 月 26 日